cLV

C.H. Spurgeon (1834-1892)

CHARLES HADDON SPURGEON

Wir sahen
Seine Herrlichkeit!

clv
Christliche
Literatur-Verbreitung e.V.
Postfach 1803 · 4800 Bielefeld 1

© 1987 by Christliche Literatur-Verbreitung
Postfach 1803 · 4800 Bielefeld 1
bearbeitet von Wolfgang Bühne
Satz: CLV/Typoservice Bielefeld
Druck und Bindung: Druckhaus Gummersbach

ISBN 3-7893-7190-4 (Oncken)

INHALT

VORWORT

Nachdem die Predigtbände „Der gute Kampf des Glaubens", „Hast du mich lieb?", „Wachet und betet" und „Gehe in den Weinberg" eine dankbare Aufnahme und weite Verbreitung gefunden haben, sind wir ermutigt worden, einen weiteren Band mit Erweckungspredigten über Wunder Jesu herauszugeben.
   C.H. Spurgeon hatte mit diesen Predigten ein mehrfaches Ziel im Auge. Einmal wandte er den Text an, um Außenstehende anzusprechen, zum anderen, um die Gläubigen anzuspornen, durch Glaubensgehorsam die Vorbedingungen für Wunder Jesu zu schaffen. Vor allem aber ging es Spurgeon darum, etwas von der Größe und Herrlichkeit unseres Herrn aufleuchten zu lassen, die besonders in den Wundern Jesu deutlich werden.
   In einer Zeit, in welcher die Aufmerksamkeit vieler Christen auf mehr oder weniger spektakuläre Ereignisse und Praktiken gelenkt wird, welche nur für eine kurze Zeit begeistern und dann wie ein abgebranntes Feuerwerk dunkle Nacht hinterlassen, ist es besonders wichtig, das Vorbild des Herrn Jesus und Seine unvergängliche Herrlichkeit vor Augen zu haben.
   „Wir alle aber, mit aufgedecktem Angesicht die Herrlichkeit des Herrn anschauend, werden verwandelt in dasselbe Bild von Herrlichkeit zu Herrlichkeit, als durch den Herrn, den Geist." (2. Kor. 3,18)
   Unser Gebet ist, daß der Herr diese Predigten dazu benutzt, die Herzen der Leser für Ihn zu öffnen und zu erwärmen, so daß als Folge Leben und Dienst etwas von den Wesenszügen unseres Heilandes widerspiegeln kann.

Wolfgang Bühne

MITLEID MIT DER MENGE

„Sie aber sagen zu ihm: Wir haben nichts hier als nur fünf Brote und
zwei Fische. Er aber sprach: Bringet sie mir her."
(Matthäus 14,17.18)

Wie Christus in dieser Welt war, meine Brüder, so sind auch wir
in der Welt und das ist wirklich unsere Berufung von Gott. Wie
Jesus das Licht war, welches alle Menschen erleuchtet, so sagt
Er zu Seinen Jüngern: „Ihr seid das Licht der Welt." Wie beach-
tenswert sind doch die Worte unseres Herrn: „Gleichwie du mich
in die Welt gesandt hast, habe auch ich sie in die Welt gesandt."
Und wie schwerwiegend sind die Ausdrücke des Apostels: „So
bitten wir nun an Christi Statt − . . . denn wir sind Gottes Mitarbeiter."
   Die Geschichte Christi ist ein Bild der Geschichte Seiner
Gemeinde. Ihr werdet euch daran erinnern, wie die Gemeinde
Christi zuerst wie in Windeln gewickelt lag, wie sie in die Krippe
der Verborgenheit gelegt wurde, wie die heidnischen Könige sich
gegen ihr Leben vereinigten. Ihr werdet euch an ihre Prüfungen
und Versuchungen in der Wüste erinnern. Das weitere Leben
Christi wird bald von euch erkannt werden, wie es ein Bild vom
Wesen der Gemeinde abschattet. Es ist kaum ein Punkt in der
ganzen Geschichte Jesu von der Krippe in Bethlehem bis zum
Garten Gethsemane, welcher nicht neben der persönlichen
Erzählung eine vorbildliche und bildliche Geschichte Seiner
Gemeinde ist. In dieser Weise hat es dem Herrn gefallen, Seiner

Gemeinde ein großes Vorbild zu hinterlassen. Wie Er die Toten auferweckte, so soll sie die „Toten" rufen durch Seinen Geist, der in ihr wohnt. Wie Er die Kranken heilte, so hat sie einen heilenden Dienst in der ganzen Welt auszuführen. Oder, um zu unserem Text zu kommen, wie Christus die Hungrigen speiste, so hat die Gemeinde, wo sie Hungernde und Dürstende nach der Gerechtigkeit trifft, sie zu speisen im Namen dessen, der gesagt hat: „Sie sollen satt werden."

Euer Werk als Gemeinde und mein Werk als Glied der Gemeinde Christi ist heute, die hungrigen Seelen zu speisen, die verloren gehen, weil sie das Lebensbrot nicht kennen. Der vorliegende Fall, denke ich, wird ein feines Bild von unserer Aufgabe liefern, und von dem, was wir von unserem Meister erwarten, damit wir für Ihn wirken können.

Laßt uns zuerst bestrebt sein, einen Blick auf die ganze Szene zu werfen, indem wir die Berichte der vier Evangelisten zusammenziehen und dann dazu übergehen, zwei praktische Lehren, die daraus zu folgern sind, zu betrachten.

Das Wunder wird von Matthäus, Markus, Lukas und Johannes berichtet. Es ist eine geringe Abweichung in jedem, wie es ganz natürlich ist, denn vier Zuschauer können nicht alle dieselbe Beschreibung irgend einer Szene geben, aber was der eine ausläßt, fügt der andere hinzu. Ein Punkt, der dem einen sehr interessant ist, hat einen anderen weniger berührt, während ein dritter sich für etwas interessiert, was der vierte gänzlich ausgelassen hat. Es scheint, als habe Christus eine wüste Gegend in der Nähe der Stadt Bethsaida ausgesucht. Bethsaida war ein Ort, den Er oft besucht hatte. Sehr ernst hat Er Bethsaida und Chorazin bei einer anderen Gelegenheit gewarnt, indem Er sie daran erinnerte, daß ihre Begünstigungen im Gericht gegen sie auftreten und sie wegen ihres Unglaubens verdammen würden. Er hatte sich jetzt mit Seinen Jüngern an diesen wüsten Ort zurückgezogen, um ein wenig von der ermüdenden Arbeit zu ruhen. Das Volk folgte Ihm und drängte sich den ganzen Tag um Ihn.

Er predigte ihnen das Evangelium und heilte ihre Kranken und es war wohl am Nachmittag, als Er Philippus zu sich rief, da Er stets geduldig war und an die Bedürfnisse der Menschen dachte.

Philippus war aus Bethsaida und Jesus sagte zu ihm: „Woher sollen wir Brot kaufen, auf daß diese essen?" Dies sagte Er, um seinen Glauben zu prüfen. Wäre Philippus ein weiser Jünger gewesen, so würde er erwidert haben: „Meister, du kannst sie speisen." Aber er war ein schwacher Nachfolger seines mächtigen Herrn. Ihr wißt, daß er später seine Unwissenheit durch das Wort bewies: „Herr, zeige uns den Vater, und es genügt uns." Er erhielt einen leisen Vorwurf: „So lange Zeit bin ich bei euch, und du hast mich nicht erkannt, Philippus?"

Bei dieser Gelegenheit zeigt Philippus, daß er die Glaubenslektion noch nicht gelernt hat. Er kann noch an nichts glauben, was er nicht mit seinen leiblichen Augen sehen kann. Verlegen und bestürzt wendet er sich an seine Mitjünger, um die Sache zu beraten. Andreas erwähnt, daß ein Knabe da sei mit fünf Gerstenbroten und einigen kleinen Fischen. Gewiß, denkt Andreas, wenn es auch nicht genügt, so ist es doch unsere Pflicht, unser Bestes zu tun. Als der Tag sich neigte und die Sonne dem Untergang nahe war, kamen die Jünger zum Herrn. Obwohl der Vorschlag, das Volk zu speisen, von Ihm ausgegangen war, scheinen sie zu denken, daß Er es vergessen habe. Sie kamen also zu Ihm und sagten: „Herr, entlaß die Volksmenge." Sie hatten über die Frage, wie das Volk zu speisen sei, nachgedacht und waren zu dem Schluß gekommen, daß sie dazu nicht in der Lage waren. Da sie die Vielen nicht speisen konnten, war das nächst Beste, sie fortzuschicken, um für sich selbst zu sorgen. Da sie ihre Bedürfnisse nicht befriedigen konnten, bemühten sie sich, ihre Augen vor der Not zu verschließen. „Entlaß die Volksmenge, auf daß sie hingehen in die Dörfer und sich Speise kaufen." Der Meister erwiderte sogleich: „Sie haben nicht nötig, wegzugehen; gebt ihr ihnen zu essen." Er sprach weise. Warum sollten sich hungrige Leute von Ihm trennen, „der seine Hand auftut und alles, was lebt, erfüllt mit Wohlgefallen"? „Gebt ihr ihnen zu essen", sagte Er, um sie so zur Erkenntnis ihrer Armut zu bringen. „Wir haben nichts hier, als nur fünf Brote und zwei Fische", sagen sie. Als sie ihre Augen über die Menge schweifen ließen, machten sie die oberflächliche Rechnung, daß es fünftausend Männer sein müßten und außerdem noch eine beträchtliche Anzahl von Frauen und Kindern.

Der Herr befahl ihnen, die Brote und die Fische zu bringen. Er nimmt sie, aber ehe Er sie bricht, befiehlt Er, da Er kein Gott der Unordnung ist, daß sich das Volk in Gruppen niedersetze. Markus, der immer ein genauer Beobachter ist und alle kleinen Einzelheiten der Bilder malt, sagt, daß sie sich auf das grüne Gras setzten, als wenn dort ein äußerst schöner Rasen gewesen sei. Dann fügt er hinzu, daß sie sich in Reihen hinsetzten, und gebraucht später ein Wort, welches mit Schichten übersetzt ist, aber nach dem Grundtext soviel bedeutet wie Gartenbeete. Sie saßen gleichsam auf grünen Beeten mit Gängen dazwischen. Markus scheint den Gedanken erfaßt zu haben, daß sie einer Anzahl Blumen gleich seien, die der Herr begießen wollte. Als sie sich alle in Reihen niedergesetzt hatten, damit der Stärkere nicht um das Brot kämpfe, es unter die Füße trete, und der Schwächere nicht vernachlässigt werde, erhob der Meister die Augen vor ihnen allen und erflehte den Segen, worauf Er das Brot brach und den Jüngern gab und ebenso auch die Fische.

Die Jünger gingen umher und überreichten jedem Mann, jeder Frau und jedem Kind etwas und sie aßen. Sie aßen, bis ihr Hunger gestillt war, sie aßen, bis sie vollständig befriedigt waren. Dann vermute ich, daß auf dem Tisch oder auf dem Rasenplatz, wo Jesus zuerst das Brot und die Fische niedergelegt hatte, die Reste zusammengelegt wurden. Es blieb mehr übrig, als zuerst dagewesen war. Ohne Zweifel geschah dieses, um die Zweifelsucht zu besiegen und zu entwaffnen. In späteren Tagen hätten vielleicht einige Leute gesagt: „Es ist wahr, wir haben gegessen und sind satt geworden. Es schien wenigstens so, aber vielleicht ist es nur wie ein Traum gewesen." Das übriggebliebene Brot, zwölf Körbe voll, waren etwas Sichtbares, damit sie nicht auf den Gedanken kämen, daß es eine Täuschung war. Sie sammelten zwölf Körbe voll. Dieses scheint die Krone des Wunders zu sein. Selbst der Herr, wenn Er in späteren Tagen auf das Wunder zurückkommt, sagt wiederholt: „Erinnert ihr euch nicht an die fünf Brote der Fünftausend, und wieviel Handkörbe ihr da aufhobet?" Gerade, als wenn das Aufheben der vollen Körbe am Schluß das Einschlagen des Nagels sei, den herrlichen Beweis zu befestigen, daß Jesus der Christus ist, der Sohn Gottes, der Seinem Volk Brot zu essen gab, wie Mose die Israeliten in der Wüste mit Manna speiste.

Nachdem wir so die Tatsachen betrachtet haben, werden wir sie nun als Anlaß nehmen, um mit Gottes Hilfe zwei praktische Lehren darauf zu bauen.

1. Unser Auftrag und unsere Hilflosigkeit

Seht, ihr Jünger Christi, an diesem Tag sind tausende von Männern, Frauen und Kindern vor euch, welche nach dem Brot des Lebens hungern. Sie hungern, bis sie fast ohnmächtig werden. Sie haben ihr Geld ausgegeben für das, was kein Brot ist und wovon sie nicht satt werden können. Sie fallen vor Hunger auf euren Landstraßen nieder und gehen verloren aus Mangel an Erkenntnis.

Noch schlimmer ist es, daß, wenn sie ohnmächtig werden, einige Menschen da sind, die vorgeben, sie zu speisen. Der Aberglaube ist darauf aus, ihnen Steine statt Brot und Schlangen statt Fische anzubieten. Der Römling und der Formalist bietet diesen hungrigen Seelen etwas zum Kauf an, um sie zu nähren. Sie versuchen, es zu genießen, aber es will sie nicht befriedigen; sie essen nur Wind. Der Unglaube versucht, sie zu überreden, daß sie gar nicht hungrig sind, sondern nur ein wenig nervös und verspottet ihren Appetit. So wenig wie man den Leib mit Wasserblasen befriedigen und den Mund mit Schatten füllen kann, ebenso wenig kann man die Seele mit Täuschungen befriedigen. Sie werden ohnmächtig, sie verhungern, sie sind dem Sterben nahe. Diejenigen, welche vorgeben, sie zu versorgen, verspotten ihre Nöte nur. Sie können sich auch nicht selbst speisen, denn ihre Beutel sind leer.

Als Adam fiel, hat er alle seine Nachkommen zu Bettlern gemacht. Weder Mann, noch Frau, noch Kind unter ihnen ist fähig, den eigenen Hunger zu befriedigen. Die Zehntausende unseres Geschlechts in diesem Land, in ganz Europa, in Amerika, Asien, Afrika und Australien – kein einziger unter ihnen allen ist imstande, ein einziges Brot zu besorgen, welches auch nur eine einzige Seele speisen könnte. Dürre, Armseligkeit und Unfruchtbarkeit sind über alle Felder der menschlichen Wirksamkeit gekommen. Sie gewähren ihnen nichts. Der Mensch sät, aber er erntet nicht; er pflügt, aber er schneidet nicht. Durch die Werke des Fleisches kann kein lebendiger Mensch gerechtfertigt werden und in den Erfindungen der menschlichen Überlieferung oder der menschlichen Vernunft kann keine Seele bleibenden Trost finden.

Seht, ihr Jünger Christi, seht die große Not, die vor Augen ist. Öffnet jetzt das Auge eures Verständnisses, laßt eure Gefühle bewegt werden, laßt euer Herz vor Mitleid schlagen, fühlt für diese Millionen! Ich bitte euch, wenn ihr ihnen nicht helfen könnt, so weint über sie. Blickt mit klaren Geistesaugen auf die vielen Tausende, die euch zurufen: „Speist uns, denn wir verhungern; gebt uns Brot oder wir sterben!"

Ich glaube, daß ich euch in euren Herzen überlegen und einander zuflüstern höre: „Wer sind wir, daß wir diese Menge speisen sollten! Siehe ihre Scharen, wer kann sie zählen? Wie die Sterne des Himmels, so zahlreich ist der Same Adams. Diese hungrigen, verschmachtenden Menschen sind fast so zahlreich wie der Sand am Ufer des Meeres. Woher sollen wir ihnen zu essen geben?" Ja, so ist es. Doch bedenkt, daß es eure Aufgabe ist. Auch tut keiner von euch wohl daran, eine Glaubensschwäche vorzuweisen, wie Philippus es tat. Wenn die Welt je zu speisen ist, so ist es mit Christus durch die Gemeinde. Bis die Reiche dieser Welt Gottes und Seines Christus geworden sind, sind wir die Krieger, welche die siegreichen Waffen des Kreuzes bis ans Ende der Erde zu tragen haben. Wir sind die Almosenpfleger von Gottes Güte, bis die Fülle der Heiden eingegangen ist. Gott befiehlt allen Menschen an allen Orten, Buße zu tun, und wir haben Seinen Befehl bekannt zu machen.

O, meine Brüder, ihr wißt, wie Jesus das Werk des Vaters getan hat. Ihr wißt, wie Er umhergegangen ist und Gutes getan hat, aber wißt ihr, daß Er gesagt hat: „Wer an mich glaubt, der wird größere Werke als diese tun, weil ich zum Vater gehe!"? Laßt die Worte in eure Ohren dringen. Seht eure Aufgabe. So groß sie auch ist und so entmutigt ihr auch sein möget durch die große Menge, die eure Hilfe verlangt, so erkennt doch den Aufruf an euren Glauben. Laßt die Größe der Aufgabe euch umso ernster zum Werk treiben, anstatt euch von demselben zurückzuhalten.

Ich höre euch murmeln: „Die Menge ist groß und die Mittel sind gering. Wir haben nur fünf Brote von Gerstenmehl, wir haben nur zwei Fische und sie sind nur sehr klein. Das Brot ist kaum für uns selbst genügend und die Fische sind winzig. Sie haben mehr Gräten als Fleisch. Was ist das unter so viele?" „Ich höre Sie sagen, daß wir als Gemeinde die Welt zu speisen haben. Wie können wir das? Wie gering sind unsere Gaben! Wir sind nicht reich an Mitteln und haben kein Vermögen, unsere Missionare zu versorgen, wenn wir sie scharenweise aussenden sollten, das Banner des Kreuzes zu erheben. Es sind nicht viele unter uns, die gelehrt oder weise sind. Wir haben nicht viele Redner. Wir fühlen unsere Schwäche."

Einige von euch fügen vielleicht noch hinzu: „Was kann ich persönlich tun? Von welchem Nutzen kann ich sein? Und was können die wenigen ernsten Freunde tun? Die Welt wird über eine so schwache Gesellschaft lachen. Man wird sagen: ‚Was tun die ohnmächtigen Juden?' Wir haben einen Berg vor uns und sollen ihn ebnen, wie können wir das? Unsere Kraft ist nicht ausreichend; wir haben keine Macht. Ja, hätten wir die Großen und Edlen auf unserer Seite! Hätten wir Könige und Königinnen als pflegende Väter und Mütter unserer Gemeinde! Hätten wir die Reichen, um ihre überflüssigen Schätze zu opfern und die Gelehrten, um ihre Weisheit zu geben und die Redner, um ihre goldene Rednergabe anzuwenden, dann könnten wir etwas ausrichten! Aber ach, Silber und Gold haben wir nicht und können nur wenig zu den Füßen des Meisters legen. So wenig, daß es unbedeutend ist im Vergleich zu den dringenden Bedürfnissen und dem Sehnen und Seufzen der ganzen Schöpfung."

Dann denke ich, daß ich euch seufzen und wieder sagen höre: „Wir wissen nicht, wie wir Brot besorgen sollen. Wir können nicht für diese Menge sorgen. Wenn wir selbst nur geringe Gaben haben, so können wir die Beredsamkeit nicht von anderen kaufen." Es wäre auch kein Nutzen, wenn sie gekauft würde, denn gekaufte Rednergabe ist in keinem Fall von Nutzen. Wir benötigen für Christi Sache willige Menschen, welche sich frei aussprechen und in ihrem Herzen fühlen, was sie mit den Lippen verkündigen. Solche reden, weil sie es nicht lassen können. „Wehe mir, wenn ich das Evangelium nicht predige." Wenn wir nur geringe eigene Fähigkeiten haben, so können wir nicht mehr von anderen kaufen. Zum Dienst der Liebe können nie Mietlinge bevollmächtigt werden.

Aber ich denke, ich höre euch sagen: „Wenn wir dem Heere Gottes gedungene Truppen hinzufügen könnten, dann würden wir Erfolg haben. Wenn wir durch unsere Beiträge mehr Hilfe, mehr Stärke für den Herrn Zebaoth erlangen könnten, dann würde Brot in Seinem Hause sein und die Menge könnte dann gespeist werden, aber zweihundert Mark würden nicht genug sein für die Fünftausend und Millionen würden nicht genügen für die Milliarden armer, umnachteter Männer und Frauen. Meister, was können wir tun? Da sind so viele. Wir selbst haben das Brot nicht, und wir können es nicht für andere kaufen."

Und dann höre ich den Seufzer eines Greises: „O, ich fühle es, aber es ist zu spät für mich und die Bedürfnisse der Welt werden ernster. Der Hunger hat angehalten, bis die Menschen verhungert sind. Sie sind so lange ohne Brot gewesen, daß sie nahe daran sind, am Weg zu verschmachten und verloren zu gehen, auch kommt die Nacht — eine lange, schreckliche Nacht — wer wird dann wirken? Wir stehen am Grab, unser Schatten wird länger und unser Körper ist verfallen. Wir sind schwach und lassen unser Haupt hängen wie ein Schilf."

Brüder und Väter, laßt mich euch sagen, daß wir, die wir jung sind, dasselbe fühlen: „Unsere Tage fließen dahin, und unsere Wochen scheinen durch die Luft zu zischen und eine Spur wie ein Brand zurückzulassen. Wie wir auch wirken, und einige von uns können sagen, daß sie keine Zeit im Werk des Herrn verlieren, wir können nichts tun. Wir scheinen wie ein einzelner Mann gegen ein unzählbares Heer zu stehen oder wie ein Kind, welches mit seinen zarten Händen einen Berg fortschaffen will. Die Nacht ist nahe, unsere Jahre fliehen dahin, der Tod kommt heran, die Seelen sterben, die Hölle füllt sich, die Menschen werden in den Abgrund des Verderbens hinunterstürzen. Wir können es nicht tun. Je mehr wir unsere Verantwortung fühlen, desto mehr drückt uns unsere Schwäche. Du hast uns zu einem Werk berufen, das uns zu schwer ist. Wir können es nicht tun, Meister. Wir kommen zu Deinen Füßen und sagen, daß wir der Menge keine Speise geben können. Verspotte uns nicht. Befiehl uns nichts Unmögliches. Du hast uns befohlen, das Evangelium aller Kreatur unter dem Himmel zu predigen. Wir können sie nicht erreichen. Wir sind zu wenige und zu schwach. Es fehlt uns zu sehr an Gaben. Meister, wir können es nicht tun."

Aber horch! Ich höre, wie der Ruf der Menge an unsere Ohren dringt. Sie sagen zu uns: „Wir gehen verloren, wollt ihr uns verloren gehen lassen? Wir verhungern, wollt ihr uns verhungern lassen? Unsere Väter sind in die Hölle gegangen, unsere Vorväter sind verloren gegangen aus Mangel an dem Brot, das vom

Himmel kommt und wollt ihr uns auch sterben lassen?" Von Afrika blickt die Menge zu uns herüber und winkt mit den Händen: „Wollt ihr uns verloren gehen lassen? Sollen wir stets ein Jagdrevier für diejenigen sein, die Vergnügen an Mord und Blutvergießen finden?" Von Asien ertönt der Ruf: „Wollt ihr uns immer verlassen? Sollen wir immer die Sklaven von Brahma, Vischnu und Schiwa sein?" Von Australien rufen uns solche zu, die noch nicht verloren gegangen sind. Die Ureinwohner rufen: „Werden wir nie das Licht sehen? Werden wir nie das Evangelium hören?"

Aber schlimmer als die der Ureinwohner ist die Wehklage von nicht wenigen, die sich in nächtlichen Träumen unserer Heiligtümer erinnern, aber in ihrer täglichen Arbeit die Beobachtung unseres Sonntags vergessen haben. Ihr Ruf ist in der Tat durchdringend. O, wie schrecklich ist die Wehklage, die vereinigte Wehklage, die von allen Nationen unter dem Himmel kommt! Ein einzelner Mann erschien dem Paulus im Traum, welcher sagte: „Komm herüber und hilf uns", und das war genug, ihn zu bewegen, aber hier sind Millionen, nicht im Traum, sondern in Wirklichkeit, die alle sagen: „Komm herüber und hilf uns."

Sagten wir soeben, daß wir es nicht könnten? Wir müssen gewiß unser Wort zurücknehmen und sagen: „Wir müssen! Guter Meister, wir müssen. Wenn wir nicht können, wir müssen. Wir fühlen unsere Schwäche, aber es ist ein Drang in uns, daß wir es tun müssen, und wir können und dürfen nicht einhalten. Wir wären verflucht, wenn wir es täten. Der Zorn des Himmels würde auf uns fallen, wenn wir unsere Aufgabe verleugnen würden. Sollen wir die einzige Hoffnung der Welt vernichten? Sollen wir den einzigen Stern, welcher die Dunkelheit erhellt, auslöschen? Sollen wir als die Retter der Menschen unsere Arme zusammenschlagen und sie sterben lassen? Um des Namens willen, den wir tragen, um der Bande willen, die uns mit Ihm vereinigen, um alles dessen willen, was vor Gott heilig und in der Meinung unserer Mitmenschen human ist, um alles dessen willen, was unserem Herzen angenehm ist, sagen wir, daß wir müssen, obwohl wir fühlen, daß wir es nicht können."

Doch ist eine starke Neigung in unseren Herzen, die persönliche Verantwortung von uns abzuschieben. „Laßt uns sie in die Dörfer schicken, um Brot zu kaufen." Wir blicken nach irgend einem entfernten Bethsaida und sagen: „Laßt sie dahin gehen und sehen, wie sie fertig werden." Dieses ist eine starke Versuchung für viele Gemeinden. Vielleicht sagt ihr: „Wir haben nicht das ganze Werk zu tun. Es gibt andere Gemeinden, laßt die ihren Teil tun. In allen Vororten Londons stehen Kapellen. Dort ist die Pfarrkirche, können wir das Evangelium dort nicht hören? Der Stadtmissionar nimmt sich ihrer an, warum sollten wir sie denn besuchen? Es gibt auch einige gute Menschen, die auf der Straße predigen. Welche Notwendigkeit liegt vor, daß ich es sollte? Laßt sie in die Dörfer gehen und Nahrung suchen."

Ach, nicht so, der Meister sagt zu euch: „Gebt ihr ihnen zu essen — i h r !" Laß diese Gemeinde fühlen, daß sie auf die Welt blicken sollte, als ob sie die einzige Gemeinde sei, und das Äußerste tun, als habe sie keinen Helfer unter dem Himmel, sondern hätte die ganze Arbeit allein zu verrichten. Und laßt den ganzen Leib der Gemeinde Jesu Christi, anstatt auf Missionsgesellschaften, Handelsverbindungen oder Regierungen zu blicken, sich daran erinnern, daß Er der einzige Retter der Welt ist.

Fragt ihr mich, wo Gott auf Erden war, so zeige ich auf den Menschen Christus Jesus. Fragt ihr mich, wo Christus auf Erden ist, so zeige ich auf Seine treue Gemeinde, die Sein Geist berufen hat. Wie Christus die Hoffnung der Welt war, so ist die Gemeinde die Hoffnung der Welt, und sie muß die Verpflichtung der Welt auf sich nehmen, als wenn kein anderer da wäre. Anstatt einige in diese Stadt und andere in jene zu schicken, muß sie den Ruf des Meisters hören: „Gebt ihr ihnen zu essen."

Ich fürchte, liebe Freunde, daß viele von uns den verlorenen Zustand der Menschen leicht nehmen. Die Ohren vor den Bitten der Hungernden zu verstopfen oder die Augen vor den Bedürfnissen der Witwen und Waisen zu verschließen, ist nicht die Weise, der Hungersnot abzuhelfen. Es ist auch nicht richtig, wenn man Gutes in der Welt tun will, die Hütten der Armen zu meiden und die Höhlen des Lasters außer acht zu lassen. Es ist unsere Sache, den Aussätzigen zu berühren und nicht vor seiner Gegenwart zu schaudern. Es ist unsere Sache, die Geschlagenen, Verwundeten und Hilflosen unter den Menschenkindern aufzusuchen und dann Öl und Wein in die Wunden zu gießen. Laßt den Priester und den Leviten, wenn es ihnen gefällt, an der anderen Seite vorübergehen. Der Meister erwartet von euch, ihr Christen, praktischen, persönlichen Dienst und euer Christentum hat keinen Wert, wenn es euch nicht auf Sein Wort aufmerksam macht: „Gebt ihr ihnen zu essen"; wenn es euch nicht als einzelne Glieder und als Leib Christi um der verlorenen Welt und Jesu Christi willen zum Werk Gottes treibt.

Ich will euch sagen, daß die Errettung der Welt in eure Hände gelegt ist. So weit wie eure Kraft reicht, habt ihr euch als Hoffnung der Welt zu betrachten und als solche zu handeln. Und was soll ich zu euch sagen, wenn ihr, anstatt diese Verpflichtung von Christus anzunehmen, still sitzt und nichts tut? Wenn ihr, nachdem ihr dieses Haus gebaut habt, in welchem ihr euch versammelt, andere, die das Wort von Christus nicht hören, unbeachtet laßt? Wenn ihr euch mit dem Himmelsbrot nährt und zufrieden seid, wenn andere verloren gehen, so sage ich euch, daß als Gemeinde „Ikabod" auf eure Stirn geschrieben wird. Die Gewänder dieser Gemeinde werden zerrissen und der Schleier wird von ihr genommen werden. Sie wird zu einem Zeichen gesetzt und zu einer Salzsäule gemacht werden wie Lots Weib durch alle Geschlechter, wenn sie es wagt zurückzublicken, da der Herr sie zu einem so großen und ernsten Werk berufen hat. „Wer seine Hand an den Pflug legt und zurückblickt, der ist nicht geschickt zum Reiche Gottes."

Ich vertraue euch, liebe Freunde, aber ich habe mehr Glauben an meinen Gott. Ich vertraue euch, daß ihr euch nicht abwendet, sondern die schwere Verpflichtung, welche euch auferlegt wird, der Welt Licht zu geben, annehmen werdet. Wenn ihr euch aber weigert, wird es ein Zeuge wider euch sein an dem letzten großen Tag, daß ihr den Willen eures Herrn gekannt, ihn aber nicht getan habt, daß ihr zum Dienst des Herrn berufen wurdet und wieder zu Gleichgültigkeit und Trägheit zurückgekehrt seid.

2. Unsere Aufgabe und des Meisters Stärke

Unsere Aufgabe beginnt zuerst mit dem sofortigen Gehorsam auf den Befehl Christi: „Bringet sie mir her!" In Markus wird das Wort gebraucht: „Gehet hin und sehet!" Sie hatten in ihre Vorratsbeutel zu blicken, um gewiß zu sein, daß sie nichts mehr hatten. Sie hatten unter ihren Schätzen nachzusuchen und jede Kruste, jedes Stück Fleisch oder Brot zu Christus zu bringen. „Bringet sie mir her."

„Herr, es sind Gerstenbrote, nur fünf." „Bringet sie mir her." „Es sind zwei Fische da, nur zwei. Es ist der Mühe nicht wert. Können wir diese nicht für uns behalten?" „Nein, bringet sie mir her." „Aber es sind so kleine Fische." „Bringet sie mir her", sagte Er, „bringet sie mir her."

Die erste Pflicht der Gemeinde ist, nachdem sie ihre Vorräte überschaut und sie als ungenügend für ihr Werk befunden hat, alles, was sie hat, zu Christus zu bringen. Aber wie soll das geschehen? Nun, auf verschiedene Weise. Sie muß sie zu Christus bringen in völliger Hingabe.

Da ist ein Bruder drüben, welcher sagt: „Ich habe nur wenig Geld übrig." „Macht nichts", sagt Christus, „bringe das, was du hast, her zu mir."

„Ach", sagt ein anderer, „ich kann nur wenig Zeit erübrigen, um Gutes zu tun." „Bringe sie mir her."

„Ich habe nur schwache Fähigkeiten", sagt wieder jemand, „meine Kenntnisse sind gering. Meine Rede ist verächtlich."

„Bringe sie mir her."

„Und ich könnte nur in der Sonntagschule lehren." „Bringe sie mir her."

„Auch dazu bin ich nicht fähig, ich kann höchstens ein Traktat weitergeben." „Bringe sie mir her."

Jede Gabe, welche die Gemeinde hat, ist zu Christus zu bringen und muß Ihm geheiligt werden. Und merkt euch dieses – ich sage ein ernstes Wort – irgend etwas, was ihr in dieser Welt habt und es der Sache Christi nicht heiligt, raubt ihr dem Herrn! Jeder wahre Christ hat alles Christus übergeben, als er sich Ihm übergab. Er nennt nichts, was er hat, sein eigen, sondern alles gehört dem Herrn. Wir sind in der Sache des Herrn nicht treu, wenn es nicht so ist.

„Wie, nicht für die Familie sorgen?" „Doch, aber in der Verantwortung vor Gott und nach Seinen Anweisungen." „Nicht für sich selbst sorgen?" „Ja gewiß, so lange ihr nicht habsüchtig werdet." Bedenkt, es ist die Sache eures Herrn, euch zu versorgen. Wenn Er euch versorgt durch eurer Hände Arbeit, so tut ihr eures Herrn Werk und empfangt Seine Güte, denn es ist Seine Absicht, euch zu versorgen. Es muß stets eine vollständige Übergabe von allem, was ihr habt, an Christus sein. Wo eure Übergabe endet, da endet eure Ehrlichkeit vor Gott.

Wie oft habt ihr das folgende Gelübde im Lied ausgesprochen! Wollt ihr dieses Versprechen nicht halten? „Und wenn mir gar nichts bliebe, ich gäb mit frohem Sinn um Jesu Christi Liebe auch noch das Letzte hin." „Bringet sie mir her", nicht nur in der Übergabe, sondern auch im Gebet. Ich denke, unsere Gebetsstunden sollten die Zeiten sein, in welchen die Gemeinde alle ihre Gerstenbrote und Fische zu Christus bringt.

„Damit sie gesegnet werden, großer Meister, kommen wir hier zusammen. Wir sind schwach, wir kommen, um gestärkt zu werden. Wir haben keine Kraft in uns, wir kommen, damit wir Kraft von oben erhalten. Wir warten in der Gebetsversammlung, wie Deine Jünger auf dem Söller in Jerusalem warteten."

Es ist wunderbar, wie ein Mensch mit einem Pfund oft zehnmal mehr tun kann, als ein anderer mit zehn Pfund, denn er hat zehnmal mehr Gnade. Ein Soldat ist nicht immer im Verhältnis zu seinen Waffen nützlich. Gib einem Narren eins der besten Gewehre und er wird sich vielleicht selbst damit verderben. Gib einem weisen Mann nur eine gewöhnliche Flinte, und du wirst sehen, daß er mit festem Blick und kühnem Mut mit seiner einfachen Waffe mehr ausrichtet, als ersterer mit der besten Waffe. Und so gibt es Menschen, die den Schein haben, als könnten sie Führer im Hause Gottes sein, die aber träge sind und nichts tun, während andere, die nur klein in Israel sind, welche Gott aber durch Seine Gnade gestärkt hat, viel tun.

Bringt her, ihr Diener des Herrn, alles, was ihr zurückgehalten habt. „Bringet den ganzen Zehnten in das Vorratshaus, auf daß Speise in meinem Hause sei; und prüfet mich doch dadurch, spricht der Herr der Heerscharen, ob ich euch nicht die Fenster des Himmels auftun und euch Segen ausgießen werde bis zum Übermaß." (Mal. 3,10) Laßt uns alles, was wir haben, zu Christus bringen, indem wir alles zu Seinen Füßen legen und glauben, daß Seine große Macht die kleinen Mittel für große Zwecke ausreichend machen kann.

„Herr, hier sind nur fünf Brote; es waren nur fünf Brote, als wir sie in unseren Händen hatten, aber nun, da sie in Deinen Händen sind, werden sie Nahrung für fünftausend Mann. Herr, hier sind zwei Fische; sie waren unbedeutend, während sie uns gehörten, aber Dein Berühren hat sie veredelt, und diese kleinen Fische werden Nahrung für die Menge."

Gesegnet ist der Mensch, welcher sagen kann, daß er alles Gott geheiligt hat: „Es ist genug, ich habe nicht mehr Gaben nötig. Ich brauche nicht mehr Vermögen. Ich möchte nicht mehr wünschen, denn es ist genug für mein Werk. Ich weiß, daß es an sich nicht ausreicht, aber unsere Genüge ist in Gott."

O, sagt mir nicht, daß wir zu schwach sind, etwas Gutes zu

tun. Sagt mir nicht, daß die Christenheit Englands zu schwach ist zur Evangelisation der ganzen Welt. Es ist genug da, wenn es dem Meister gefällt. Wenn nur sechs Menschen lebten und geweiht wären, so würden sie genügen für die Bekehrung einer ganzen Gegend. Es ist nicht die Vergrößerung eurer Mittel, es ist nicht die Organisation eurer Gesellschaften, es ist nicht die Fähigkeit eurer Sekretäre, die Gott sucht. Er sucht geheiligte Menschen, die ganz Sein und nur Sein sind. Laß sie glauben, daß Er sie stark machen kann und sie werden stark sein in Gott, um die Bollwerke des Satans zu zerstören.

Ich zögere nicht zu sagen, daß es einzelne Kanzeln gibt, die besser leer als besetzt wären, und daß es einige Gemeinden gibt, für die es besser wäre, wenn sie keinen Prediger hätten, denn weil sie einen Prediger haben, der nicht von Gott berufen ist und nicht im Glauben spricht, so sind sie selbstzufrieden und werden gleichgültig. Würde der geistlose Prediger fortgenommen, so würden sie um einen gesalbten bitten. O liebe Freunde, wir sollten glauben, daß genug Mittel da sind, wenn Christus sie uns segnet, genug, um die Erwählten Gottes zu sammeln.

„Bringet sie mir her", noch einmal in bezug zum tätigen Dienst. Das, was Christus im ernsten Gebet und mit demütigem Glauben übergeben worden ist, muß Ihm im tätigen Dienst geweiht werden. Arbeitet ihr alle für Christus? Glieder dieser Gemeinde, ich spreche zuerst zu euch, tut ihr alle etwas für Christus?

Ich denke, es sollte nicht ein einziges Glied in dieser Gemeinde geben, das nicht auf irgend eine Weise für den Meister beschäftigt ist. Sollte ich irgend jemand ausnehmen? Die Schwachen auf ihren Betten? Sie können denen ein gutes Wort sagen, von denen sie besucht werden. Die Sterbenden auf ihren Lagern? Sie können ein gesegnetes Zeugnis ablegen von Seiner Treue, wenn sie durch den Fluß des Todes gehen. Die Stummen? Sie können mit der Tat zeugen. Die Blinden? Sie können Sein Lob singen. Die völlig Unfähigen? Sie können den Herrn durch ihre Geduld verherrlichen. Wir, das heißt ein jeder von uns, wenn wir Christus angehören, sollten Ihm dienen.

Wenn ich ein Sohn bin, habe ich dann keine Pflichten gegen meinen Vater? Wenn ich ein Ehemann bin, habe ich keine Pflicht meiner Frau gegenüber? Bin ich ein Diener, sollte ich träge, sorglos und ungehorsam sein? Ist der Christenname nur ein Name oder ein leerer Titel? Ist er eine Medaille, die außen am Rock getragen wird? Ist es ein Kreuz, welches die Christen anstecken werden, wenn sie keine Kämpfe für Christum gefochten haben? Ist das Christentum nur ein Schein und keine lebendige Wirklichkeit? Der Herr habe Erbarmen mit solchen Christen!

Nun, meine Freunde, wenn ihr einer Hilfe bedürft, euch dahin zu führen, alles, was ihr habt, zu Christus zu bringen, so laßt mich dieses erwähnen: Wenn ihr es Ihm bringt, dann gebt ihr eure Gabe in Seine Hand, die für euch durchbohrt wurde. Ihr gebt es Dem, der euer treuester Freund ist. Ihr gebt es Dem, der Sein Blut nicht schonte, damit er euch erlöse. Liebt ihr Ihn nicht? Ist es nicht eine Ehre, eure Liebe gegen eine solch würdige Person zeigen zu dürfen?

Wir haben von Frauen gehört, die gearbeitet und gehungert haben, um Nahrung für ihre Kinder zu schaffen und wenn sie die köstlichen Bissen den Kleinen in den Mund gesteckt haben, fühlten sie, daß ihre Arbeit nichts sei, weil sie es denen gaben, die sie liebten. Ebenso der Gläubige, er muß fühlen, daß es ihn am meisten beglückt, wenn er Christus erfreut. Wenn der Christ irgend etwas für Jesus tut, so wird er selbst mehr gesegnet als der Empfänger.

Ich weiß, daß einige Leute denken, wenn sie etwas für die Gemeinde tun, daß sie dem Prediger oder den Diakonen einen Gefallen tun. O, liebe Freunde, es ist nicht so. Welches Interesse in aller Welt habe ich, als die Liebe zu den Seelen, daß Gott, der die Herzen prüft, am Gerichtstag sagen wird, es lebt nicht einer, der ohne eigene Nebenabsichten die Errettung dieser Welt mehr wünscht, als der Prediger, der euch jetzt anredet. Und ich habe das Vertrauen, daß ich dasselbe meinen Brüdern in Christus sagen kann, die ein Verlangen haben, die Welt bekehrt zu sehen. Seht auf die hungrige Welt und wenn ihr derselben das Brot gebt, so laßt die Blicke derjenigen, die essen, euch eine genügende Belohnung für das sein, was ihr getan habt.

Ich glaube, daß hier ein Mann anwesend ist, der vor zwei oder drei Wintern zu mir kam, um sich der Gemeinde anzuschließen. Als er sich gesetzt hatte, sah ich es ihm an, daß er das natürliche Brot ebenso benötigte, wie das geistliche. Darum sagte ich: „Ehe ich mit Ihnen spreche, möchte ich, daß Sie sich erst etwas erfrischen." Es wurde ihm etwas Speise gebracht, und ich sah, wie seine Augen glänzten. Ich verließ das Zimmer, denn ich fürchtete, daß er sich in meiner Gegenwart nicht sattessen würde. Das kann ich euch sagen, als ich sah, mit welchem Vergnügen er aß, so wäre mir das ein genügender Lohn gewesen, selbst wenn die Kleinigkeit tausend Mark gekostet hätte. Und wenn ihr seht, wie begierig und doch so freudig der arme Sünder Christus ergreift, wenn ihr seine glänzenden Augen und die Tränen auf seinen Wangen seht, so werdet ihr sagen: „Ich bin zu gut bezahlt, einem solch armen Herzen Gutes getan zu haben. Herr, es ist genug, ich habe die hungrige Seele gespeist."

Noch einmal, bringe deine Brote und Fische zu Christus, anstatt Ihm nachzufolgen, um Brot und Fische von Ihm zu erhalten. Als wir Kinder waren und Vater ein Stück von dem Braten abschnitt, um es einer kranken Frau zu bringen, wie zankten Thomas, Marie und Anna sich darum, wer an der Reihe sei, den Teller hinüber zu tragen! Wir gingen gerne hin und sagten: „Wir haben Ihnen etwas zum Mittagessen gebracht." Kinder freuen sich immer, wenn etwas wegzugeben ist. Wie fröhlich laufen sie, wenn du ihnen ein Geldstück in die Hand gibst für einen armen, blinden Mann! Gerade ein solches Gefühl hat der Christ, wenn er mit seiner Gabe, die er Gott geweiht hat, etwas für die Welt tut. Er geht zwischen den Reihen umher, speist sie und freut sich der Tat.

Zum Schluß dieses: „Bringet sie mir her, und ihr werdet mehr übrig haben, als ihr mir brachtet." Sie sammelten mehr Brocken als sie vorher gehabt hatten. Christus wird niemand etwas schuldig bleiben. Was ihr Ihm getan habt, wird reichlich wiederbezahlt, wenn nicht im Irdischen dann im Geistlichen. Die Brocken werden die Körbe füllen, die so freigiebig geleert wurden. Ihr werdet sehen, daß die Seele, die reichlich segnet, gesegnet werden wird. Die Freude, welche ihr weitergebt, wird zurückfließen. An andere um Christi willen auszuteilen, ist der sicherste Weg, sich selbst zu bereichern.

Das übrige will ich kurz zusammenfassen. Wenn du deine Gaben zu Christus gebracht hast, so ist die nächste Aufgabe, aufzublicken. Danke Gott für das, was du erhalten hast, blicke auf! Sage: „Es ist nichts in dem, was ich tun kann, es ist nichts in meinen Gebeten, in meinen Predigten, in meinem Tun und Treiben, wenn du das Ganze nicht segnest. Herr, segne es!"

Dann, wenn du den Segen erfleht hast, brich es. Bedenke, daß die Vervielfältigung erst nach der Teilung kam und die Vermehrung erst anfing mit der Verminderung. So fang an zu brechen und auszuteilen. Gehe umher und diene dem Herrn und wenn du das Brot gebrochen und an andere verteilt hast, so vergiß nicht, daß du aus der Hand Christi verteilst. Du hast deine Gaben und Fähigkeiten in Christi Hände zu legen. Er legt Seinen Segen darauf, gibt es dir zurück und darauf gibst du es dem Volk.

Wenn ich euch von dieser Kanzel Brot zu essen gebe, welches mein eigenes ist, so wird es euch von keinem Nutzen sein. Aber wenn ich es, nachdem ich es in meinem Studierzimmer erhalten habe, in die Hand Christi lege und Christus händigt es mir wieder aus, dann könnt ihr davon satt werden. Das ist die Weise Christi, Menschen zu segnen. Er gibt den Segen nicht zuerst der Welt, sondern Seinen Jüngern und dann geben die Jünger ihn der Menge. Wir erhalten im Verborgenen, was wir öffentlich verteilen. Wir haben Zutritt zu Gott als Seine erwählten Günstlinge.

Wir kommen Ihm nahe. Er gibt uns und wir geben es anderen.

So, liebe Freunde, habe ich damit begonnen, euch eine große und hohe Gabe vorzustellen. Zuerst brachte ich euch dahin zu sagen: „Wir können es nicht." Dann versuchte ich, euch sagen zu lassen: „Wir müssen." Und nun will ich damit schließen, euch zu bewegen, auszusprechen: „Wir können es." Ja, Christus ist mit uns und wir können es. Gott, der Heilige Geist, ruft uns, Christus, der Sohn Gottes, ermuntert uns und Gott, der Vater, blickt gnädig auf uns. Wir können, wir müssen, wir wollen. Die Reiche dieser Welt werden die Reiche unseres Gottes und Seines Christus werden.

Aber glauben wir selbst an Christus? Wenn nicht, so können wir nichts tun. Komm zuerst zu Jesus und dann arbeite für Jesus. Gib Ihm zuerst dein Herz und dann gib Ihm alles, was du hast. Dann wird Er deine Opfer annehmen und deine Seele segnen um Seines Namens willen. Amen.

DIE VERDORRTE HAND

„Und siehe, da war ein Mensch, der eine verdorrte Hand hatte. Dann spricht er zu dem Menschen: Strecke deine Hand aus, und er streckte sie aus und sie ward wiederhergestellt, gesund wie die andere."
(Matthäus 12,10)

Beachtet den Ausdruck wohl. Jesus kam in die Synagoge, und siehe, da war ein Mensch, der eine verdorrte Hand hatte. Ein Wort in diesem Text deutet an, daß es eine beachtenswerte Tatsache war. Das Wort „siehe" ist eine Art Ausrufungszeichen, es will die Aufmerksamkeit darauf lenken. „Und siehe, da war ein Mensch, der eine verdorrte Hand hatte."

Wenn in mancher Versammlung ein Großer und Mächtiger des Landes erscheinen würde, da würden die Leute sagen: „Siehe, ein Graf, ein Baron, ein Bischof ist da!" Aber obwohl gelegentlich einige Große in der Versammlung unseres Herrn waren, so finde ich doch kein Wort der Verwunderung über ihre Gegenwart, kein „siehe", durch die Evangelisten ausgesprochen, um die Aufmerksamkeit auf ihre Anwesenheit zu lenken. Wenn in einer Versammlung einige Leute der Wissenschaft und Gelehrsamkeit, die sich ein hohes Ansehen erworben haben, anwesend wären, so würden einige Personen sagen: „Weißt du, daß Professor Wissenschaft und Doktor Klassiker im Gottesdienst anwesend waren?" Da würde bei vielen im Gedächtnis ein „siehe" stehen. Es gab gelehrte Personen, die gekommen waren, um Jesus zu hören, aber es steht kein „siehe" bei ihrer Erwähnung. Doch in dieser Synagoge war ein armer Mann mit einer verdorrten Hand und wir werden aufgefordert, diese Tatsache zu beachten.

Weil seine rechte Hand verdorrt war, konnte er sein Handwerk nicht treiben und sein Brot nicht verdienen. Seine beste Hand war unbrauchbar, sein Brotgewinner ließ ihn im Stich. Ich zweifle nicht daran, daß er ein sehr einfacher, unbedeutender Mensch war und sich wahrscheinlich auch in großer Armut befand, weil er nicht arbeiten konnte wie seine Kollegen. Seine Anwesenheit in der Synagoge war an und für sich nichts Besonderes. Ich denke, er war es gewohnt, in die Synagoge zu gehen wie andere seiner Mitbürger, doch der Heilige Geist zeigt, daß er anwesend war und erhebt das Wort „siehe" als ein Signal, damit wir darauf aufmerksam werden, daß der Krüppel da war.

Und heute abend, liebe Freunde, macht es dem Prediger und der Versammlung sehr wenig aus, daß ihr hier seid, wenn ihr Personen von Rang und Würden seid, denn wir machen hier keinen Unterschied und nehmen keine besondere Rücksicht auf irgend jemand an diesem Ort, wo Reiche und Arme zusammenkommen. Aber solltet ihr hier sein als bedürftige Seelen, die einen Heiland begehren, solltet ihr hier sein mit einer geistlich verdorrten Hand, so daß ihr das nicht tun könnt, was ihr tun wollt und ihr wollt diese Hand wieder gesund haben, so wird ein „siehe" dazu gesetzt und besonders wird das „siehe" betont werden, wenn der Meister heute abend zu euch sagen würde: „Strecke deine Hand aus!" und Er durch Seine göttliche Macht die Hand heilen und ein Gnadenwerk verrichten würde.

Was der Herr an dem besonderen Sabbathmorgen wünschte, war, jemand zu haben, den Er heilen konnte und so der überlieferten Gesetzlichkeit der Pharisäer, welche sagten, daß es unrecht sei, am Sabbath zu heilen, Trotz zu bieten. Christus wollte nicht ihre Gesundheit an jenem Morgen, sondern Er blickte auf ihre Krankheit, um Seine heilende Macht zu zeigen. Er wünschte nicht irgend welche Größe bei irgend jemand dort, sondern Er wünschte einen Armen, einen Bedürftigen, an welchem Er Seine Heilungsmacht offenbaren konnte.

Und das ist gerade heute abend auch der Fall. Wenn du reich und satt bist und nichts bedarfst, so wünscht mein Meister dich nicht. Er ist ein Arzt und diejenigen, die sich mit der Heilkunst beschäftigen, suchen in ihrem Arbeitsgebiet nach Krankheiten. Wenn wir einem geschickten Arzt von einer Stadt erzählen würden, in welcher niemand krank ist, sondern sich jeder einer vollkommenen Gesundheit erfreut, so würde er sich dort gewißlich nicht niederlassen, es sei denn, daß er sich von der Praxis zurückziehen wollte. Mein Meister kommt nicht in die Versammlung, in welcher sich jeder selbstzufrieden fühlt, wo keine blinden Augen, keine tauben Ohren, keine gebrochenen Herzen, keine verdorrten Hände sind, denn wozu bedürfen solche Leute einen Heiland? Er blickt umher und Sein Auge richtet sich auf Schmerz, Not, Unvermögen, Sündhaftigkeit, auf alles, wo Er Gutes tun kann. Was Er bei uns Sterblichen wünscht, ist die Gelegenheit, uns Gutes zu tun und nicht ein Vorgeben von unserer Seite, daß wir Ihm Gutes tun können.

Ich beginne damit, weil meine Rede heute abend sehr einfach sein wird und sie nur für diejenigen unter euch bestimmt ist, die meines Herrn und Meisters bedürfen. Diejenigen unter euch, die Ihn nicht brauchen, können gehen, aber ihr, die ihr Ihn wünscht, werdet Ihn heute abend vielleicht finden. Und im Himmel wird nicht von denen berichtet, die hier waren und glaubten, daß sie sehen können, auch nicht von denen, die ihre Hand für stark und kräftig für die Arbeit halten, sondern dort wird ein Verzeichnis von den Blinden sein, welche sagen werden: „Du, Sohn Davids, öffne unsre Augen", und von den Verdorrten, die heute abend ihre verdorrten Hände im Gehorsam auf Seinen göttlichen Befehl ausstrecken. Ich weiß nicht, ob unser Freund, der Krüppel, als er an jenem Morgen in die Synagoge ging, erwartet hat, daß seine verdorrte Hand geheilt werde. Da er vielleicht ein frommer Mann war, ging er in den

Gottesdienst, aber er erhielt mehr, als er erwartet hatte. Und es mag sein, daß einige von euch, welche Gott heute abend segnen will, nicht wissen, weshalb sie gekommen sind. Ihr seid gekommen, weil ihr euch mehr oder weniger glücklich fühlt, wenn ihr das Evangelium predigen hört. Ihr habt für euch selbst das Evangelium noch nicht ergriffen und euch noch nie seiner Segnungen und Vorrechte erfreut, aber doch habt ihr eine Sehnsucht nach den besten Dingen. Wie, wenn heute abend die Stunde gekommen wäre, welche die unumschränkte Gnade rot bezeichnet hat im Kalender der Liebe; in welcher deine verdorrte Hand stark gemacht und deine Sünde vergeben werden wird! Welches Entzücken, wenn du deine Wege gehen und Gott verherrlichen wirst, weil ein besonderes Gnadenwerk in dir gewirkt worden ist! Gott schenke, daß es geschehe durch die Kraft des Heiligen Geistes. Ich fordere diejenigen unter euch auf, die den Meister lieben, Ihn zu bitten, in dieser Zeit viele Wunder zu wirken und Ihm soll die Ehre sein.

1. Die Person, an welche der Befehl gerichtet ist

Der Befehl war also an eine Person gerichtet, die völlig unfähig war, zu gehorchen. „Strecke deine Hand aus!" Ich weiß nicht, ob sein Arm gelähmt war oder nur seine Hand. Im allgemeinen ergreift eine solche Lähmung das ganze Glied und Hand und Arm sind gelähmt. Wir nehmen normalerweise an, daß bei diesem Menschen der ganze Arm gelähmt war und doch finde ich weder in unserem Text noch in den anderen Evangelien eine besondere Andeutung, daß der ganze Arm verdorrt war. Es scheint mir ein Fall gewesen zu sein, in welchem nur die Hand befallen war.

Wir hatten hier in Kennington Gate einen Knaben, welcher oft an den Omnibus herankam und seine Hände zeigte, welche herabhingen, als sei das Handgelenk gebrochen. „Armer Knabe, armer Knabe!" rief er und wandte sich an das Mitleid der Fahrgäste.

Ich denke, daß sein Fall ein Bild von dem uns vorliegenden war, in welchem nicht der Arm, sondern wahrscheinlich nur die Hand verdorrt war. Wir können nicht bestimmt entscheiden, ob der Arm noch ungelähmt war, aber wir können hören, daß der Herr nicht sagt: „Strecke deinen Arm aus", sondern „deine Hand", so daß Er auf die Hand deutete als den Ort, wo Lähmung lag. Wenn Er gesagt hätte: „Strecke deinen Arm aus", da der Text nicht erklärt, daß der Arm verdorrt war, so würden wir gesagt haben, daß Christus ihm etwas befohlen habe, was er hätte tun können, und es würde kein Wunder gewesen sein. Da Er aber sagt: „Strecke deine Hand aus", ist es klar, daß das Übel in der Hand war und ihm etwas befohlen wurde, was er unmöglich tun konnte, denn seine Hand war verdorrt. Es war keine Scheinkrankheit. Er hatte nicht vorgetäuscht, eine lahme Hand zu haben, sondern seine Hand war wirklich gelähmt. Die Hand hatte die Lebenssäfte verloren. Das, was ihr Kraft gab, war ausgetrocknet und daher war sie ein verdorrtes, verwelktes, nutzloses Ding, womit er nichts tun konnte. Zu einem solchen Mann sagte Jesus: „Strecke deine Hand aus!"

Dieses ist für uns sehr wichtig, weil einige unter euch unter der Last der Sünde denken, daß Jesus keine wirklichen Sünder errettet, daß die Leute, die Er errettet, in mancher Hinsicht nicht so schlecht sind wie ihr, daß keine solche Stärke der Sünde bei ihnen ist wie bei euch, wenigstens nicht solche äußerste Hoffnungslosigkeit und Hilflosigkeit wie bei euch. Ihr fühlt euch ganz vertrocknet und ohne Kraft. Lieber Zuhörer, solche sind es gerade, an welche der Herr Jesus die Befehle des Evangeliums richtet. Uns ist befohlen, euch zu predigen: „Glaubet", oder zu anderen Zeiten: „Tut Buße und ein jeder lasse sich taufen." „Glaube an den Herrn Jesus Christus, so wirst du gerettet." Befehle, nicht wie einige sagen, an empfängliche Sünder gerichtet, sondern an unempfängliche, alberne Sünder, an Sünder, die, soweit es die moralische Fähigkeit betrifft, dem Befehl gar nicht gehorchen können. Solchen wird, wie hier dem

Manne, etwas zu tun befohlen, wozu sie an und für sich keine Kraft besitzen. Denn ihr seht, wenn er seine Hand selbst hätte ausstrecken können, wäre kein Wunder nötig gewesen, denn seine Hand wäre nicht verdorrt gewesen. Aber es ist klar, daß er seine Hand nicht bewegen konnte, und doch redet der Heiland ihn so an, als ob er es könnte, und ich sehe hier ein Symbol, wie das Evangelium zu den Sündern spricht; denn das Evangelium ruft ihnen in all ihrem Elend und ihrer Unfähigkeit zu: „Euch ist das Wort dieses Heils gesandt."

Diese deine Unfähigkeit ist gerade der Raum, in welchem die göttliche Macht sich zeigen kann. Gerade weil du so unfähig bist, kommt das Evangelium zu dir, damit gesehen wird, daß die Vortrefflichkeit der Macht im Evangelium und im Heiland selbst wohnt, und ganz und gar nicht in der Person, die errettet wird.

Der Befehl also, welcher die Heilung mit sich brachte, war an jemand gerichtet, der völlig unfähig war.

Aber beachte, der Befehl kam zu jemand, der vollkommen willig war, denn dieser Mann war ganz vorbereitet, das zu tun, was Jesus ihm befehlen würde. Wenn ihr ihn gefragt hättet, so würdet ihr keinen Wunsch festgestellt haben, die verdorrte Hand zurückzuhalten, kein Verlangen, daß seine Finger leblos und nutzlos bleiben sollten. Wenn ihr ihn gefragt hättet: „Armer Mann, möchtest du deine Hand geheilt haben?" so würden ihm die Tränen in die Augen gekommen sein und er würde erwidert haben: „Das wollte ich, damit ich für meine Kinder Brot verdienen kann, damit ich nicht nötig habe zu betteln und von der Hilfe anderer abhängig zu sein oder nur eine harte Kruste mit der linken Hand erwerben kann. Ich wünsche von ganzem Herzen, daß meine Hand geheilt wird."

Aber das Schlimmste bei manchen unbekehrten Leuten ist, daß sie nicht geheilt, nicht zurückgebracht werden wollen. Sobald ein Mensch wirklich nach der Errettung verlangt, ist die Errettung schon zu ihm gekommen, aber die meisten von euch wünschen nicht, errettet zu werden. „O", sagt ihr, „wir haben den aufrichtigen Wunsch, errettet zu werden." Ich glaube das nicht. Was meint ihr denn mit der Errettung? Meint ihr damit, vor der Hölle bewahrt zu werden? Das wünscht natürlich jeder. Habt ihr je einen Dieb getroffen, der nicht den Wunsch gehabt hat, vor der Verhaftung und dem Gefängnis errettet zu werden? Wenn wir aber von der Errettung sprechen, so meinen wir die Errettung von der Macht des Bösen, der Liebe zur Sünde, der Ausübung von Torheiten und dem Trieb, Freude an den Übertretungen zu finden. Wünschst du, von angenehmen und gewinnbringenden Sünden errettet zu werden? Suche einen Trinker, der aufrichtig betet, von der Trunksucht erlöst zu werden. Bringe einen unkeuschen Menschen, welcher ernstlich wünscht, rein zu sein. Suche mir jemanden, der ein gewohnheitsmäßiger Lügner ist, und doch ein Verlangen hat, die Wahrheit zu sprechen. Bringe mir jemanden, der selbstsüchtig gewesen ist und sich in seinem Herzen deshalb haßt und das Verlangen hat, liebevoll und Christus ähnlich zu werden. Die halbe Schlacht ist in solchen Fällen schon gewonnen. Der erste Schritt ist schon getan.

Der Charakter, den ich im Auge habe, ist eine Seele, welche das zu sein wünscht, was sie nicht ist und nicht sein kann, die das zu tun wünscht, was sie nicht tun kann. Ich meine einen Menschen, der im Kampfe fleht: „Ich wollte, aber ich kann nicht bereuen. Mein Herz ist wie ein Stein. Ich möchte Christus lieben, aber ich fühle, daß ich an die Welt gekettet bin. Ich wünsche, heilig zu sein, aber die Sünde kommt heftig über mich und reißt mich fort."

Zu solchen Menschen kommt das Evangelium Jesu Christi mit der Macht eines Befehls. Willst du gesund werden, mein Freund? Dann kann es geschehen. Wünschst du, von der Sünde errettet zu werden? Du kannst es. Wünschst du, aus den Banden des Verderbens erlöst zu werden? Es kann geschehen. Und dies ist die Weise, in der du errettet werden kannst: „Glaube an den Herrn Jesus Christus, so wirst du errettet werden." Sein Name ist Jesus, „denn er wird sein Volk erretten von ihren Sünden." Er ist zu dem

Zweck gekommen, dies mit wirklichen Sündern zu tun und nicht mit vorgeblichen; denn es ist klar, daß Er keinen Menschen von der Sünde erretten kann, der keine hat. Er kann keine verdorrten Hände heilen, wenn keine verdorrten Hände zum Heilen da sind. Er kommt zu euch, die ihr Ihn bedürft, zu euch, die ihr schuldig seid, zu euch, deren Hände verdorrt sind. Euch wird dieses Wort der frohen Botschaft verkündigt. Gott gebe euch Gnade, es gläubig zu hören und seine Kraft zu fühlen!

2. Die Person, die diesen Befehl gab

Sprach unser Herr dieses Wort in Unkenntnis, in der Vermutung, daß der Mann es konnte? Keineswegs, denn bei Ihm ist die volle Erkenntnis. Er hatte gerade die Herzen der Pharisäer gelesen und ihr könnt versichert sein, daß Er, der diese schlauen Geister lesen konnte, gewiß die äußere Lage dieses Kranken sehen konnte. Er wußte, daß die Hand des Mannes verdorrt war, und doch sagte Er: „Strecke deine Hand aus!"

Wenn ich in der Schrift den Befehl lese: „Glaube an den Herrn Jesus Christus", so bin ich gewiß, daß Jesus Christus weiß, was Er sagt. „Gehet hin in alle Welt", sagt Er, „und predigt das Evangelium aller Schöpfung." Angenommen, einige seiner Jünger wären orthodox gewesen und wären zurückgekommen mit den Worten: „Herr, hast du dich nicht bezüglich der Personen geirrt? Warum aller Schöpfung predigen? Sind nicht einige davon tot in Sünden? Wir würden lieber den Empfänglichen predigen."

Ich habe einige von denen, die sich Christi Diener nennen, sagen hören, daß toten Sündern das Leben zu befehlen von nicht mehr Nutzen sei, als auf dem Begräbnisplatz ein Taschentuch zu schwingen, und meine Erwiderung darauf war: „Ihr habt ganz recht. Tut es nicht, denn es ist klar, daß ihr nicht dazu berufen seid. Geht nach Haus und legt euch ins Bett. Der Herr hat euch nicht gesandt, solches zu tun, denn ihr gebt zu, daß ihr es nicht glaubt." Aber wenn der Herr mich als Herold der Auferstehung aussendet, und mir befiehlt, ein Taschentuch über den Gräbern der Toten zu schwingen, so würde ich es tun und würde erwarten, daß das armselige Taschentuch, wenn Er befiehlt, es zu schwingen, die Toten auferwecken würde, denn Jesus Christus weiß, was Er tut, wenn Er Seine Diener aussendet. Wenn Er uns nicht sendet, würde es eine Torheit sein, den Toten zu sagen: „Ihr Toten, erwacht!" Sein Auftrag macht den ganzen Unterschied. Wir haben zu den Toten zu sagen: „Steht auf aus den Toten, so wird Christus euch leuchten."

Was, erst aufstehen und dann das Leben erhalten? Ich will nicht versuchen, es zu erklären, aber das ist der Befehl der Schrift: „Wache auf, der du schläfst, und stehe auf aus den Toten und der Christus wird dir leuchten."

Wenn mein Meister es so befiehlt, so werde ich es freudig tun. Ich kann es nicht erklären, aber ich freue mich, Ihm blindlings zu folgen und jedes Seiner Worte zu glauben. Wenn Er mir daher befiehlt, zu sagen: „Stehet auf aus den Toten", will ich es auch jetzt tun. Im Namen Jesu Christi, ihr Toten, lebt! Brecht, ihr harten Herzen! Erweicht, ihr Herzen von Stahl! Glaubt, ihr Ungläubigen! Ergreift Christus, ihr Gottlosen! Wenn Er durch Seine Diener spricht, wird das Wort Kraft haben . Wenn Er nicht durch uns spricht, ist es gleich, wie wir sprechen. Wohl mag jener kluge Bruder sagen, daß es keinen Nutzen haben würde, wenn er den toten Seelen aufzustehen befiehlt, er bekennt dadurch, daß sein Meister nicht bei ihm ist. Mag er nach Hause gehen, bis sein Meister bei ihm ist. Wenn sein Meister bei ihm wäre, würde er seines Meisters Worte sprechen, und er würde nicht fürchten, töricht genannt zu werden. Es ist der Herr Jesus Christus, der zu diesem Mann mit der verdorrten Hand sagt: „Strecke deine Hand aus."

Wie herrlich ist doch der Gedanke, daß Jesus imstande ist Kraft zu geben, das zu tun, was Er uns zu tun befiehlt.

Liebe Seele, wenn dir befohlen wird zu glauben, und du stehst da mit Tränen in den Augen und sagst: „Herr, ich kann es nicht verstehen und kann nicht glauben", so bedenke doch, daß Er, der dir zu glauben befiehlt, dir auch Kraft zum Glauben geben kann. Wenn Er durch Seine Diener oder durch Sein Wort in der Kraft Seines Geistes zu deinem Gewissen spricht, so ist Er, der dir befiehlt, kein gewöhnlicher Mensch, sondern der Sohn Gottes. Darum mußt du zu Ihm sagen: „Guter Herr, gib mir die Reue, welche du befiehlst", und Er wird dein Gebet erhören, und dir Glauben geben.

Habt ihr es denn nie beachtet, liebe Seelen, auf welche Weise Jesus Sein Werk betreibt? Seine Weise ist gewöhnlich folgende: Erst gibt Er den Befehl, dann hilft Er dem Herzen, den Befehl zu einem Gebet zu machen, um dann das Gebet mit einer Verheißung zu beantworten. Nehmt diese Beispiele. Der Herr sagt: „Machet euch ein neues Herz." Das ist ein klarer Befehl. Mit der Zeit erkennt ihr, daß der Psalmist im 51. Psalm sagt: „Schaffe in mir, Gott, ein reines Herz." Und dann, wenn ihr Hesekiel aufschlagt, findet ihr die Verheißung: „Ich will euch ein neues Herz geben." Zuerst befiehlt Er es euch, dann bringt Er euch dazu, um diese Segnung zu bitten und darauf gibt Er sie euch.

Nehmt ein anderes Beispiel. Der Befehl ist: „Kehret um und wendet euch ab von allen euren Übertretungen, denn warum wollt ihr sterben, Haus Israel?" Dann kommt das Gebet: „Bekehre du mich, so werde ich mich bekehren." Und dann folgt die Umkehr, von welcher der Apostel Paulus spricht, wenn er sagt, daß Gott uns fähig gemacht hat zum Erbteil der Heiligen im Licht und versetzt in das Reich des Sohnes Seiner Liebe.

Nehmt noch ein Beispiel, das auf die Reinigung Bezug hat. Wir lesen, daß der Herr uns befiehlt: „Fegt den alten Sauerteig aus", und wir kennen das Gebet: „Entsündige mich mit Ysop, und ich werde rein sein; wasche mich und ich werde weißer sein als Schnee." Dem folgt die Verheißung: „Und ich will sie reinigen von aller Missetat, womit sie wider mich gesündigt haben."

Oder nimm eine andere Aufforderung, die uns Christen betrifft.

Wir werden wiederholt zum Singen aufgefordert: „Jauchzet dem Herrn, alle Welt; singet, rühmet und lobet." An einer anderen Stelle finden wir die Bitte: „Herr, tue meine Lippen auf, daß mein Mund deinen Ruhm verkündige." Und in einer dritten Stelle haben wir die göttliche Verheißung: „Dieses Volk, das ich mir gebildet habe, sie sollen meinen Ruhm erzählen."

Das ist die Weise, wie der Meister arbeitet. Er befiehlt euch zu glauben oder zu bereuen, dann bringt Er euch ins Gebet, damit ihr befähigt werdet, es zu tun, und dann gibt Er euch Gnade, es zu tun, so daß der Segen wirklich in eure Seele kommt. Alle Befehle werden von Christus selbst ausgesprochen an die Herzen der Menschen und wenn diese sie annehmen, entdecken sie, daß die Fähigkeit mit dem Befehl kommt.

„Aber er ist nicht hier", sagt jemand. Nun ich sage euch in Seinem Namen, Er ist hier. Sein Wort spricht: „Siehe, ich bin bei euch alle Tage bis zur Vollendung der Zeitalter." So lange, bis dieses Zeitalter beendet ist, wird Christus da sein, wo das Evangelium gepredigt wird. Wo Seine Botschaft klar und treu durch den Geist Gottes verkündigt wird, da ist Jesus Christus selbst wirksam gegenwärtig und spricht durch die Lippen Seiner Diener. Also, liebe Seele mit der verdorrten Hand, Jesus sagt heute abend zu dir: „Strecke deine Hand aus!"

3. Der Befehl selbst

Der Befehl lautete: „Strecke deine Hand aus!" Ich erkenne in diesem Befehl, daß er bis auf den Grund der Sache geht. Es heißt nicht: „Reibe deine rechte Hand mit der linken"; es heißt nicht: „Zeige deine Hand dem Priester und laß ihn eine Zeremonie daran verrichten"; es heißt nicht: „Wasche deine Hand", sondern: „Strecke sie aus!" Genau das war es, was er nicht tun konnte und so ging der Befehl so recht an die Wurzel des Übels.

Nun, mein Herr und Meister sagt nicht zu irgend einem von euch Sündern heute abend: „Geh heim und bete." Ich hoffe, daß ihr beten werdet, aber das ist nicht der große Befehl des Evangeliums. Das Evangelium lautet: „Glaube an den Herrn Jesus, so wirst du errettet."

Paulus stand im Dunkel der Nacht bei dem zitternden Kerkermeister, der kaum seine eigene Frage verstand, als er ausrief: „Was soll ich tun, auf daß ich errettet werde? Nach der Praxis einiger Christen hätte Paulus sagen sollen: „Wir wollen zusammen beten" oder „du mußt nach Hause gehen und die Bibel lesen und ich muß dich weiter unterweisen, damit du in einen besseren Zustand kommst". Er tat nichts derartiges, sondern sagte: „Glaube an den Herrn Jesus, so wirst du errettet werden." Es wird kein Evangelium gepredigt, wenn es nicht dahin kommt, denn die Errettung kommt durch den Glauben und durch nichts anderes. Das ist gerade der schwierigste Punkt, sagt ihr mir. Ja, und den schwierigsten Punkt berührt der Befehl, denn es heißt: „Strecke deine Hand aus", oder im Fall des Sünders: „Glaube an den Herrn Jesus." Denn bedenkt, alles, was irgend jemand von euch in der Sache des ewigen Lebens je tut, kann — wenn er keinen Glauben in sich hat — schließlich hervorkommen als die Wirkung eurer fleischlichen Natur und das ist der Tod. Was kann anderes aus den Werken des Todes kommen als ein noch tieferer Tod? Der Tod kann nie das Leben hervorbringen. Ein Gebet ohne Glauben? Was für ein Gebet ist das? Es ist das Gebet eines Menschen, der nicht an Gott glaubt. Kann ein Mensch erwarten, etwas vom Herrn zu erhalten, wenn er nicht glaubt, daß Gott ist und denen, die Ihn suchen, ein Belohner ist?

„Aber ich muß Reue haben, ehe ich glaube", sagt jemand. Was für eine Reue ist es, die Gott nicht vertraut? Eine ungläubige Reue und nur ein selbstsüchtiger Ausdruck der Furcht vor der verhängten Strafe. Der Glaube muß mit dem Gebet und jeder Tat der Reue verbunden sein, oder er kann bei Gott keine Annahme finden, und darum müssen wir gerade zu diesem Punkt kommen und Glauben verlangen, indem wir sagen:

„Glaube und lebe. Strecke deine Hand aus."

Das Ausstrecken der Hand war durch und durch eine Tat des Glaubens. Es war keine Tat des Gefühls. Der Mensch war machtlos dazu. Er tat es nur, weil der Glaube die Fähigkeit brachte. Ich sage, das Ausstrecken der Hand war eine reine Glaubenstat. „Ich kann es noch nicht verstehen", sagt jemand, „wie ein Mensch tun kann, was er nicht tun kann." Aber du wirst noch viele andere wunderbare Dinge verstehen, wenn der Herr dich belehrt, denn das christliche Leben ist eine Reihe seltsamer Dinge. Was mich betrifft, so bezweifele ich eine Erfahrung, wenn nicht etwas Seltsames dabei ist. Es ist jedenfalls gewiß, daß ich, der nichts aus sich selbst tun kann, alles durch Christum tun kann, welcher mich stärkt. Der Mensch, welcher Christus sucht, kann nichts tun, und doch, wenn er an Christum glaubt, kann er alles tun und seine verdorrte Hand wird ausgestreckt.

Aber außerdem, daß es eine Tat des Glaubens war, scheint es mir auch eine Tat der Entscheidung zu sein. Dort saßen die stolzen, ernsten Pharisäer. Eure Phantasie kann sich leicht ein Bild entwerfen von den angesehenen Herren mit breiten Säumen an ihren Gewändern und Gebetsriemen an der Stirn. Da waren auch die Schriftgelehrten ganz in ihr Formelwesen gehüllt. Sehr ernste, kenntnisreiche Menschen waren sie. Man fürchtete fast, sie anzusehen; sie waren so heilig und so hochmütig. Seht, da sitzen sie wie Richter am Gerichtstag, um den Heiland zu untersuchen. Christus zieht nun, sozusagen, diesen armen Mann mit der verdorrten Hand heraus, um Sein Zeuge zu sein und durch Seinen Befehl fragt Er ihn durch die Tat, was er tun wolle, den Pharisäern oder Ihm gehorchen. Es ist nicht recht, am Sabbath zu heilen, sagen die Pharisäer. Was sagst du mit deiner verdorrten Hand dazu? Wenn du es mit den Pharisäern hältst, dann wirst du es natürlich ablehnen, am Sabbath geheilt zu werden und du wirst deine Hand nicht ausstrecken, aber wenn du auf Jesus hörst, wirst du dich freuen, geheilt zu werden. Aber ich sehe, du wirst deine Hand ausstrecken und mit den Tyrannen brechen, die deine Hand verdorrt lassen würden.

Der Mann entschied sich für Jesus, als er seine Hand ausstreckte. Manche Seele hat Frieden gefunden, als sie endlich die Hand emporhob und sagte: „Sinken oder schwimmen; verloren oder errettet. Christus für mich, Christus für mich. Wenn ich verloren gehe, so will ich Sein Kreuz umschlingen und auf Ihn allein blicken, denn ich stehe auf Seiner Seite, ob Er Mitleid mit mir hat oder nicht." Wenn diese Tat der Entscheidung verrichtet ist, folgt die Heilung. Wenn du deine Hand für Christus hochhältst, so macht Er sie zu einer guten Hand, obwohl sie jetzt ganz gelähmt und kraftlos ist wie ein totes Ding. Unwürdig, wie du bist, hat Er die Macht, da du deine Hand für Ihn erhebst, Leben hineinzubringen und dir den Segen zu geben, den dein Herz wünscht.

„O, daß ich errettet werden könnte", sagt jemand, „Wie sehne ich mich danach!" Möge der Heilige Geist dich leiten, den Entschluß zu fassen, von niemand anders als von Christus errettet zu werden. O, daß du dich entschließen würdest, Ihn als deinen Arzt anzunehmen! Wenn das geschieht, dann zweifle ich nicht daran, daß du im Glauben an den Arzt durch Gottes Kraft belebt werden und die Heilung sogleich finden wirst.

4. Der Gehorsam dieses Mannes

Es wird uns gesagt, daß er seine Hand ausstreckte. Christus sagte: „Strecke deine Hand aus", und in Markus heißt es: „und er tat es", das heißt, er streckte die Hand aus.

Nun seht, daß dieser Mensch nicht etwas anderes zu tun vorzog, als das, was Jesus befohlen hatte, obwohl viele erweckte Sünder töricht genug sind, verschiedene Versuche zu machen. Christus sagte: „Strecke deine Hand aus", und er tat es. Wenn der Mensch stattdessen durch die Synagoge gegangen und zu Christus herangekommen wäre, so würde der Meister gesagt haben: „Ich habe dir solches nicht befohlen. Ich habe dir befohlen, deine Hand auszustrecken." Angenommen, er hätte dann mit der linken Hand die Gesetzesrolle ergriffen, die sich in der Synagoge befand, und hätte sie vor Verehrung geküßt, würde das von irgend welchem Nutzen gewesen sein? Der Meister würde nur gesagt haben: „Ich habe dir befohlen, deine Hand auszustrecken."

Ach, es gibt viele, viele Seelen, welche sagen: „Uns ist befohlen, Jesus zu vertrauen, aber stattdessen wollen wir die Gnadenmittel regelmäßig gebrauchen." Tut das jedenfalls, aber nicht als Ersatz für den Glauben, oder es wird ein vergebliches Vertrauen sein. Der Befehl lautet: „Glaube und lebe." Beachte dieses, was du sonst auch tust. „Nun, ich werde gute Bücher lesen, vielleicht werde ich dadurch gut werden." Lies die guten Bücher jedenfalls, aber das ist nicht das Evangelium. Das Evangelium ist: „Glaube an den Herrn Jesus Christus, so wirst du errettet."

Nehmt an, ein Arzt habe einen Patienten in Behandlung und würde zu ihm sagen: „Sie müssen jeden Morgen ein Bad nehmen, das wird Ihnen in Ihrer Krankheit gut tun." Der Kranke trinkt morgens stattdessen eine Tasse Tee und sagt: „Ich denke, das wird ebensogut sein." Was wird der Arzt sagen, wenn er auf seine Frage, ob er seine Verordnung befolgt habe, die Antwort erhält: „Nein, das habe ich nicht getan." „Dann erwarten sie auch keinen Erfolg, wenn Sie meine Verordnung nicht befolgt haben."

So sagen wir tatsächlich zu Jesus, wenn wir in Seelennot sind: „Herr, Du hast mir befohlen, Dir zu vertrauen, aber ich möchte lieber etwas anderes tun. Herr, ich wünsche, schreckliche Überzeugungen zu haben. Ich wünsche, über dem Rachen der Hölle geschüttelt zu werden. Ich wünsche, beunruhigt und bekümmert zu werden."

Ja, du wünschest irgend etwas, nur nicht, was Christus dir vorschreibt, und das ist, daß du Ihm einfach vertrauen sollst. Ob du es fühlst oder nicht fühlst, du solltest gerade kommen und dich auf Ihn werfen, damit Er dich errette, Er allein. „Aber du willst doch nicht gegen das Beten, das Lesen guter Bücher usw. sprechen?" Kein Wort werde ich dagegen sagen, ebensowenig wie ich, wenn ich der angedeutete Arzt wäre, dagegen sprechen würde, daß der Mann eine Tasse Tee trinkt. Laßt ihn seinen Tee trinken, aber nicht anstatt des Bades, welches ich ihm verordnet habe. So laßt den Mann beten, je mehr desto besser. Laßt ihn in der Schrift forschen, aber ich erinnere dich daran, wenn diese Sachen an die Stelle des einfachen Glaubens an Christus gestellt werden, so wird die Seele verderben.

Habt ihr je die Schriftstelle gelesen: „Ihr erforschet die Schriften, denn ihr meinet, in ihnen ewiges Leben zu haben, und sie sind es, die von mir zeugen; und ihr wollt nicht zu mir kommen, auf daß ihr Leben habet."? Da ist es, wo das Leben ist, nicht einmal im Suchen in der Schrift, so gut dieses auch ist. Wenn wir auch goldene Götzen an die Stelle Christi setzen, so müssen sie ebenso zerstört werden wie die Götzenbilder von Holz und Stein. Es macht nichts aus, wie gut eine Handlung ist, wenn sie nicht das ist, was Christus befohlen hat, so wirst du nicht dadurch errettet. „Strecke deine Hand aus", sagt Er und das war der Weg, auf dem die Heilung kommen mußte. Der Mensch tat nichts anderes und erhielt eine gnädige Belohnung.

Beachtet, daß er keine Frage aufwarf. Er hatte gerade eine gute Gelegenheit, Fragen aufzuwerfen. Ich denke, er hätte gut an seinem Platz aufstehen können und sagen: „Dieser Befehl ist widersprüchlich, guter Meister. Du sagst zu mir, strecke deine Hand aus. Nun, Du weißt, wenn ich meine Hand ausstrecken kann, so fehlt mir nichts und es ist kein Raum für ein Wunder da. Und wenn ich sie nicht ausstrecken kann, wie kannst Du es mir befehlen?"

Habt ihr nicht einige von unseren Freunden gehört, die es lieben, über heilige Dinge zu scherzen und über unsre Lehre der Gnade zu spotten, daß sie sagen, unsre Lehre sei: „Du kannst und du kannst nicht; du sollst und du sollst nicht!"? Ihre

Beschreibung ist ganz richtig, auch wenn sie nur darüber lachen. Wir haben nichts dagegen, wenn es ihnen beliebt. Wir lehren Seltsamkeiten und Widersprüche, wenn du nur den Buchstaben beachtest, aber wenn du der Sache auf den Grund gehst, so wirst du erfahren, daß gerade in diesen Widersprüchen die ewige Wahrheit gefunden wird.

Wir wissen, daß der Mensch in Sünden und Übertretungen tot und in einer geistlichen und moralischen Erstarrung ist, aus welcher er sich nicht selbst erheben kann, doch sagen wir auf unsers Meisters eigenen Befehl: „Wache auf, der du schläfst, und stehe auf aus den Toten, und der Christus wird dir leuchten." Oder mit anderen Worten, wir sagen zu der verdorrten Hand: „Strecke dich aus", und sie tut es. Die gesegnete Wirkung rechtfertigt diese Lehre, welche an sich der beißenden Kritik würdig zu sein scheint.

Beachtet ferner, daß das, was der Mann tat, das war, was ihm gesagt wurde. Er sollte die Hand ausstrecken und er streckte sie aus. Wenn du ihn gefragt hättest: „Hast du deine Hand selbst ausgestreckt?" würde er vielleicht gesagt haben: „Natürlich tat ich es selbst; kein anderer hat es getan." „Warte einen Augenblick, mein guter Mann. Hast du aus dir selbst deine Hand ausgestreckt?" „O nein", würde er sagen, „weil ich es oft vorher versucht habe, ohne es zu können, aber dieses Mal tat ich es." „Wie kam es denn, daß du dieses Mal dazu Kraft hattest?" „Jesus befahl mir, es zu tun; ich war bereit dazu und es ist geschehen."

Ich glaube nicht, daß er diesen Vorgang vernünftig hätte erklären können und auch wir können es vielleicht nicht. Es muß wirklich ein sehr schöner Augenblick gewesen sein, die arme, verdorrte, lahme, verwelkte Hand, die sonst schlaff herabhing, vor dem Volk mitten in der Synagoge ausgestreckt zu sehen. Siehst du nicht, wie das Blut zu fließen beginnt, die Nerven sich kräftigen und die Hand sich öffnet wie eine aufgehende Blume? O das Entzücken seiner strahlenden Augen, als er sie zuerst nur auf den kleinen Finger und dann auf den Daumen richten konnte, um zu prüfen, ob sie wirklich alle lebten! Dann wandte er sich und blickte auf den Gesegneten, der ihn geheilt hatte und wollte Ihm gern zu Füßen fallen.

Ebenso können auch wir die Bekehrung, die Erneuerung, die neue Geburt und alles das nicht beschreiben, aber wir wissen, daß Jesus Christus sagte: „Glaube", und wir glaubten. Durch unsere eigene Kraft? Nein. Aber so wie wir glauben wollen (und Er gibt uns das Wollen), kommt eine Kraft, es zu tun nach Seinem Wohlgefallen.

Ich blicke umher und wundere mich, wo heute abend der Mann oder die Frau mit der verdorrten Hand ist. Zu solchen würde ich im Namen meines Meisters sagen: „Strecke deine Hand aus." Es ist jetzt ein günstiger Augenblick. Großes soll dir geschehen. Glaube jetzt. Du hast vorhin gesagt: „Ich kann nicht glauben." Nun vertraue Jesu. Sinke oder schwimme. Vertraue Ihm. Unser Herr Jesus verstößt nie einen Sünder, der Ihm vertraut. O, ich möchte es fast in folgender Weise sagen: Wenn du nicht fühlst, daß du zu Christo kommen kannst oder kommen solltest, da du so unwürdig bist, so schleiche hinein. Schleiche dich in Sein Gnadenhaus, wie sich ein hungriger Hund hineinschleicht, wo es etwas zu essen gibt. Der Fleischer würde ihm wahrscheinlich einen Hieb versetzen, wenn er es sähe, wie er hinter einem Knochen her ist; da er ihn aber einmal hat, kann er damit fortlaufen und ihn für sich behalten. So wirst auch du von meinem Meister behandelt werden. Wenn du eine Krume unter Seinem Tisch erhalten kannst, so wird Er sie dir nicht wegnehmen, denn Er stößt die nie hinaus, die zu Ihm kommen. Wie sie auch kommen mögen, Er weist sie nie ab und zieht Seine Segnungen nie zurück. Er sagt nie: „Komm her, aber du hast kein Recht, auf meine Gnade zu hoffen."

Erinnere dich an die Frau im Gedränge, welche es nicht wagte, vor das Angesicht Jesu zu treten, und deshalb von hinten herzutrat und den Saum Seines Kleides anrührte. Sie hat Ihm die Heilung sozusagen abgestohlen, und was sagt Er? „Komm her,

Frau, komm her. Was hast du getan? Welches Recht hast du, mein Kleid anzurühren und eine Heilung zu stehlen? Ein Fluch soll dich treffen!" Sprach Er so im Unwillen? Ganz und gar nicht! Er befahl ihr zu kommen und als sie die Wahrheit mitgeteilt hatte, sagte Er: „Sei getrost, meine Tochter, dein Glaube hat dir geholfen."

Gehe zu Ihm, o Seele. Dränge dich hindurch, um mit Ihm in Berührung zu kommen. Und wenn eine Menge Teufel zwischen dir und Christus stehen, pflüge deinen Weg hindurch mit beherztem Glauben. Obwohl du der unwürdigste Schelm bist, der je auf Ihn vertraut hat, so vertraue Ihm jetzt, damit es im Himmel erzählt wird, daß heute ein größerer Sünder errettet worden sei als jemals vorher. Eine solche Errettung wird Christum mehr verherrlichen als je eine andere, und wenn dein Fall ein schlimmerer ist, als Er je mit Seiner heilenden Hand angerührt hat, so wird, wenn Er dich anrührt und heilt, Ihm mehr Preis im Himmel gebracht werden, als je vorher. O Seele, ich wollte, daß ich dich überreden könnte, heute abend zu kommen, aber mein Meister kann es. Möge Er dich durch Seine große Gnade ziehen!

5. Das Ergebnis des Gehorsams

Ich habe darauf hingewiesen, daß die Heilung öffentlich geschah. Sie geschah auch sofort. Der Mann hatte dort nicht lange zu stehen, sondern wurde sofort geheilt und doch war die Heilung vollkommen, denn die Hand war wieder so gesund und so fähig, wie die linke mit all den Vorzügen, welche naturgemäß zur rechten Hand gehören. Sie wurde vollkommen geheilt, obgleich sie in einem Augenblick geheilt wurde. Ihr könnt euch darauf verlassen, daß sie für alle Zeit geheilt war, denn obwohl ich gehört habe, daß errettete Seelen aus der Gnade gefallen und verloren gegangen seien, habe ich es nie geglaubt, denn ich habe nie von einem Fall gelesen, daß ein von unserem Herrn Geheilter wieder krank geworden ist. Ich habe nie von einer verdorrten

Hand gehört, die geheilt worden war und zum zweitenmal gelähmt wurde. Das wird auch nie geschehen. Die Heilungen meines Herrn sind dauerhaft für immer.

Ich erinnere mich, vor einigen Jahren an einem Schaufenster gesehen zu haben, daß dort eine Arznei zur sofortigen Heilung von Zahnschmerzen zu haben sei. Ich erkannte nach einigen Monaten, daß der Besitzer dieser wertvollen Arznei entdeckt hatte, daß niemand eine augenblickliche Heilung wünscht und deshalb war das Wort „augenblickliche Heilung" dem Worte „sofortige Heilung" gewichen, welches eine große Verbesserung war.

Ich fürchte, daß die Errettung einiger Leute eine augenblickliche Errettung ist. Sie erhalten eine gewisse Gnade und dann verlieren sie sie wieder. Sie finden Frieden, aber nach und nach verschwindet er wieder. Was nötig ist, ist die Fortdauer, und es ist immer Bestand im Werke Christi. „Gottes Gaben und Berufungen sind unbereubar" und Sein Heilen wird nie widerrufen. O Seele, siehst du denn, was diesen Augenblick bei Jesus zu haben ist? Heilung für das Leben, Befreiung von der verderblichen Macht der Sünde in der Zeit und der Ewigkeit. Das ist zu haben durch freudigen Gehorsam des unvergleichlichen Befehls: „Strecke deine Hand aus", oder mit anderen Worten: „Vertraue, vertraue, vertraue."

Noch in dieser Woche habe ich mit jemand gesprochen, welcher sagte, daß er Christus nicht vertrauen könnte und ich sagte: „Aber mein Freund, wie kann das möglich sein? Können Sie mir vertrauen?" Ja, er konnte mir vertrauen. „Wie können Sie mir vertrauen und nicht dem Herrn Jesus? Wenn Sie zu mir sagen würden, daß Sie mir nicht vertrauen können, was würde das heißen?" „Nun", sagte er, „das würde natürlich bedeuten, daß ich Sie für einen schlechten Menschen hielte, wenn ich Ihnen nicht vertrauen könnte." „Ach", sagte ich, „das ist es gerade, was Sie zu verstehen geben, wenn Sie sagen, daß Sie Jesus nicht vertrauen können, denn wer nicht glaubt, macht Ihn zum

Lügner. Wollen Sie sagen, daß Gott ein Lügner ist?" Die Person, zu der ich sprach, zog sich vor Schreck vor jener Folge zurück und sagte: „Nein, ich weiß, daß Gott treu ist."

Nun gut, du kannst doch gewiß jemand vertrauen, der treu ist. Darin kann keine Schwierigkeit liegen. Auf jemanden zu trauen und zu bauen, gegen den du keinen Zweifel hegen kannst, muß ganz natürlich aus der guten Meinung von ihm kommen. Wenn du glaubst, daß Er treu ist, so ist dieses Glaube. Wirf dich jetzt auf Ihn. Gerade wie ich mich mit meinem ganzen Gewicht auf dieses Geländer lehne, so lehne dich auf die Gnade Gottes in Christo Jesu. Das ist Glaube. Wenn Gottes Gnade in Christus Jesus dich nicht erretten kann, dann sei verloren. Mache Ihn zu deiner einzigen Hoffnung und deinem vollen Vertrauen. Hänge dich an deinen Gott in Jesus Christus, wie das Gefäß am Nagel hängt. Wie der Mensch sein ganzes Gewicht auf sein Bett wirft, so wirf dich ohne Rückhalt auf die göttliche Liebe, welche sich in Christus offenbart. Wenn du das tust, wirst du errettet werden. Und ich meine nicht nur, daß du von der Hölle errettet wirst, denn die Macht des Glaubens, die Gott durch den Heiligen Geist in dir wirkt, wird dich auch von der Liebe zur Sünde erretten. Da du Vergebung hast, wirst du von jetzt an den lieben, der dir vergeben hat, und du wirst neue Kräfte erhalten, welche stark genug sein werden, die Fesseln deiner alten Gewohnheiten zu brechen. Du wirst zu einem reinen, heiligen Leben kommen. Wenn der Sohn dich frei macht, dann bist du recht frei, und du wirst sofort frei sein, wenn du Ihm vertraust.

Der Herr verleihe euch Seinen Segen um Jesu willen. Amen.

VON VIEREN GETRAGEN

„Er aber zog sich zurück und war in den Wüsteneien und betete. Und es geschah an einem der Tage, daß er lehrte; und es saßen da Pharisäer und Gesetzlehrer, welche aus jedem Dorfe von Galiläa und Judäa und aus Jerusalem gekommen waren; und des Herrn Kraft war da, um sie zu heilen. Und siehe, Männer, welche auf einem Bett einen Menschen bringen, der gelähmt war; und sie suchten ihn hineinzubringen und vor ihn zu legen. Und da sie nicht fanden, auf welchem Wege sie ihn hineinbringen sollten wegen der Volksmenge, stiegen sie auf das Dach und ließen ihn durch die Ziegel hinab mit dem Bettlein in die Mitte vor Jesum. Und als er ihren Glauben sah, sprach er: Mensch, deine Sünden sind dir vergeben. Und die Schriftgelehrten und Pharisäer fingen an zu überlegen, indem sie sagten: Wer ist dieser, der Lästerungen redet? Wer kann Sünden vergeben außer Gott allein? Als aber Jesus ihre Überlegungen erkannte, antwortete und sprach er zu ihnen: Was überleget ihr in euren Herzen? Was ist leichter, zu sagen: Dir sind deine Sünden vergeben, oder zu sagen: Stehe auf und wandle? Auf daß ihr aber wisset, daß der Sohn des Menschen Gewalt hat, auf der Erde Sünden zu vergeben... sprach er zu dem Gelähmten: Ich sage dir, stehe auf und nimm dein Bettlein auf und geh nach deinem Hause. Und alsbald stand er vor ihnen auf, nahm auf, worauf er gelegen hatte, und ging hin nach seinem Hause, indem er Gott verherrlichte. Und Staunen ergriff alle, und sie verherrlichten Gott und wurden mit Furcht erfüllt und sprachen: Wir haben heute außerordentliche Dinge gesehen."
(Lukas 5,16-26)

Wir finden diese Geschichte ebenfalls in Matthäus 9 und in Markus 2. Was dreimal durch die inspirierte Feder berichtet wird, muß als dreifach wichtig angesehen werden und unserer ernsten Betrachtung wert sein.

Beachtet die Tatsache, daß der Heiland sich zurückzog und eine besondere Zeit im Gebet verbrachte, als Er sah, daß sich ungewöhnlich große Scharen sammelten. Er zog sich in die Einsamkeit zurück, um Gemeinschaft mit Seinem Vater zu haben und kam mit einem Reichtum von heilender und errettender Kraft zurück. Nicht deshalb, als ob Er nicht schon als Gott diese Kraft ohne Maß gehabt hätte, sondern um zu zeigen, daß die Kraft Gottes nur auf uns ruhen wird in dem Verhältnis, wie wir uns Gott nahen.

Die Vernachlässigung des Gebets im Kämmerlein ist die Heuschrecke, welche die Stärke der Gnade verschlingt. Als unser Herr wieder aus Seiner Einsamkeit zurückkam, fand sich eine große Menschenmenge ein, die so bunt wie groß war, denn während viele aufrichtige Gläubige Seine Gegenwart suchten, waren doch noch mehr zweifelsüchtige Beobachter anwesend. Einige sehnten sich danach, Seine heilende Kraft zu erfahren, andere verlangten ebenso sehr etwas gegen Ihn zu finden.

So ist es in allen Versammlungen, wenn auch der Prediger mit seines Meisters Geist und Kraft angetan ist, wird es doch eine gemischte Versammlung sein. Es werden die Pharisäer und Schriftgelehrten zusammenkommen, die scharfen Kritiker, um Löcher zu finden, die kaltblütigen Tadler, die Fehler suchen. Zu gleicher Zeit werden auch, von Gott erwählt und von der Gnade gezogen, einige andächtige Gläubige anwesend sein, die sich der Macht freuen, die unter den Menschen geoffenbart wird, sowie ernste Suchende, welche an sich selbst die heilende Kraft zu fühlen wünschen.

Es scheint bei unserem Heiland Regel gewesen zu sein, jeden Hörer mit der zu ihm passenden Speise zu versorgen. Die Pharisäer fanden bald das, was sie gesucht hatten, nämlich Grund zu tadeln. Der Heiland drückt sich mit solchen Worten aus, daß sie diese mit Eifer auffingen und Ihn der Gotteslästerung beschuldigten. Die Feindschaft ihrer Herzen war so zur Entscheidung gekommen, daß der Herr Gelegenheit hatte, sie zu tadeln und wenn sie nur bereit gewesen wären, so hätte die Kraft des Herrn selbst sie heilen können. Zugleich wurden auch die armen Zagenden, die um Heilung baten, nicht enttäuscht, denn der gute Arzt ging an keinem einzigen Fall vorüber. Die Jünger, die nach Gelegenheiten ausschauten, Ihn aufs neue zu preisen, wurden auch völlig befriedigt, denn mit freudigen Augen sahen sie, daß der Gichtbrüchige geheilt und ihm die Sünden vergeben wurden.

Der Fall, den uns Lukas mitteilt, ist der eines gichtbrüchigen Menschen. Diese traurige Krankheit mochte schon lange bestanden haben. Es gibt eine Lähmung, welche den Körper allmählich befällt, indem sie ihn mehr und mehr zu völliger Hilflosigkeit bringt. Die Kraft der Nerven ist fast zerstört, die Kraft der Bewegung hat völlig aufgehört und doch bleiben die Fähigkeiten des Geistes, wenn sie auch sehr geschwächt und einige fast erloschen sind, erhalten.

Einige Ausleger haben gedacht, daß dieser Mann von einer vollständigen Lähmung ergriffen war, welche sehr schnell zum Tod führt, wofür die Eile spricht, mit welcher die vier ihn zum Heiland bringen. Wir kennen die Einzelheiten seines Falles nicht, aber soviel ist gewiß, daß er gelähmt war, und wenn ich auf den Fall blicke und die drei Berichte studiere, so ist es mir klar, daß seine Lähmung in irgend einer Weise, wenigstens nach seinem eigenen Urteil, mit seiner Sünde in Verbindung stand. Er war sowohl reumütig wie gelähmt. Sein Geist war ebenso gedrückt wie sein Körper.

Ich weiß nicht, ob er schon ein Gläubiger genannt werden konnte, aber es ist sehr wahrscheinlich, daß er unter dem Gefühl der Sünde eine schwache Hoffnung auf die göttliche Gnade hatte. Das Leiden, weshalb seine Freunde ihn bedauerten, war körperlich; aber er fühlte eine ernste Not in seiner Seele und wahrscheinlich war es nicht so sehr die Hoffnung, von seinem körperlichen Leiden geheilt zu werden, als die Hoffnung auf eine geistliche Segnung, die ihn bereit gemacht hatte zu irgend einer Aktion, durch welche er unter die Augen des Heilandes kam. Ich nehme das aus der Tatsache, daß der Heiland ihn mit den Worten anredete: „Sei gutes Mutes, Kind" (Matthäus 9,2), andeutend, daß er verzweifelt und sein Geist niedergeschlagen war. Darum sagte unser mitfühlender Heiland auch: „Kind, deine Sünden sind dir vergeben", anstatt: „Stehe auf und nimm dein Bett auf." Er gab ihm gleich am Anfang eine Segnung, um welche seine Freunde nicht gebeten hatten, welche der Mensch aber, obwohl sprachlos, in der Stille seiner Seele gesucht hatte. Er war ein Kind, wenn auch ein angefochtenes, er war bereit, den Befehlen des Herrn zu gehorchen, wenn ihm die Kraft gegeben wurde, obwohl er jetzt weder Hand noch Fuß rühren konnte. Er hatte ein Verlangen nach Vergebung der Sünden, konnte aber seine Hand nicht ausstrecken, um den Heiland zu ergreifen.

Ich beabsichtige, dieses Wunder für praktische Zwecke zu benutzen. Unsere erste Feststellung wird folgende sein:

1. Es gibt solche, welche die Hilfe einer kleinen Schar von Arbeitern bedürfen, ehe sie errettet werden

Dieser Mensch mußte von vieren getragen werden, wie der Evangelist Lukas uns erzählt. An jeder Ecke des Bettes, auf welchem er lag, mußte ein Träger sein.

Die große Menge der Personen, welche in das Reich Christi gebracht werden, bekehren sich durch die Gebete der Gemeinde, mittels ihrer Evangelisten. Wahrscheinlich werden viele der Gläubigen irgend einer Gemeinde ihre Bekehrung der regelmäßigen Belehrung der Gemeinde in dieser oder jener Form verdanken. Ihre Sonntagschule, ihre Kanzel, ihre Presse sind die Netze gewesen, in denen sie gefangen wurden. Persönliches Gebet ist natürlich in vielen Fällen dazu gekommen, aber doch können die meisten Fälle nicht so bestimmt auf das persönliche Gebet und die Anstrengungen einzelner zurückgeführt werden. Es ist, denke ich, Regel, daß nach des Herrn Willen die Vielen zu Ihm gebracht werden durch den Ton der großen Posaune des Jubeljahrs im Haushalt des Evangeliums durch Seine Prediger.

Einige gibt es wieder, die zu Jesus geführt werden durch die Tätigkeit einer einzelnen Person. Gerade wie Andreas seinen Bruder Petrus fand, so wird ein Gläubiger durch sein persönliches Zeugnis der Wahrheit an eine andere Person durch die Macht des großen Gottes das Werkzeug zur Bekehrung. Ein Bekehrter wird einen anderen bringen und dieser wieder einen dritten.

Aber diese Erzählung scheint zu zeigen, daß es solche gibt, die weder durch die allgemeine Predigt noch durch eine einzelne Person zu Jesus gebracht werden. Sie benötigen, daß sich zwei, drei oder vier in Verbindung setzen mit dem Entschluß, nicht eher abzulassen, bis ihr Wunsch erfüllt und ihr Freund errettet ist. Dieser Mensch konnte nicht von einem einzelnen zu Jesus gebracht werden. Er mußte vier haben, die ihre Kräfte dazu hergaben ihn zu tragen, damit er den Ort der Heilung erreiche.

Laßt uns diesen Grundsatz anwenden. Dort ist ein Mann noch unerrettet. Seine Frau hat lange für ihn gebetet, aber ihre Gebete sind noch nicht erhört worden. Gute Frau, Gott hat dich mit einem Sohn gesegnet, der sich mit dir der Gnade Gottes erfreut. Hast du nicht auch zwei gläubige Töchter? O, ihr vier, nehmt jeder von euch eine Ecke des Bettes und bringt den Mann, den Vater, zum Heiland.

Ein Mann ist hier mit seiner Frau, die beide glücklich in Jesus sind. Ihr betet für eure Kinder. Hört damit nicht auf. Vielleicht ist einer in eurer Familie besonders hartnäckig. Hier ist besondere Hilfe nötig. Nun, der Sonntagschullehrer wird der dritte sein und wird eine Ecke des Bettes nehmen. Und ich würde glücklich sein, wenn ich mich anschließen und den vierten machen könnte. Vielleicht, wenn die häusliche Erziehung, das Lehren in der Schule und das Wort des Predigers zusammenwirken, wird der Herr in Liebe herabblicken und das Kind erretten.

Lieber Bruder, du denkst an jemand, für den du lange gebetet hast. Du hast auch mit ihm gesprochen und alle passenden Mittel angewandt, hast aber bis jetzt noch keinen Erfolg gehabt. Vielleicht sprichst du zu tröstend zu ihm, vielleicht hast du ihm die besondere Wahrheit noch nicht nahegebracht, welche sein Gewissen erfordert. Suche Hilfe! Es mag sein, daß ein zweiter Bruder belehrend spricht, während du nur tröstend gesprochen hast und vielleicht ist die Belehrung das Gnadenmittel für ihn. Es kann auch möglich sein, daß selbst die Belehrung nicht mehr ausrichtet als die Tröstung und es kann nötig sein, einen dritten zu rufen, welcher eindringlich, ermahnend und warnend spricht, wie es möglicherweise in diesem Fall notwendig ist. Ihr beide, die ihr schon an der Arbeit seid, mögt seine Ermahnung mildern, die vielleicht allein zu scharf gewesen wäre und Vorurteile im Geist des Hörers erregt hätte. Ihr drei zusammen könnt passende Werkzeuge in der Hand des Herrn sein. Doch ist es möglich, wenn ihr drei so glücklich verbunden seid, daß der arme Gelähmte noch nicht davon ergriffen wird. Ein vierter ist nötig, der mit tieferer Liebe als ihr alle drei und mit einer Erfahrung kommt, die besser auf den Fall paßt als eure, und durch seine Mitarbeit wird der Erfolg gesichert. Die vier Mitarbeiter zusammen mögen durch den Geist Gottes verrichten, wozu weder einer noch zwei oder drei imstande waren.

Es mag manchmal vorkommen, daß ein Mensch Paulus hat predigen hören, aber seine klare Lehre, obwohl sie seinen Verstand erleuchtet hat, hat sein Gewissen nicht überzeugt. Er hat Apollos gehört, und dessen glühende Ansprache hat sein Herz erwärmt, aber seinen Stolz nicht gebrochen. Er hat später

Kephas gehört, dessen kurze, schneidende Sätze ihn niederge-
hauen und von der Sünde überzeugt haben, aber ehe er Frieden
und Freude im Glauben findet, bedarf er noch der liebevollen
Worte des Johannes. Nur wenn die vier das Bett ergreifen und
es aufheben, wird der Gichtbrüchige vor die Gnade gelegt
werden.

Ich habe den ernsten Wunsch, in dieser Gemeinde kleine
Gruppen von Männern und Frauen zu sehen, miteinander verbunden durch eifrige Liebe zu den Seelen. Ich möchte, daß ihr
zueinander sagt: „Dieses ist ein Fall, der uns gemeinsam interessiert. Wir wollen uns verbinden, für diese Person zu beten; wir
wollen vereint ihre Errettung suchen."

Es mag sein, daß einer von unseren regelmäßigen Besuchern,
nachdem er zehn oder fünfzehn Jahre meine Stimme gehört hat,
noch nicht berührt worden ist. Es mag sein, daß ein anderer die
Sonntagschule unerrettet verlassen hat. Laßt brüderliche Verbindungen mit Gottes Hilfe nach solchen sehen. Von gleichem
Wunsch bewegt, formiert eine Mannschaft, um diese Personen
von allen Seiten zu umgeben und laßt sie nicht sagen können:
„Niemand nimmt sich meiner Seele an." Kommt zusammen zum
Gebet mit der bestimmten Absicht, und dann sucht dieses Ziel
in der passenden Weise zu erreichen. Ich weiß nicht, meine
Brüder, wieviel Segen dadurch auf uns kommen kann, aber ich
bin gewiß, daß wir weder ein Urteil darüber aussprechen können
ehe wir es versucht haben, noch uns ganz frei von Verantwortlichkeit fühlen können gegen die Seelen der Menschen, bis wir
jede mögliche und wahrscheinliche Weise versucht haben, ihnen
Gutes zu tun.

Ich fürchte, daß es nicht viele gibt, auch nicht in einer großen
Gemeinde, die Krankenträger werden wollen. Manche werden
sagen, daß der Plan bewunderungswürdig sei, aber sie überlassen es anderen, ihn auszuführen. Bedenkt, daß die vier Personen, welche sich zu einer solchen Liebesarbeit verbinden, mit
inniger Liebe der Person gegenüber, deren Errettung sie suchen,

erfüllt sein sollten. Es müssen Männer sein, die vor keiner Schwierigkeit zurückschrecken, sondern die ihre ganze Kraft daran wenden, die geliebte Last zu tragen und nicht zu ruhen, bis sie ihr Ziel erreicht haben. Sie müssen stark sein, denn die Bürde ist schwer. Sie müssen entschlossen sein, denn das Werk wird ihren Glauben prüfen. Sie müssen Beter sein, denn sonst arbeiten sie vergeblich. Und sie müssen Glauben haben, denn sonst sind sie völlig nutzlos. Jesus sah ihren Glauben und deshalb nahm Er ihren Dienst an, aber ohne Glauben ist es unmöglich, Ihm zu gefallen. Wo werden wir solche Vereinigungen wie diese finden? Möge der Herr sie finden und möge Er sie zu einigen von euch sterbenden Sündern senden, welche hier heute gichtbrüchig liegen.

2. In einigen Fällen bedarf das Vorhaben gründliches Nachdenken

Das wesentliche Mittel, durch welches eine Seele errettet wird, ist deutlich zu erkennen. Die vier Träger hatten sich nicht zu fragen, wie dieser Mensch geheilt werden sollte. Sie waren darin einstimmig, daß sie ihn auf irgend eine Weise zu Jesus bringen mußten.

Durch dick und dünn mußten sie ihn Jesus in den Weg legen. Die Frage war, wie dieses auszuführen sei. Es gibt ein altes, weltliches Sprichwort: „Wo ein Wille ist, da ist auch ein Weg." Dieses Sprichwort, glaube ich, kann beinah ohne Einschränkung auch auf geistliche Dinge angewandt werden. „Wo ein Wille ist, da ist auch ein Weg", und wenn die Menschen durch die Gnade Gottes zu einer ernsten Sorge wegen irgend einer Seele berufen werden, so ist ein Weg da, auf welchem jene Seele zu Christus gebracht werden kann; aber dieser Weg mag sich nicht von selbst zeigen, sondern erst nach vielem Nachdenken gefunden werden. In einigen Fällen mag der Weg, auf das Herz zu wirken, außergewöhnlich und außerordentlich sein, ein Weg, welcher normalerweise nicht betreten werden sollte und auch keinen Erfolg haben würde.

Ich wage zu sagen, daß die vier Träger früh am Morgen gedacht haben: „Wir wollen diesen armen Gichtbrüchigen zum Heiland tragen, indem wir ihn durch die Tür ins Haus bringen." Als sie dieses aber zu tun versuchten, hatte die Menge die Straße so versperrt, daß es nicht möglich war, an die Tür zu gelangen. „Macht Platz, macht Platz für den Kranken! Geht an die Seite und macht Platz für den armen gichtbrüchigen Mann! Um der Barmherzigkeit willen macht etwas Platz und laßt den kranken Mann zu Jesus kommen!"

Ihre Bitten und Aufforderungen sind umsonst. Hier und dort tritt ein mitleidiger Mensch etwas zurück, aber die meisten wollen oder können nicht. Außerdem suchen viele mit ihren Anliegen vorzudringen. „Ich will einen Weg bahnen", ruft einer der vier und drängt sich mit dem Ellbogen zwischen die Menge. „Folgt mir", sagt er und erkämpft sich Zoll für Zoll. Aber sie können es nicht, es ist unmöglich. Der arme Kranke stirbt fast vor Angst. Das Bett wird von der Menge gestoßen wie eine Nuß-schale auf den Meereswellen. Des Kranken Unruhe nimmt zu, die Träger werden verlegen und freuen sich, wieder aus dem Gedränge fortzukommen und nachzudenken. Es ist offen-sichtlich unmöglich, in ordnungsgemäßer Weise zu Jesus zu kommen. Was nun? „Wir können uns nicht unter dem Boden durchwühlen. Können wir nicht über die Köpfe der Leute gehen und den Kranken hinablassen? Wo ist die Treppe?" Meistens führt bei den morgenländischen Häusern eine Treppe von außen auf das platte Dach. Wir wissen nicht, ob es hier so war, aber wenn nicht, so bot vielleicht das nächste Haus solche Bequem-lichkeit. So erreichten die vier entschlossenen Männer das Dach und gingen von einem Dach zum anderen. Wo wir keine bestimmte Erklärung haben, mag viel der Vermutung überlassen werden, aber soviel ist klar, daß sie auf irgend eine Weise ihre unglückliche Bürde übers Dach schafften und sich mit den notwendigsten Werkzeugen versorgten, um ihn hinablassen zu können.

Der Heiland lehrte wahrscheinlich in einem oberen Raum, wenn es nicht ein kleines Haus ohne einen zweiten Stock gewesen ist. Vielleicht war der Raum nach dem Hof offen, welcher voll Menschen stand. Jedenfalls war der Heiland unter Dach, und zwar unter einem festen Dach.

Jeder, der mit Aufmerksamkeit den Grundtext liest, wird sehen, daß ein wirkliches Dach zu durchbrechen war. Es ist als eine Schwierigkeit angesehen worden, daß das Aufbrechen eines Daches für die sich im Raum befindlichen Personen Gefahr in sich schließt und wahrscheinlich eine Staubwolke bewirkt, und um dieses zu vermeiden, gibt es verschiedene Vermutungen, zum Beispiel, der Heiland habe unter einem Zelt gestanden und Menschen hätten die Leinwand aufgerollt, oder unser Herr habe unter einer Veranda gestanden mit einem sehr einfachen Dach, welches die Menschen leicht fortnehmen konnten. Andere haben selbst für die Gelegenheit eine Falltür erfunden. Aber mit aller schuldigen Achtung vor den gelehrten Reisenden sind die Worte des Evangelisten doch nicht so leicht zu erklären. Nach unserem Text wurde der Mann durch die Ziegel gelassen, nicht durch Leinwand oder irgend ein leichtes Material. Was für eine Sorte Ziegel es auch gewesen ist, die Ziegel waren jedenfalls aus gebranntem Ton, denn das geht aus dem Wort hervor.

Nachdem sie, nach dem Bericht des Markus, die Ziegel weggenommen hatten, brachen sie das Dach auf. Das griechische Wort, welches Markus gebraucht und welches hier mit „abbrechen" übersetzt ist, ist sehr klar und bedeutet ein Durchgraben oder Aufbrechen, welches offensichtlich besondere Arbeit beim Fortnehmen des Materials in sich schließt. Es wird uns gesagt, daß die Dächer im Morgenland oft mit großen Steinen gebaut werden. Das mag im allgemeinen so sein, aber nicht in diesem Fall, denn das Haus war mit Ziegeln gedeckt und was den Staub und das Niederfallen des Schuttes betrifft, so ist dieser Schluß nicht notwendig.

Soviel ist indessen klar wie der Mittag, daß es ein festes Dach war, welches entziegelt und durchbrochen werden mußte, um ein Loch herzustellen, den Kranken durchzulassen. Vielleicht entstand Staub und war auch Gefahr vorhanden, aber die Träger wollten unter jeder Bedingung ihr Ziel erreichen. Auf irgend eine Weise mußten sie den Kranken hineinbringen. Es ist jedoch nicht nötig, weder das eine noch das andere zu vermuten, denn ohne Zweifel sind die vier Männer sehr vorsichtig gewesen, um weder den Heiland, noch Seine Zuhörer zu belästigen. Die Ziegel oder das Pflaster konnten an eine andere Stelle auf dem Flachdach gelegt werden, ebenso die Bretter, die aufgebrochen wurden. Die Balken mochten genügend weit voneinander sein, um den Menschen durchzulassen.

Herr Hardley sagt in seinen „Reisen": „Als ich in Ägina war, pflegte ich oft auf die Decke zu blicken um zu sehen, wie leicht die Sache mit dem Gichtbrüchigen zu bewerkstelligen war. Das Dach war in folgender Weise hergestellt: Eine Lage von großem Rohr war über die Balken gelegt, über diese wurde Heide gestreut, darauf Erde gebracht und zu einer festen Masse geklopft. Welche Schwierigkeit macht es denn, zuerst die Erde wegzunehmen, dann die Heide und endlich das Rohr? Die Schwierigkeit wird auch nicht vergrößert, wenn über der Erde noch Ziegel liegen. Durch das Wegnehmen der Ziegel und der Erde konnte für die Insassen des Hauses keine Belästigung entstehen, denn die Heide und das Rohr ließen nichts durchfallen und wurden zuletzt fortgenommen."

Den Mann durch das Dach zu lassen, war eine höchst sonderbare und praktische Erfindung, aber sie gibt Gelegenheit zu folgenden Bemerkungen.

Wenn wir wünschen, daß Sünder errettet werden, dürfen wir nicht zu ängstlich und genau in bezug auf Verordnungen, Regeln und Eigentum sein, denn das Himmelreich leidet Gewalt. Es muß bei uns dahin kommen: Biegen oder Brechen. Alles, was zwischen der Seele und ihrem Gott steht, muß in Stücke gehen. Es ist gleich, welche Ziegel, Steine oder Bretter weggerissen werden müssen oder welche Arbeit, Mühe und Kosten wir haben werden. Die Seelen sind uns zu kostbar, um darauf Rücksicht zu nehmen. In irgend einer Weise Seelen zu erretten ist unsere Absicht. Haut für Haut, ja, alles was wir haben ist nichts im Vergleich mit einer Menschenseele. Wenn vier treue Herzen auf das geistliche Wohl eines Sünders gerichtet sind, wird ihr heiliges Sehnen durch Mauern und Dächer brechen.

Ich zweifle nicht daran, daß es eine schwere Aufgabe war, den Gichtbrüchigen auf das Dach zu schaffen. Auch das Aufbrechen des Daches wird keine leichte Sache gewesen sein und viel Geschick erfordert haben, aber das Werk wurde ausgeführt und das Ziel erreicht. Wir dürfen nie bei Schwierigkeiten einhalten, wie ernst die Aufgabe auch ist. Es muß uns schwieriger sein, eine Seele verloren gehen zu lassen als in der selbstverleugnensten Weise für ihre Errettung zu wirken.

Es war eine sonderbare Tat, welche die Träger verrichteten. Wer hätte an das Aufbrechen des Daches gedacht? Niemand anders als diejenigen, welche viel liebten und den ernsten Wunsch hatten, dem Kranken wohlzutun.

O, daß Gott uns sonderbare Dinge versuchen ließe, Seelen zu erretten! Möge ein heiliger Scharfsinn in der Gemeinde geübt, ein heiliger Erfindungseifer in Tätigkeit gesetzt werden, die Herzen der Menschen zu gewinnen!

Es scheint der jetzigen Menschheit eine sonderbare Sache zu sein, das John Wesley auf dem Grabstein seines Vaters stand und in Epworth predigte. Gott sei Dank, daß er den Mut hatte, im Freien zu predigen. Es schien eine außerordentliche Sache zu sein, als gewisse Prediger in Theatern predigten, aber es macht Freude zu hören, daß dadurch Sünder erreicht worden sind, welche anderen Mitteln entschlüpft wären. Wenn unser Herz nur mit Eifer für Gott und Liebe zu den Menschen erfüllt ist, werden wir bald dahin geführt werden, Mittel anzuwenden, welche andere Menschen kritisieren mögen, die aber Jesus Christus annehmen wird.

Übrigens entsprach die Methode, welche die vier Freunde praktizierten, ihren Fähigkeiten. Ich vermute, daß es vier starke Männer gewesen sind, für welche die Last nicht ins Gewicht fiel und das Werk des Abdeckens leicht war. Die Methode entsprach genau ihren Fähigkeiten. Und was taten sie, als sie den Kranken hinabgelassen hatten? Blickten sie auf die Szene und wunderten sich? Ich lese nicht, daß sie ein einziges Wort gesprochen haben, doch was sie getan hatten, war genug.

Einige von euch sagen: „Ach, wir sind unbrauchbar und wünschen, wir könnten predigen." Diese Männer konnten nicht predigen und hatten nicht nötig zu predigen. Sie ließen den Gichtbrüchigen hinab und ihr Werk war getan. Sie konnten nicht predigen, aber sie konnten ein Tau halten. Wir benötigen in der christlichen Gemeinde nicht nur Prediger, sondern Seelengewinner, die Seelen auf dem Herzen tragen und die ernste Bürde fühlen können. Männer, welche vielleicht nicht reden, die aber weinen können. Männer, welche vielleicht nicht die Herzen anderer mit ihrer Sprache brechen, aber deren eigenes Herz vor Mitleid brechen kann.

In diesem Fall war es nicht nötig zu bitten: „Jesus, du Sohn Davids, blicke auf, denn ein Mensch kommt hinab, der Deiner bedarf." Es war nicht nötig, hervorzuheben, daß der Mann schon so viele Jahre krank gewesen war. Wir hören auch nicht, daß der Mann selbst ein Wort sprach. Hilflos und gelähmt, hatte er nicht die Kraft, ein Bittender zu sein. Sie legten ihn fast leblos vor die Füße des Heilands und das war Bitte genug. Seine traurige Erscheinung war beredter als Worte.

O Herzen, die ihr die Sünder liebt, legt ihren verlorenen Zustand vor Jesus, bringt diese Seelen, wie sie sind, vor den Heiland. Wenn eure Zunge stammelt, wird euer Herz siegen. Wenn ihr sogar selbst nicht zu Christus sprechen könnt, wie ihr es wünscht, weil euch die Worte fehlen, wenn eure starken

Wünsche aber dem Geist des Gebets entspringen, kann es euch nicht fehlen. Gott helfe uns, von solchen Mitteln Gebrauch zu machen, die in unserem Bereich sind und uns nicht träge hinzusetzen, um über die Macht, die wir nicht haben, zu trauern. Vielleicht würde es gefährlich für uns sein, die Fähigkeiten zu besitzen, die wir zu haben begehren. Es ist stets sicherer, die, welche wir haben, dem Herrn darzubringen.

3. Die Wurzel geistlicher Gichtbrüchigkeit liegt meist in unvergebener Sünde

Jesus beabsichtigte, den Gichtbrüchigen zu heilen und Er tat es, indem Er zuerst sagte: „Deine Sünden sind dir vergeben." Es sind heute morgen manche in diesem Gotteshaus versammelt, die geistlich gelähmt sind. Sie haben Augen und sehen das Evangelium, sie haben Ohren und haben es gehört, mit Aufmerksamkeit gehört, aber sie sind so gelähmt, daß sie die Verheißung Gottes nicht ergreifen können: Sie können nicht an Jesus glauben zur Errettung ihrer Seelen. Wenn man sie zum Gebet auffordert, sagen sie: „Wir versuchen zu beten, aber es ist kein erhörliches Gebet." Wenn man sie auffordert, Vertrauen zu haben, so werden sie, wenn auch nicht mit vielen Worten, sagen, daß sie der Verzweiflung übergeben sind. Die Ursache dieser Lähmung ist die Sünde auf dem Gewissen, die den Tod in ihnen wirkt. Sie sind von ihrer Schuld überzeugt, haben aber keine Kraft zu glauben, daß das Blut Christi sie fortnehmen kann und sind stets in Angst und Verzweiflung. Die Sünde lähmt sie mit Verzweiflung. Ich versichere euch, daß in dieser Verzweiflung größtenteils der Unglaube herrscht, was auch Sünde ist, aber ich hoffe, daß auch in einem gewissen Maß aufrichtige Reue da ist, welche die Hoffnung auf etwas Besseres in sich trägt. Unsere armen, erweckten Gichtbrüchigen hoffen wohl manchmal, daß ihnen vergeben werde, aber sie können es nicht fest glauben, sie können sich nicht freuen und sich auch nicht auf Jesum werfen, denn sie sind völlig kraftlos. Der Grund davon, ich sage es noch einmal, liegt in unvergebener Sünde und ich fordere euch, die ihr den Heiland liebt, dringend auf, bei dem Versuch, diesen gelähmten Personen zur Vergebung zu helfen, ernst zu sein. Diesen Kranken kann anscheinend der Prediger nicht helfen. Der Heilige Geist hat vor, sich zu ihrer Errettung anderer Werkzeuge zu bedienen. Sie haben das öffentlich verkündigte Wort gehört und bedürfen nun der besonderen Hilfe und des Trostes von drei oder vier Christen. Leiht uns eure Hilfe, Brüder. Schließt euch zusammen, ergreift die Betten derer, die wünschen, errettet zu werden, aber fühlen, daß sie nicht glauben können. Der Herr mache euch zu Werkzeugen, sie zur Vergebung und zur ewigen Errettung zu führen. Sie haben schon eine lange Zeit wartend gelegen, aber ihre Sünden halten sie noch fest, ihre Schuld verhindert es, Christus zu ergreifen. Das ist der wunde Punkt und für solche Fälle wünsche ich ernstlich die Hilfe meiner Brüder.

4. Der Herr Jesus kann die Sünde und die Lähmung in einem Augenblick beseitigen

Es war die Aufgabe der vier Träger, den Mann zu Christus zu bringen, aber damit war ihre Arbeit beendet. Es ist unsere Aufgabe, den schuldigen Sünder zum Heiland zu bringen, da endet unsere Macht. Gott sei Dank – wo wir enden, fängt Christus an und wirkt wunderbar. Achtet darauf, daß Er zu Beginn sagte: „Deine Sünden sind dir vergeben."

Er legte die Axt an die Wurzel. Er sprach nicht den Wunsch aus, daß seine Sünden vergeben werden möchten, sondern Er sprach ihn frei kraft der Vollmacht, mit welcher Er als Heiland bekleidet war. Die Sünden des armen Menschen waren sofort verschwunden und er war gerechtfertigt in den Augen Gottes.

Glaubst du, mein Zuhörer, daß Jesus das an dem Gichtbrüchigen getan hat? Dann verpflichte ich dich, noch etwas mehr zu glauben, nämlich daß Jesus, wenn Er auf Erden die Macht hatte, Sünden zu vergeben ehe Er Sein Versöhnungsopfer gebracht hatte, noch mehr Macht hat, dieses zu tun, nachdem Er Sein Blut vergossen und gesagt hat: „Es ist vollbracht!" und nun zur Rechten des Vaters sitzt. Wenn Er Seinen Geist in deine Seele sendet, um sich dir zu offenbaren, so bist du im Augenblick vollständig freigesprochen. Hat dich die Lästerung beschmutzt? Befleckt dich ein langes Leben im Unglauben? Bist du schwelgerisch gewesen? Warst du besonders böse? Ein Wort kann dich freisprechen, ein Wort von den teuren Lippen, welche gesagt haben: „Vater, vergib ihnen, denn sie wissen nicht was sie tun." Ich fordere dich auf, bitte um dieses vergebende Wort. Kein menschlicher Priester kann es dir geben, aber der große Hohepriester, der Herr Jesus, kann es sofort aussprechen. Ihr zwei und vier, die ihr die Errettung der Menschen sucht, hier ist Ermutigung für euch. Bittet jetzt für sie, während sie die Predigt des Evangeliums hören. Bittet Tag und Nacht für sie und bringt ihnen stets die Frohe Botschaft, denn Jesus kann völlig erretten, die durch Ihn zu Gott kommen.

Ihr seht, daß der Herr Jesus, nachdem Er die Wurzel des Übels beseitigt hatte, die Lähmung fortnahm. Sie war in einem Augenblick verschwunden. Jedes Glied am Körper des Menschen war gesund geworden. Er konnte stehen, er konnte gehen, er konnte sein Bett aufheben, Nerven und Muskeln hatten ihre Kraft wiedererhalten.

Ein Augenblick wird genügen, wenn Jesus spricht, um die verzweifelte Seele glücklich und die ungläubige vertrauensvoll zu machen. Was wir mit unseren Aufforderungen, Überredungen und dringenden Bitten, selbst mit den Buchstaben der Gottverheißungen nicht ausrichten können, kann Christus in einem Augenblick durch Seinen Heiligen Geist tun und es ist unsere Freude zu sehen, wie Er es tut. Dies ist das beständige Wunder in der Gemeinde, das heute wie damals durch Christus getan wird. Gelähmte, die sich weder regen wollten noch konnten, sind befähigt worden, tapfer zu wirken und mit heiliger Entschlossenheit zu wollen. Der Herr hat den Müden Kraft und Stärke genug den Unvermögenden gegeben. Er kann es noch jetzt tun. Ich sage wieder zu den liebenden Seelen, die das Wohl ihrer Mitmenschen suchen, laßt euch dadurch ermutigen. Ihr werdet nicht lange zu warten haben auf die Bekehrung, die ihr ersehnt. Es mag sein, daß die Person, für welche ihr betet, zu Jesu gebracht wird, ehe ein anderer Sonntag endet. Wenn ihr aber etwas zu warten habt, so wird euer Warten belohnt werden.

5. Gehorsam ist das beste Kennzeichen der Errettung

Er vergab dem Menschen seine Sünden und heilte zur selben Zeit seine Krankheit. Wie wurde das offenbar? Ich zweifle nicht daran, daß die Vergebung seiner Sünden ihm selbst am besten bekannt war, aber möglicherweise haben die, welche vorher sein trauriges aber jetzt leuchtendes Angesicht sahen, festgestellt, daß das Wort der Vergebung in seine Seele gedrungen war wie der Regen in die durstige Erde. „Dir sind deine Sünden vergeben" fiel auf ihn wie Himmelstau. Er glaubte den Worten des Herrn und seine Augen strahlten vor Freude. Es war ihm beinah gleichgültig, ob er gelähmt blieb oder nicht, solche Freude machte ihm die Vergebung, die Vergebung vom Herrn selbst. Er war mit der Vergebung völlig zufrieden, aber nicht sein Herr und Heiland, deshalb befahl Er ihm, sein Bett zu nehmen und zu gehen, denn Er hatte ihm die Kraft dazu gegeben.

Seine Heilung wurde durch seinen Gehorsam bewiesen. Ein tätiger Gehorsam vor allen Zuschauern war der unbestreitbare Beweis seiner Wiederherstellung. Unser Herr befahl ihm aufzustehen und er stand auf. Er hatte keine Kraft, es zu tun, außer der Kraft, die ihm mit dem Befehl gegeben wurde. Er stand auf, denn Christus sprach: „Stehe auf." Dann rollte er sein elendes Bett − das griechische Wort deutet an, daß es ein sehr armseliges Ding war − zusammen, wie der Heiland ihm befohlen hatte, nahm es auf die Schulter und ging heim. Sein erster Wunsch muß gewesen sein, sich zu des Heilands Füßen niederzuwerfen und

Seinen Namen zu preisen, aber der Meister sagte: „Gehe in dein Haus!" Ich sehe nicht, daß er eine dankbare Verbeugung machte, sondern daß er sich durch die Menge drängte und ohne unentschlossenes Zögern mit seiner Last auf dem Rücken in sein Haus ging. Er tat, was ihm sein Herr befohlen hatte und tat es genau, sofort und mit Freuden. Und mit welcher Freude! Niemand weiß davon zu sagen als die, welche auf ähnliche Weise geheilt worden sind.

So ist Gehorsam das rechte Zeichen von der Vergebung der Sünden und der Heilung von der Lähmung des Herzens. Wenn du wirklich errettet bist, wirst du tun, was Jesus dir befiehlt. Deine Frage wird sein: „Herr, was willst du, das ich tun soll?" Und wenn du es erfahren hast, wirst du es gewiß tun. Wenn du mir sagst, daß Christus dir vergeben hat und du dennoch im Aufruhr gegen Seine Befehle lebst, wie kann ich dir glauben? Wenn du sagst, daß du errettet bist und doch deinen eigenen Willen wider den Willen Christi auflehnst, welchen Beweis habe ich von dem, was du sagst? Habe ich nicht vielmehr den klaren Beweis, daß du nicht die Wahrheit sprichst? Aufmerksamer, sorgfältiger, pünktlicher, freudiger Gehorsam gegen Christus ist der Beweis des wunderbaren Werkes, welches Jesus in deiner Seele wirkt.

6. Alles dient dazu, daß Gott verherrlicht wird

Der tätige Glaube dieser vier Männer führte dazu, daß Gott geehrt wurde und ich zweifle nicht daran, daß sie in ihren Herzen auf dem Dach Gott gepriesen haben. Glückliche Männer, die ihrem bettlägerigen Freund eine solch große Hilfe gewesen waren! Wer vereinigte sich mit ihnen, Gott zu preisen? Zuerst der Geheilte. Verherrlichte nicht jedes Glied seines Leibes Gott? Ich denke, ich sehe ihn. Er setzt einen Fuß nieder zu Gottes Ehre und den anderen zu demselben Zweck. Er geht zu Gottes Ehre, er trägt sein Bett zu Gottes Ehre, er spricht, er jauchzt, er singt, er springt zu Gottes Ehre. Wenn ein Mensch errettet worden ist, ehrt sein ganzes Leben Gott. Er wird mit einem neuen Leben beschenkt, welches in Leib, Seele und Geist erglüht. Als ein Erbe des Himmels bringt er dem großen Vater, der ihn in Seine Familie aufgenommen hat, Ehre; er atmet, ißt und trinkt zum Preise Gottes. Wenn ein Sünder in die Gemeinde Gottes gebracht wird, sind wir alle erfreut, aber niemand unter uns ist so erfreut und dankbar wie er selbst. Wir werden alle Gott preisen, aber er muß Ihn am lautesten preisen und er wird es tun. Aber wer wird Gott außerdem noch preisen? Der Text sagt es nicht, aber wir sind gewiß, daß es seine Familie tat, denn er ging in sein Haus. Wir wollen annehmen, daß er eine Frau hatte. Als die vier Freunde am Morgen gekommen waren und ihn forttrugen, hat sie wohl in liebender Sorge den Kopf geschüttelt und gesagt: „Ich fürchte mich fast, ihn euch anzuvertrauen. Armes Wesen, ich fürchte, daß er ins Gedränge kommt. Ich halte es fast für töricht, auf Erfolg zu hoffen. Ich wünsche euch Gottes Segen dazu, aber ich zittere. Haltet das Bett gut und laßt ihn nicht fallen. Wenn ihr ihn durch das Dach laßt, so haltet die Taue fest, seid sorgfältig, daß meinen armen, kranken Mann kein Unfall trifft. Er hat schon so genug zu leiden, vergrößert sein Elend nicht noch."

Als sie ihn aber heimkehren sah mit dem Bett auf dem Rücken, wer kann ihr Entzücken malen? Wie mochte sie den Herrn loben und preisen, der ihren geliebten Mann geheilt hatte. Wenn kleine Kinder da waren, die vor dem Haus spielten, wie mochten sie vor Freude jauchzen! „Hier kommt Vater. Er trägt sein Bett. Er ist wieder gesund, wie er war, als wir noch ganz klein waren!" Welch eine glückliche Familie! Frau und Kinder, Freunde und Nachbarn haben sich wohl um ihn versammelt und gesungen: „Lobe den Herrn, meine Seele, und was in mir ist, seinen heiligen Namen. Lobe den Herrn, meine Seele, und vergiß nicht, was er dir Gutes getan hat. Der dir alle deine Sünden vergibt und heilet alle deine Gebrechen." Wie mag der Mann diese Verse gesungen haben, sich zuerst der Vergebung und dann der Heilung erfreuend und wie mag er sich gewundert haben, daß David soviel davon wußte und seinen Fall in solch passende Worte kleidete!

Aber damit endet es noch nicht. Die Frau und die Kinder sangen nur einen Teil des freudigen Lobliedes. Es gab noch andere anbetende Herzen, welche sich zum Preise des Herrn vereinigten. Die Jünger, welche den Heiland umringten, auch sie priesen Gott. Sie freuten sich und sagten zueinander: „Wir haben heute außerordentliche Dinge gesehen." Wenn ein Sünder errettet wird, ist die ganze christliche Gemeinde voll von heiligem Lob und selbst der Himmel ist erfreut.

Es wurde Gott auch Ehre gebracht von dem Volk, welches umherstand. Diese Leute waren noch nicht mit Christus verbunden wie die Jünger, sie waren aber von dem Anblick dieses großen Wunders so hingenommen, daß sie es nicht unterlassen konnten zu sagen, daß Gott große Wunder wirkt.

Ich bete, daß die Zuschauer, die noch Fremdlinge und ohne Bürgerrecht sind, wenn sie sehen, daß die Verzweifelnden getröstet und die Verlorenen gefunden werden, sich gedrängt fühlen, von der göttlichen Gnade zu zeugen und daß sie dahin gebracht werden, Teilhaber dieser Gnade zu werden.

„Ehre sei Gott in der Höhe und Friede auf Erden und den Menschen ein Wohlgefallen" heißt es, wenn eine gelähmte Seele mit göttlicher Kraft erfüllt wird.

Wird es nötig sein, daß ich hier stehe und um die vier bitte, verlorene Seelen zu Jesus zu tragen? Wird es nötig sein, daß ich meine Brüder, die den Herrn lieben, auffordern muß: „Vereint euch, um Seelen zu gewinnen!"? Eure Liebe zu den gelähmten Seelen verlangt es, aber euer Wunsch, Gott Ehre zu bringen drängt euch dazu. Wenn ihr wirklich seid, was ihr zu sein bekennt, so muß die Verherrlichung Gottes der innigste Wunsch und der höchste Ehrgeiz eurer Seele sein. Wenn ihr weder Verräter an meinem Herrn noch unmenschlich gegen eure Mitmenschen seid, werdet ihr den praktischen Gedanken fassen, welchen ich mich bestrebt habe, vor euch zu bringen. Ihr werdet einige Christen aussuchen und sagen: „Kommt, laßt uns zusammen für den und den beten", und wenn ihr einen verzweifelten Fall kennt, werdet ihr eine heilige Vierzahl bilden mit dem Entschluß, ihn zu erretten.

Möge die Kraft des Höchsten auf euch ruhen und wer weiß, welche Ehre der Herr durch euch erhalten wird! Vergeßt nie diese merkwürdige Erzählung von dem Bett, welches den Mann trug, und dem Mann, der sein Bett trug. Amen.

DIE AUFERWECKUNG DES JÜNGLINGS ZU NAIN

„Und es geschah danach, daß er in eine Stadt ging, genannt Nain, und viele seiner Jünger und eine große Volksmenge gingen mit ihm. Als er sich aber dem Tore der Stadt näherte, siehe, da wurde ein Toter herausgetragen, der eingeborene Sohn seiner Mutter, und sie war eine Witwe; und eine zahlreiche Volksmenge aus der Stadt war mit ihr. Und als der Herr sie sah, wurde er innerlich bewegt über sie und sprach zu ihr: Weine nicht! Und er trat hinzu und rührte die Bahre an, die Träger aber standen still; und er sprach: Jüngling, ich sage dir, stehe auf! Und der Tote setzte sich auf und fing an zu reden; und er gab ihn seiner Mutter. Alle aber ergriff Furcht; und sie verherrlichten Gott und sprachen: Ein großer Prophet ist unter uns erweckt worden, und Gott hat sein Volk besucht. Und diese Rede über ihn ging aus in ganz Judäa und in der ganzen Umgegend."
(Lukas 7,11-17)

Seht, liebe Freunde, die stets überfließende Macht unseres Herrn Jesus Christus. Er hat Großes an dem Knecht des Hauptmanns getan und jetzt, einen Tag später, erweckt Er einen Toten. „Und es geschah danach, daß er in eine Stadt ging, genannt Nain." Ein Tag nach dem anderen zeugt von den Werken Seiner Güte. Hat Er gestern deinen Freund errettet? Seine Fülle ist dieselbe, wenn du Ihn suchst, wird Seine Gnade und Liebe dir heute zufließen. Nie ist unser göttlicher Herr gezwungen einzuhalten, bis Seine Hilfsquellen wieder fließen, sondern von Ihm geht stets

Kraft aus. Jahrtausende haben den Reichtum Seiner Kraft zu segnen nicht gemindert. Seht auch die Bereitwilligkeit, mit welcher Seine lebensspendende Kraft ausströmt. Unser Heiland reiste und Er verrichtete auf dem Weg Wunder: „Er ging in eine Stadt, genannt Nain." Es geschah beiläufig – einige würden sagen zufällig – daß Er dem Leichenzug begegnete, aber sofort brachte Er diesen toten jungen Mann ins Leben zurück. Unser hochgelobter Herr half auch da, wo Er nicht dazu aufgefordert wurde. Er scheint nicht auf die Bitte irgend eines Menschen zur Offenbarung Seiner Liebe nach Nain gekommen zu sein. Aus irgend einem Grund, der nicht berichtet worden ist, geht Er zum Stadttor. Seht, meine Brüder, wie der Herr Jesus stets zum Erretten bereit ist! Er heilte die Frau, die Ihn im Gedränge anrührte, als Er sich auf dem Weg zu einer ganz anderen Person befand. Schon die überfließenden Tropfen aus des Herrn Gnadenbecher sind wunderbar. Hier gibt Er dem Toten das Leben, als Er sich auf der Wanderung befindet; Er streut Seine Gnade am Weg aus und überall triefen Seine Fußstapfen von Fett. Keine Zeit, kein Ort wird Jesus unzubereitet und unfähig finden. Wenn Baal auf der Reise ist oder schläft, können seine betrogenen Anbeter nicht auf seine Hilfe hoffen, aber wenn Jesus reist oder schläft, genügt ein Wort, den Tod zu überwinden oder den Sturm zu stillen.

Es war ein merkwürdiger Zufall, das Zusammentreffen der beiden Volkszüge am Stadttor Nains. Wenn jemand mit einer lebhaften Phantasie es malen könnte, welche Gelegenheit würde er haben, sein poetisches Genie zu zeigen!

Der eine Zug kommt aus der Stadt. Unser geistliches Auge sieht den Tod auf dem fahlen Pferd mit großem Triumph aus dem Stadttor kommen. Er hat wieder einen Gefangenen in Besitz genommen. Auf der Totenbahre liegt der Raub des schrecklichen Siegers! Die Trauernden sprechen durch ihre Tränen den Sieg des Todes aus. Wie ein General im Triumph in die Hauptstadt reitet, so trägt der Tod seinen Raub zum Grabe.

Was kann ihn daran hindern? Plötzlich kommt dem Leichenzug ein anderer Zug entgegen. Eine Gruppe von Jüngern Jesu mit einer Volksmenge nähert sich. Wir haben nicht nötig, auf die Menge zu sehen, aber wir richten unser Auge auf den einen Mann in der Mitte, der stets in Niedrigkeit auftrat und dem es doch nie an Majestät fehlte. Es ist der lebendige Herr, der allein Unsterblichkeit hat. In Ihm trifft der Tod jetzt seinen Überwinder. Der Kampf ist kurz, aber entscheidend. Kein Hieb wird ausgeteilt, denn der Tod hat sein Äußerstes schon getan. Mit einem Finger wird der Leichenzug zum Stillstand gebracht, mit einem Wort wird dem Mächtigen der Raub genommen und der Gefangene losgemacht. Der Tod flieht besiegt von den Toren der Stadt.

Dies war ein kleines Vorbild von dem, was endlich geschehen wird, wenn alle, die in den Gräbern ruhen, die Stimme des Sohnes Gottes hören und leben werden. Dann wird der letzte Feind überwunden werden. Laßt den Tod nur in Verbindung kommen mit dem, der unser Leben ist, und er verliert seinen Halt und ist gezwungen, seinen Raub, wer es auch sei, loszulassen. Bald wird unser Herr in Seiner Herrlichkeit kommen, dann werden wir vor den Toren des neuen Jerusalems das Wunder vor dem Tore Nains millionenmal vervielfältigt sehen.

Ihr seht, daß unser Text uns ganz natürlich zur Lehre von der Auferstehung der Toten führt, welche einer der Grundsteine unseres allerheiligsten Glaubens ist. Diese große Wahrheit habe ich euch oft verkündigt und werde es immer wieder tun, aber heute habe ich meinen Text zu einem sehr praktischen Zweck gewählt, wegen der Seelen solcher, für welche ich sehr besorgt bin.

Der vorliegende Text berichtet uns ein Ereignis, eine buchstäbliche Tatsache, aber der Bericht kann auch zur geistlichen Belehrung benutzt werden. Alle Wunder unseres Herrn sind zugleich Gleichnisse und sollen uns sowohl belehren als auch erbauen. Sie sind Predigten für die Augen, so wie Seine Worte es für die Ohren sind. Wir sehen hier, wie Jesus mit dem geistlich Toten handeln und wie Er geistliches Leben nach Seinem Wohlgefallen geben kann. O, daß wir dies heute morgen in dieser großen Versammlung sehen möchten!

1. Die geistlich Toten bereiten ihren geistlich lebenden Freunden großen Kummer

Wenn ein unbekehrter Mensch das Glück hat, christliche Verwandte zu besitzen, so bereitet er ihnen viel Angst und Sorge. Natürlich verursachte dieser tote Jüngling, der zum Grab getragen wurde, daß das Herz seiner Mutter fast vor Kummer brach. Sie zeigt durch ihre Tränen, daß das Herz von Schmerz überfloß. Der Heiland sagte zu ihr: „Weine nicht", weil Er sah, wie tief bekümmert sie war.

Viele meiner lieben jungen Freunde können sehr dankbar sein, daß sie Freunde haben, die traurig über sie sind. Es ist eine traurige Sache, daß euer Betragen sie betrübt, aber es ist gut für euch, daß ihr solche habt, die sich Sorgen über euch machen. Wenn eure bösen Wege von allen gutgeheißen würden, würdet ihr ohne Zweifel schnell dem Verderben entgegen gehen, darum ist es ein Segen, daß hemmende Stimmen euch wenigstens etwas zurückhalten. Außerdem kann es geschehen, daß der Herr auf die stille Sprache der Tränen deiner Mutter hören und dich diesen Morgen um ihretwillen segnen wird. Sieh, wie Lukas schreibt: „Und als der Herr sie sah, wurde er innerlich bewegt über sie und sprach zu ihr: Weine nicht! Und dann sagte er zu dem Jüngling: Ich sage dir, stehe auf!"

Viele junge Leute, die in mancher Beziehung liebenswürdig und hoffnungsvoll sind, verursachen dadurch, daß sie geistlich tot sind, denen, von welchen sie am meisten geliebt werden, große Sorgen. Wir wollen ehrlich sein und erwähnen, daß sie nicht die Absicht haben, ihnen diese Sorgen zu bereiten. Sie halten dieselben sogar für unnötig. Jedoch denen, von welchen sie geliebt werden, sind sie eine tägliche Last. Ihr Betragen ist so, daß ihre Mutter, wenn sie in der Einsamkeit darüber nachdenkt, nur weinen kann. Ihr Sohn ging mit ihr zum Haus Gottes, als er ein Kind war, aber jetzt sucht er sein Vergnügen an ganz anderen Orten und verschmäht es, mit seiner Mutter zu gehen. Sie hat nicht den Wunsch, ihn seiner Freiheit zu berauben, aber sie beklagt, daß er diese Freiheit so unweise anwendet und sie bedauert, daß er nicht gewillt ist, das Wort des Herrn zu hören und ein Diener des Gottes seiner Mutter zu werden. Sie hatte gehofft, daß er in seines Vaters Fußstapfen treten und sich mit dem Volke Gottes vereinigen würde, aber er schlägt den entgegengesetzten Weg ein. Sie hat in der letzten Zeit manches bei ihm gesehen, was ihre ernste Sorge vergößert. Er hat sich Gesellschaften und Verbindungen angeschlossen, welche für ihn sehr gefährlich sind. Er hat keine Freude an der Ruhe des Hauses und zeigt seiner Mutter eine Haltung, die sie verwundet. Es mag sein, daß er mit seinen Worten und Taten nicht unfreundlich sein will, aber es ist sehr schmerzlich für das Herz, welches so zärtlich über ihn wacht. Sie erkennt eine zunehmende Gleichgültigkeit gegen alles Gute und eine unverhohlene Absicht, die lasterhafte Bahn des Lebens zu betreten. Sie fürchtet, daß er von einer Sünde in die andere stürzen wird, bis er sich für dieses und das zukünftige Leben zerstört hat.

O Freunde, es ist einem begnadigten Herzen ein großer Kummer, ein unbekehrtes Kind zu haben, besonders dann, wenn es der einzige Sohn einer Mutter und sie eine vereinsamte Frau ist, die ihren Mann verloren hat. Zu sehen, daß der geistliche Tod in einem so teuren Menschen herrscht, ist eine Sorge, welche manche Mutter dahin bringt, im Stillen zu trauern und ihr Herz vor Gott auszuschütten. Manche Hanna ist durch ihr eigenes Kind eine betrübte Frau geworden. Wie traurig, daß der, der sie zu der glücklichsten Frau machen könnte, ihr Leben mit Bitterkeit füllt! Manche Mutter ist über ihren Sohn so traurig gewesen, daß sie fast gesagt hat: „Wollte Gott, daß er nie geboren wäre!" So ist es in tausend Fällen. Ist es so in deinem

Fall, mein Freund, dann beachte meine Worte und denke darüber nach.

Die Ursache des Kummers liegt in ihrem traurigen Zustand. In der uns vorliegenden Geschichte weinte die Mutter, weil ihr Sohn tot war und wir sind traurig, weil unsere jungen Freunde geistlich tot sind. Es gibt ein Leben, welches unendlich höher ist als das Leben, welches unseren irdischen Leib beseelt.

Ihr, die ihr noch nicht errettet seid, kennt nichts von diesem wahren Leben. Ach, wie wünschen wir, daß ihr es kennenlernt! Es ist uns schrecklich, daß ihr tot für Gott, tot für Christus, tot für den Heiligen Geist seid. Es ist wirklich traurig, daß ihr für die göttliche Wahrheit, welche die Freude und die Stärke unserer Seelen ist, tot seid. Tot für die heiligen Beweggründe, die uns vom Bösen zurückhalten und uns zum Guten treiben, tot für die heiligen Freuden, die uns oft dem Himmel nahe bringen. Wir können keinen Toten sehen und uns darüber freuen, wer es auch sein mag. Eine Leiche, wenn auch noch so schön gekleidet, ist ein trauriger Anblick. Wir können nicht auf euch sehen, ihr armen toten Seelen, ohne die Bitte: „O Gott, wird es immer so bleiben? Werden diese toten Gebeine nicht leben? Willst du sie nicht beleben?" Der Apostel spricht von einer Witwe, die in Genußsucht lebt und sagt von ihr: „Sie ist lebendig tot."

Viele Personen sind tot in bezug auf alles, was wahr, gut und göttlich ist, und doch sind sie in anderer Beziehung voller Leben. O, daran zu denken, daß sie tot für Gott sind und doch so voll Fröhlichkeit und Unternehmungslust! Wundert euch nicht, daß wir betrübt über sie sind.

Wir trauern auch, weil wir die Hilfe und den Trost, welchen sie uns bringen sollten, verlieren. Diese verwitwete Mutter trauerte ohne Zweifel über ihren Sohn nicht nur, weil er tot war, sondern auch, weil sie in ihm ihre irdische Stütze verloren hatte. Sie muß ihn als Stütze ihres Alters und Trost in ihrer Einsamkeit angesehen haben.

„Sie war eine Witwe." Ich frage, ob irgend jemand anderes als eine Witwe den vollen Inhalt dieser Worte versteht. Wir können uns durch Mitleid in ihre Lage versetzen, aber das zarteste Mitleid kann den wirklichen Riß und die Trostlosigkeit des Verlustes der Liebe nicht völlig nachempfinden.

„Sie war eine Witwe", das Wort tönt wie eine Totenglocke. War aber auch die Sonne ihres Lebens untergegangen, so leuchtete ihr doch noch ein Stern. Sie hatte einen Sohn, einen lieben Knaben, der ihr viel Trost versprach. Er würde ohne Zweifel für ihre Bedürfnisse sorgen, ihre Einsamkeit erheitern; in ihm würde ihr Mann fortleben und sein Name würde unter den Lebenden in Israel bleiben. Sie konnte sich auf ihn lehnen, wenn sie zum Gottesdienst ging. Sie hatte ihn, wenn er am Abend von der Arbeit kam, in ihrem Heim und wurde dadurch aufgeheitert. Ach, der Stern ist von der Finsternis verschlungen worden! Er ist tot und heute wird er zu Grabe getragen.

Ebenso ist es geistlicherweise mit uns in bezug auf unsere unbekehrten Freunde. Was euch betrifft, die ihr tot in Sünden seid, fühlen wir, daß die Hilfe und der Trost fehlen, das, was wir im Dienst des lebendigen Gottes von euch haben sollten. Wir benötigen in allen Zweigen der Arbeit neue Kräfte, in der Sonntagschule, in der Evangelisation und in den verschiedenen Werken des Herrn, den wir lieben! Unsere Last ist eine Riesenlast und wir sehnen uns danach, daß unsere Söhne sie mit auf ihre Schultern nehmen. Wir haben auf euch geschaut, um euch aufwachsen zu sehen in der Furcht Gottes und euch neben uns stehen zu sehen in dem großen Kampf gegen das Böse und in der heiligen Arbeit für den Herrn Jesus.

Aber ihr könnt uns nicht helfen, denn ihr seid noch auf der falschen Bahn. Ach, ihr steht uns im Weg, da ihr die Welt veranlaßt, zu sagen: „Seht, wie diese jungen Männer sich benehmen!" Wir müssen Gedanken, Gebete und Arbeit an euch verwenden, die an andere verwandt werden könnten. Unsere Sorge um die große dunkle Welt, die uns umgibt, ist sehr groß, aber ihr teilt unsere Sorge nicht. Die Menschen gehen verloren aus Mangel an Erkenntnis und ihr helft uns nicht, sie zu erleuchten.

Ein weiterer Kummer ist, daß wir keine Gemeinschaft mit ihnen haben können. Die Mutter in Nain konnte keine Gemeinschaft mit ihrem Sohn haben, weil er tot war. Er kann weder mit ihr sprechen, noch sie mit ihm, denn er liegt auf der Bahre. O, meine Freunde, einige von euch haben Angehörige, die ihr liebt und die euch lieben, aber sie können weder geistliche Gemeinschaft mit euch haben, noch ihr mit ihnen. Ihr beugt weder im Kämmerlein die Kniee, noch seid ihr ein Herz mit ihnen in den gemeinsamen Bitten des Glaubens. O, junger Mann, wenn das Herz deiner Mutter vor Freude springt, weil die Liebe Gottes in ihre Seele ausgegossen worden ist, so kannst du ihre Freude nicht verstehen. Ihre Gefühle sind dir ein Geheimnis. Wenn du ein gehorsamer Sohn bist, sagst du zwar nichts Entehrendes über ihren Glauben, aber du nimmst doch nicht teil an ihren Sorgen und Freuden. Zwischen dir und deiner Mutter befindet sich betreffs der Dinge eine Kluft, so breit, als lägest du wirklich auf der Bahre und sie stünde weinend neben deiner Leiche.

Ich erinnere mich daran, wie ich in den bangen Stunden der Angst, als ich fürchtete, daß mir meine geliebte Frau genommen würde, durch die gläubigen Gebete meiner beiden lieben Söhne getröstet wurde. Wir hatten Gemeinschaft nicht nur in unserem Kummer, sondern auch in dem Vertrauen auf den lebendigen Gott. Wir knieten zusammen nieder, schütteten unsere Herzen vor Gott aus und wurden getröstet. Wie habe ich Gott gepriesen, daß ich an meinen beiden Kindern solche herrlichen Stützen hatte! Aber angenommen, sie wären ungläubige junge Männer gewesen! Ich würde vergeblich nach geistlicher Gemeinschaft und nach Stützen vor dem Gnadenthron geblickt haben. Ach, in vielen Häusern kann die Mutter in ernsten, ewigen Dingen keine Gemeinschaft mit ihrem eigenen Sohn oder mit ihrer eigenen Tochter haben, weil sie geistlich tot sind, während sie durch den Heiligen Geist zu neuem Leben gekommen ist.

Noch mehr, der geistliche Tod verursacht bald ernstliche Sorgen. In der uns vorliegenden Erzählung war die Zeit gekommen, daß der Leib des Sohnes der Witwe begraben werden mußte. Sie konnte nicht wünschen, die Leiche länger bei sich in der Wohnung zu behalten. Es ist ein Zeichen der schrecklichen Macht des Todes, daß er die Liebe zu dem Körper vertreibt. Abraham liebte seine Sarah, aber nach einer Weile sagte er zu den Kindern Heths: „Gebt mir ein Erbbegräbnis bei euch, daß ich meine Tote begrabe, vor meinem Angesicht hinweg."

Es kommt in einigen Fällen vor, daß der Charakter so schlecht wird, daß man sich keines Trostes erfreuen kann, wenn der Irrende im Kreis der Familie ist. Wir haben Eltern gekannt, welche gefühlt haben, daß sie ihren Sohn nicht im Hause haben konnten, so trunksüchtig und ausschweifend war er geworden. Nicht immer weise, aber oft aus Ausweglosigkeit hat man versucht, den unverbesserlichen Jüngling in eine entfernte Kolonie zu schicken in der Hoffnung, daß er, getrennt von dem verderblichen Einfluß, sich bessern werde. Wie selten hat solch ein trauriger Versuch Erfolg gehabt!

Ich habe Mütter gekannt, welche nicht an ihren Sohn denken konnten, ohne Schmerzen zu haben, die bitterer waren als die bei der Geburt erlittenen. Wehe dem, der ein solches Herzeleid verursacht! Wie schrecklich ist es, wenn die besten Hoffnungen der Liebe allmählich zur Verzweiflung absterben, die liebenden Wünsche endlich zur Trauer und die Gebete der Hoffnung zu Tränen des Kummers werden! Worte der Ermahnung rufen Leidenschaft und Lästerung hervor.

Solche Fälle stellt der Leichenzug des Jünglings uns vor Augen. Eine bekümmerte Seele seufzt: „Er ist mit Götzen verbündet; laß ihn gewähren!" (Hosea 4,17) Rede ich jetzt zu jemand, dessen Leben auf das zarte Herz derer, die ihn geboren hat, verwüstend wirkt? Spreche ich zu jemand, dessen äußeres Benehmen so rückhaltlos böse geworden ist, daß er ein täglicher Tod für die ist, die ihm das Leben gegeben haben? O, junger

Mann, wirst du es ertragen, daran zu denken? Bist du zu Stein geworden? Ich kann noch nicht glauben, daß du deinen Eltern ohne ein bitteres Gefühl solches Herzeleid bereiten kannst. Wir trauern auch wegen der Zukunft der Menschen, die tot in Sünden sind. Die Mutter, auf deren Sohn der Tod schon so gewirkt hatte, daß er begraben werden mußte, wußte, daß im Grab etwas Schlimmeres mit ihm geschehen würde. Es war ihr unmöglich, ruhig an das Verderben zu denken, welches dem Tod folgt.

Wenn wir daran denken, was aus euch wird, die ihr den Herrn Jesus nicht annehmt, erschrecken wir durch das Wort: „. . . nach dem Tode aber das Gericht." Wir könnten leichter auf die Einzelheiten eines verwesenden Körpers eingehen, als den Zustand einer Seele, die ewig verloren ist, zu beschreiben. Wir wagen es nicht, am Eingang der Hölle zu stehen, aber wir werden gedrungen, euch daran zu erinnern, daß es einen Ort gibt, „wo ihr Wurm nicht stirbt und ihr Feuer nicht verlischt". Es gibt einen Ort, wo die bleiben müssen, die vom Angesicht des Herrn und von der Herrlichkeit Seiner Macht vertrieben wurden. Es ist ein unerträglicher Gedanke, daß ihr in den See geworfen werden sollt, der mit Feuer und Schwefel brennt. Ich wundere mich nicht, daß diejenigen, die euch gegenüber nicht ehrlich sind, sich fürchten, euch dies zu sagen und daß ihr selbst versucht, es zu bezweifeln; aber mit der Bibel in der Hand und einem Gewissen in euch könnt ihr nur das Schlimmste befürchten, wenn ihr getrennt bleibt von Jesus und dem Leben, welches Er frei und umsonst gibt. Wenn ihr bleibt, wie ihr seid und bis zum Ende des Lebens in der Sünde und dem Unglauben verharrt, so ist nichts anderes zu erwarten, als daß ihr am Tag des Gerichts verdammt werdet. Die feierlichste Erklärung des Wortes Gottes versichert es euch, daß, „wer aber nicht glaubt, verdammt werden wird".

Es ist eine herzzerreißende Sache zu denken, daß dieses der Fall mit jemand von euch sein sollte. Du hast auf dem Schoß deiner Mutter geplaudert und ihre Wange mit kindlicher Liebe geküßt, warum willst du denn ewig von ihr getrennt werden? Dein Vater hoffte, daß du seinen Platz in der Gemeinde Gottes ausfüllen würdest, woher kommt es, daß du nicht einmal daran denkst, ihm in den Himmel zu folgen? Denke daran, daß ein Tag kommen wird, wo der eine angenommen und der andere gelassen werden wird. Entsagst du jeder Hoffnung, mit deiner Frau, deiner Schwester, deiner Mutter auf der Seite Gottes zu stehen? Du kannst nicht wünschen, daß sie mit dir in die Hölle hinabfahren, hast du keinen Wunsch, mit ihnen in den Himmel zu gehen? „Kommt, ihr Gesegneten", wird die Stimme Jesu lauten an die, welche hier ihrem gnädigen Herrn nachfolgten, aber „gehet weg von mir, ihr Verfluchten, in das ewige Feuer, das bereitet ist dem Teufel und seinen Engeln" muß das Urteil über alle sein, die dem Herrn nicht gehorsam sein wollten. Warum willst du dein Teil und Los bei den Verfluchten haben?

Ich finde es sehr schwer, euch anzureden, weil meine Lippen nicht imstande sind, die Gefühle meines Herzens auszudrücken. O, hätte ich die kräftige Aussprache eines Jesaja oder die klagenden Worte eines Jeremia, euer Herz zu erreichen! Doch der Heilige Geist kann auch mich gebrauchen. Es ist genug. Ich bin gewiß, daß ihr gesehen habt, wie der geistlich Tote den geistlich Lebenden in seiner Familie großen Kummer verursacht.

2. Für diesen Kummer gibt es nur einen Helfer

Der Jüngling wurde zu Grabe getragen, aber der Heiland traf diesen Leichenzug. Beachtet sorgfältig das zufällige Zusammentreffen, wie die Zweifler es nennen, wir aber nennen es die göttliche Vorsehung.

Woher kam es, daß der Jüngling gerade jetzt gestorben war? Woher kam es, daß gerade diese Stunde zu seiner Beerdigung gewählt wurde? Vielleicht weil es Abend war, aber selbst das bestimmt den genauen Augenblick nicht. Warum machte der Heiland an diesem Tag eine Reise von fünf bis sechs Meilen, um an diesem Abend in Nain anzukommen? Woher kam es, daß Er gerade von einer Gegend kam, welche Ihn zu dem besonderen Tor führte, aus welchem der Leichenzug kam? Seht, Er geht den Hügel hinauf zu der kleinen Stadt, in demselben Augenblick, als der Leichenzug aus dem Tor kommt! Er trifft den Toten, ehe das Grab erreicht worden ist. Etwas später, und er wäre schon begraben gewesen; etwas früher, und er hätte noch im dunklen Sterbezimmer gelegen und niemand hätte vielleicht den Herrn herbeigerufen. Der Herr weiß alle Dinge genau zu ordnen. Seine Vorsehung bestimmt alles bis auf die Sekunde.

Ich weiß nicht, warum du, mein Freund, hereingekommen bist an einem Tag, wo ich gerade über diesen besonderen Gegenstand rede. Du hast vielleicht gar nicht geplant zu kommen, jetzt bist du hier. Und Jesus ist auch hergekommen. Er ist gekommen, dir zu begegnen und dich zum neuen Leben zu erretten. Das ist kein Zufall, sondern Sein ewiger Ratschluß und wir werden bald sehen, daß es so ist. Ihr, die ihr geistlich tot seid, begegnet dem, welcher der lebendige Gott und das ewige Leben ist.

Der hochgelobte Heiland sah alles mit einem Blick. Aus dem Gefolge fand Er die Haupttrauernde heraus und sah ihren Kummer. Er war stets zartfühlend gegen Mütter. Der Verstorbene ist ihr einziger Sohn. Er sieht alle Einzelheiten und empfindet sie tief.

O, junger Mann, Jesus weiß alles über dich. Nichts ist Seinem unendlichen Geist verborgen. Dein Herz und das deiner Mutter liegt offen vor Seinen Augen. Jesus, welcher an diesem Morgen unsichtbar gegenwärtig ist, richtet in diesem Augenblick Sein Auge auf dich. Er hat die Tränen derjenigen gesehen, die über dich geweint haben. Er sieht, daß einige über dich verzweifeln und in ihrem Kummer handeln wie Trauernde bei deiner Beerdigung.

Jesus sah alles und, was noch mehr ist, Er ging auf alles ein. O, wie sollten wir den Herrn lieben, daß Er unseren Kummer so beachtet und besonders unseren geistlichen Kummer über die Seelen anderer!

Du, lieber Lehrer, wünschst, daß deine Klasse errettet wird, Jesus nimmt Anteil daran. Du, lieber Freund, bist ernstlich bemüht, Seelen zu gewinnen. Wisse, daß du in allem diesem mit Gott zusammenwirkst. Jesus kennt unsere Seelenarbeit genau und ist darin mit uns eins. Wenn Jesus in unser Werk eintritt, kann es nicht mißlingen. Tritt ein, Herr, in mein Werk in dieser Stunde, ich bitte Dich und segne dieses schwache Wort an meinen Zuhörern!

Unser Herr zeigte, wie Er auf diese Sache einging, indem Er zuerst zu der Witwe sagte: „Weine nicht!" In diesem Augenblick sagt Er euch, die ihr um Seelen betet und ringt: „Verzweifelt nicht. Trauert nicht als solche, die keine Hoffnung haben! Ich habe die Absicht, euch zu segnen. Ihr werdet euch noch freuen über das Leben, das den Toten gegeben wird." Laßt uns ein Herz fassen und alle ungläubige Furcht verscheuchen!

Unser Herr trat dann an die Bahre und die Träger standen still. Unser Herr hat eine besondere Weise, ohne ein Wort zu sagen, die Träger zum Stillstand zu bringen. Vielleicht wird jener junge Mann heute weiter in die Sünde getragen durch die vier Träger: seine natürliche Leidenschaft, seinen Unglauben, seine böse Gesellschaft und seine Liebe zu starken Getränken. Es mag sein, daß Vergnügen und Stolz, Eigenwille und Bosheit die vier Ecken der Bahre tragen, aber unser Herr kann durch Seine Kraft bewirken, daß die Träger stillstehen. Die bösen Einflüsse sind machtlos geworden, der Mensch weiß selbst nicht wie.

Als sie stehenblieben, trat eine Stille ein. Die Jünger standen um den Herrn, die Trauernden umringten die Witwe und die beiden Volksmengen standen sich gegenüber. In der Mitte befand sich Jesus mit dem Toten. Die Witwe zog ihren Schleier zurück und blickte durch ihre Tränen verwundert auf das, was kommen würde. Die Juden, welche aus der Stadt kamen, standen ebenso still wie die Träger. Still! Still! Was wird Er tun? In dieser tiefen Stille hörte der Herr die unausgesprochene Bitte

der Witwe. Ich zweifle nicht daran, daß ihre Seele anfing zu flüstern, halb in Hoffnung, halb in Furcht:· „O, wenn Er meinen
Sohn auferwecken würde!" Jedenfalls hörte Jesus das Rauschen
der Flügel des Wunsches, wenn nicht des Glaubens. Gewiß
haben ihre Augen gesprochen, als sie auf Jesus blickte, der so
plötzlich erschienen war. Hier laßt uns so still sein wie die Szene
vor uns. Laßt uns eine Minute still sein und Gott bitten, jetzt
tote Seelen lebendig zu machen.

3. Jesus hat Macht, Tote zum Leben zu erwecken

Jesus Christus hat das Leben in sich selbst und Er macht
lebendig, welche Er will. Er hat solches Leben in sich, daß, „wer
an ihn glaubt, leben wird, auch wenn er stürbe". Unser hochgelobter Herr ging sogleich an die Bahre. Was lag vor Ihm? Eine
Leiche. Er konnte keine Hilfe von dieser leblosen Gestalt empfangen. Die Zuschauer waren gewiß, daß er tot war, denn sie
wollten ihn ja begraben. Keine Täuschung war möglich, denn
seine eigene Mutter glaubte, daß er tot sei und ihr könnt überzeugt sein, wenn noch ein Funken Leben in ihm gewesen wäre,
würde sie ihn nicht dem Rachen des Grabes übergeben haben.
Es war keine Hoffnung auf Hilfe da, keine Hoffnung von dem
Toten, keine Hoffnung von irgend jemand in der Menge, weder
von den Trägern noch von den Jüngern. Sie waren alle machtlos.
Ebenso kannst du, o Sünder, weder dich selbst erretten, noch
kann es irgend einer von uns, noch wir alle zusammen.

Es gibt unter dem Himmel keine Hilfe für dich, toter Sünder.
Keine Hilfe aus dir heraus oder von denen, die dich am meisten
lieben. Wenn Jesus die geringste Hilfe bedarf, kannst du sie Ihm
nicht leisten, denn du bist tot in Sünden. Du liegst tot auf der
Bahre und nichts als die unumschränkte Gnade der göttlichen
Allmacht kann geistliches Leben in dich bringen. Deine Hilfe
muß von oben kommen. Während die Träger stillstanden, sprach
Jesus zu dem toten Jüngling. Er sprach persönlich zu ihm:
„Jüngling, ich sage dir, stehe auf!"

O, Meister, sprich persönlich zu einem jungen Mann an diesem Morgen oder wenn du willst, sprich zu einem alten oder zu einer Frau, aber bringe ihnen das Wort nahe! Es soll uns gleich sein, wohin des Herrn Wort fällt. O, möge es jetzt die um dich her Sitzenden berufen, denn ich fühle, daß sich allenthalben in diesem Gebäude Tote befinden. Ich stehe unter Totenbahren und Tote liegen darauf. Herr Jesus, bist Du nicht hier? Was nottut, ist Dein persönlicher Ruf. Sprich, Herr, wir bitten Dich!

„Jüngling", sagte Er, „stehe auf", und Er sprach, als sei der Jüngling lebendig. Das ist die Weise des Herrn. Er wartete nicht, bis Er Lebenszeichen sah, um ihm zu befehlen, aufzustehen, sondern sprach zu dem Toten: „Stehe auf."

Dies ist die Weise, wie das Evangelium gepredigt wird. Im Namen des Herrn Jesus reden Seine beauftragten Diener zu den Toten, als ob sie lebendig wären. Einige meiner Brüder nehmen Anstoß daran, und sagen, es sei ein törichter Widerspruch, aber im ganzen Neuen Testament ist es so. Wir lesen dort: „Stehe auf aus den Toten, so wird dich Christus erleuchten."

Ich versuche nicht, es zu rechtfertigen, für mich ist es mehr als genug, daß ich es so im Wort Gottes lese. Wir haben den Menschen zu befehlen, an den Herrn Jesus Christus zu glauben, obwohl wir wissen, daß sie tot in Sünden sind und der Glaube das Werk des Geistes Gottes ist. Unser Glaube befähigt uns, im Namen Gottes den Toten zu befehlen zu leben, und sie leben. Wir befehlen den Ungläubigen, an Jesus zu glauben, und Kraft begleitet das Wort und die Erwählten glauben. Es geschieht durch dieses Wort des Glaubens, welches wir predigen, daß die Stimme Jesu zu den Menschen kommt. Der Jüngling, welcher nicht aufstehen konnte, weil er tot war, stand nichtsdestoweniger auf, als Jesus es ihm befahl. Ebenso wenn der Herr durch Seine Diener den Befehl des Evangeliums an die geistlich Toten richtet: „Glaube und lebe", so sind sie gehorsam und leben.

Der Herr aber sprach, wie ihr seht, in Seiner eigenen Macht: „Jüngling, ich sage dir, stehe auf!" Weder Elias noch Elisa hätten so sprechen können, aber der dieses Wort sprach, war wahrer Gott. Obwohl mit Niedrigkeit bekleidet, war Er doch derselbe Gott, welcher gesprochen hatte: „Es werde Licht", und es ward Licht.

Wenn irgend jemand von uns im Glauben sagen kann: „Jüngling, stehe auf", so können wir es nur in Seinem Namen. Wir haben keine andere Macht, als die wir von Ihm erhalten. Junger Mann, die Stimme Jesu kann tun, was deine Mutter nicht kann. Wie oft hat ihre sanfte Stimme dich ermahnt, zu Jesu zu kommen, aber vergeblich! O, möchte der Herr Jesus innerlich mit dir reden! O, möchte Er sagen: „Jüngling, stehe auf!" Ich habe Vertrauen, daß, während ich zu dir spreche, der Herr leise in deinem Herzen durch den Heiligen Geist redet. Ich fühle die Gewißheit, daß es so ist. Wenn es so ist, so ist es eine sanfte Bewegung des Geistes in dir, der dich zur Reue bewegt und der dich antreibt, dein Herz Jesus zu übergeben. Dies wird ein gesegneter Tag für den geistlich toten jungen Mann sein, wenn er jetzt seinen Heiland annimmt und sich der Gnade zur Erneuerung übergibt. Nein, mein armer Bruder, sie sollen dich nicht begraben! Ich weiß, du bist sehr sündig gewesen und man hat wohl wegen deines Zustandes verzweifeln können, aber solange Jesus lebt, können wir dich nicht aufgeben.

Das Wunder geschah sofort, denn dieser Jüngling richtete sich auf zum Erstaunen aller um ihn her. Es war ein verzweifelter Fall, aber der Tod wurde besiegt. Der Jüngling richtete sich auf. Er war aus dem innersten Kerker des Todes, aus dem Rachen des Grabes zurückgerufen worden, aber er richtete sich auf, als Jesus ihn rief. Es dauerte keine Monate, keine Wochen, keine Stunden, ja, keine fünf Minuten. Jesus sagte: „Jüngling, stehe auf!" und er, der tot war, richtete sich auf und begann zu sprechen.

In einem Augenblick kann der Herr einen Sünder erretten. Ehe die Worte, die ich rede, mehr getan haben, als in euer Ohr zu dringen, kann der Geist Gottes, welcher neues Leben gibt, euch durchdrungen haben und ihr werdet eine neue Kreatur sein, von dieser Stunde an in einem neuen Leben wandeln und nicht wieder ins alte Verderben zurückkehren. Neues Leben, neues Gefühl, neue Liebe, neue Hoffnung, neue Gesellschaft wird euer Teil sein, weil ihr vom Tod zum Leben hindurchgedrungen seid. Bittet Gott, daß es geschieht, denn Er wird euch erhören.

4. Das große Ereignis

Das große Resultat wurde zuerst an dem Jüngling selbst offenbar. Möchtet ihr ihn sehen, wie er war? Darf ich es wagen, das Leichentuch von seinem Gesicht zu ziehen? Seht hier, was der Tod getan hat! Er war ein schöner junger Mann. Seiner Mutter war er ein Bild der Männlichkeit. Welche Blässe liegt auf seinem Gesicht! Wie sind die Augen eingesunken! Es betrübt euch. Ich sehe, ihr könnt den Anblick nicht ertragen. Kommt, blickt in das Grab, wo die Verwesung ihr Werk weitergetrieben hat. Bedeckt ihn. Wir können es nicht ertragen, auf den verwesenden Körper zu blicken. Aber wenn Jesus Christus spricht: „Stehe auf!", welche Veränderung findet statt! Nun könnt ihr auf ihn blicken. Seine Augen haben das Licht des Himmels wieder, seine Lippen sind purpurrot vom Leben. Wie frisch sieht er aus, wie der Morgentau! Er war tot, aber er lebt und keine Spur des Todes ist an ihm zu finden. Während ihr auf ihn blickt, beginnt er zu sprechen. Welche Musik für das Ohr seiner Mutter! Was sagt er? Das kann ich euch nicht sagen. Sprich selbst als Neugeborener und dann werde ich hören, was du sagst.

Ich glaube, das erste Wort nach meiner Bekehrung war ein „Halleluja". Nachher ging ich zu meiner Mutter und sagte ihr, daß der Herr mir begegnet sei.

Hier wird uns kein Wort mitgeteilt. Es bleibt sich gleich, welche Worte es waren, denn irgend ein Wort bewies, daß er lebte. Wenn ihr den Herrn kennt, denke ich, werdet ihr von himmlischen Dingen sprechen. Ich glaube nicht, daß unser Herr Jesus ein stummes Kind im Haus hat, sie sprechen alle zu Ihm und die meisten auch von Ihm. Die neue Geburt zeigt sich dadurch, daß man den Herrn bekennt und preist. Ich kann euch versichern, daß seine Mutter, als sie ihn sprechen hörte, nicht kritisierte was er sagte. Sie sagte nicht, es sei grammatisch nicht korrekt, sondern sie war so erfreut, ihn überhaupt sprechen zu hören, daß es ihr nicht einfiel, jeden Ausdruck zu prüfen.

Neubekehrte Seelen sprechen oft in einer Weise, welche nach Jahren der Erfahrung nicht zu rechtfertigen wäre. Ihr werdet oft von einer Erweckungsversammlung sagen hören, daß sehr viel Aufregung dabei war und viele Neubekehrte albern gesprochen hätten. Das ist sehr wahrscheinlich, aber wenn rechte Gnade in ihren Seelen ist und sie vom Herrn Jesus zeugen, so würde ich sie nicht scharf beurteilen. Freue dich, irgend ein Zeichen zu sehen, daß sie wiedergeboren sind und achte wohl auf ihr weiteres Leben. Für diesen Jüngling hatte ein neues Leben begonnen.

Ein neues Leben hatte auch für seine Mutter begonnen, welch großes Resultat war für sie die Erweckung ihres Sohnes! Von jetzt an war er ihr doppelt teuer. Jesus half ihm von der Bahre herab und gab ihn seiner Mutter. Wir kennen nicht die Worte, welche Er sprach, aber wir sind gewiß, daß Er der Mutter sehr freundlich den Sohn gab, wie man ein köstliches Geschenk überreicht.

Mit einer majestätischen Freude, welche Sein Wohlwollen stets begleitet, blickte er auf die glückliche Frau und Sein Blick war ihr heller als die Morgensonne als Er zu ihr sagte: „Hier ist dein Sohn." Das Wort drang so in ihr Herz, daß sie es nie wieder vergessen konnte.

Beachtet sorgfältig, daß unser Herr, wenn Er den jungen Männern neues Leben einhaucht, sie nicht von ihren Familien, denen ihre ersten Pflichten gelten, wegnehmen will. Hier und da wird einer zum Missionar berufen, aber gewöhnlich wünscht Er, daß sie heimgehen zu ihren Freunden, ihren Eltern zum Segen werden und ihre Familien glücklich machen. Er zeigt den jungen Mann nicht dem Priester, sondern übergibt ihn seiner Mutter.

Sage nicht: „Ich bin bekehrt, darum kann ich nicht mehr ins Geschäft gehen oder versuchen, meine Mutter durch meinen Beruf zu unterstützen." Das würde beweisen, daß du gar nicht bekehrt bist. Du kannst nach ein oder zwei Jahren Missionar werden, wenn du dazu befähigt bist, aber du mußt dich nicht in ein Werk drängen, wozu du nicht vorbereitet bist. Jetzt gehe zu deiner Mutter und mache dein Heim glücklich, erfreue das Herz deines Vaters und sei deinen Geschwistern ein Segen. Laß sie sich freuen, weil du tot warst und wieder lebendig geworden bist, weil du verloren warst und wiedergefunden worden bist.

Was war das nächste Resultat? Alle Zuschauer bekamen Furcht und sie priesen Gott. Wenn jener junge Mann, der gestern abend im Tanzsaal war und vor einigen Abenden fast betrunken nach Hause kam, von neuem geboren wird, werden sich alle über ihn wundern. Wenn jener junge Mann, der wegen seines Spielens oder wegen einer anderen schlechten Tat seinen Beruf verloren hat, errettet wird, werden wir alle fühlen, daß Gott uns sehr nahe ist. Wenn jener junge Mann, der angefangen hat, mit gewissen Frauen Umgang zu haben oder in andere üble Gewohnheiten geraten ist, dahin kommt, anständig zu werden, so wird er unter denen, die um ihn sind, Staunen verursachen. Er hat viele in die Irre geleitet und wenn der Herr ihn nun zurückbringt, wird es eine große Aufregung verursachen. Die Menschen werden fragen, was die Ursache dieser Veränderung ist und werden sehen, daß der Glaube Kraft hat.

Bekehrungen sind Wunder, die nie aufhören. Diese Wunder der Macht in der moralischen Welt sind ebenso merkwürdig wie die Wunder in der materiellen Welt. Wir brauchen Bekehrungen so praktisch, so wirklich, so göttlich, daß die, welche zweifeln, nicht mehr zweifeln können, weil sie in ihnen die Hand Gottes sehen.

Schließlich beachtet, daß es nicht nur die Zeugen überraschte, sondern daß sich das Gerücht davon auch weit ausbreitete. Wer kann es sagen? Wenn heute jemand bekehrt wird, so kann das Resultat tausend Jahre lang zu spüren sein, wenn die Welt noch so lange besteht. Ja, es wird noch nach tausend Jahren bis in alle Ewigkeit gespürt werden.

Zitternd habe ich diesen Morgen einen glatten Stein in den See geworfen. Er ist aus einer schwachen Hand und einem ernsten Herzen gekommen. Eure Tränen haben gezeigt, daß das Wasser bewegt worden ist. Ich bemerke den ersten Kreis auf der Oberfläche. Andere, weitere Kreise werden folgen, wenn von der Predigt gesprochen und sie gelesen wird. Wenn ihr heimgeht und erzählt, was Gott an euren Seelen getan hat, wird sich ein weiterer Kreis bilden, und wenn es geschehen sollte, daß Gott den Mund eines von denen, die heute morgen bekehrt werden, zur Predigt des Wortes öffnet, dann kann niemand sagen, wie weit die Kreise sich ausdehnen mögen. Kreis für Kreis wird sich das Wort ausbreiten, bis der uferlose Ozean der Ewigkeit den Einfluß des Wortes spüren wird. Nein, ich träume nicht. Nach unserem Glauben wird es geschehen. Die Gnade, die diesen Morgen einer einzigen Seele verliehen wird, kann auf die ganze Masse der Menschheit wirken. Gott verleihe Seinen Segen dazu. Betet ernsthaft um Segen. Meine lieben Freunde, ich bitte euch um Jesu willen, betet viel für mich. Amen.

SEHEN, NICHTSEHEN ODER UNKLAR SEHEN

„Und er kommt nach Bethsaida; und sie bringen ihm einen Blinden und bitten ihn, daß er ihn anrühre. Und er faßte den Blinden bei der Hand und führte ihn aus dem Dorfe hinaus; und als er in seine Augen gespützt hatte, legte er ihm die Hände auf und fragte ihn, ob er etwas sehe. Und aufblickend sprach er: Ich sehe die Menschen, denn ich gewahre solche, die wie Bäume umherwandeln. Dann legte er wiederum die Hände auf seine Augen, und er sah deutlich, und er war wiederhergestellt und sah alles klar."
(Markus 8, 22-25)

Sehr oft heilte unser Heiland die Kranken durch eine Berührung, um uns zu zeigen, daß die Gebrechen unserer gefallenen menschlichen Natur nur durch eine Verbindung mit Seiner gesegneten göttlichen Natur geheilt werden können.

Er hatte aber auch andere Lektionen zu geben und darum wandte Er auch andere Formen der Heilung an. Hätte unser Herr alle Wunder auf dieselbe Weise gewirkt, so hätten die Menschen abergläubischerweise mehr an die Form gedacht, als an die göttliche Macht, durch welche das Wunder gewirkt wurde. Aus diesem Grund zeigt unser Herr uns eine große Verschiedenheit in der Form Seiner Wunder. Obwohl sie alle dieselbe Weisheit und dieselbe Macht offenbaren, ist Er doch sehr darauf bedacht, das eine von dem anderen zu unterscheiden, damit wir die Offenbarung der Güte Gottes sehen.

Es ist die Sünde unserer fleischlichen Natur, bei dem zu bleiben, was sichtbar ist, und das Unsichtbare zu vergessen. Deshalb wechselt der Herr Jesus die äußere Form der Wunder, damit uns klar wird, daß Er nicht an eine bestimmte Heilmethode gebunden ist und daß die äußere Form an sich selbst nichts ist. Wir sollten lernen, daß, wenn Er durch eine Berührung heilte, Er auch ebenso durch ein Wort helfen kann. Und wenn Er durch ein Wort heilte, Er auch allein durch Seinen Willen zu heilen vermag. Ein Blick Seiner Augen war so wirksam wie die Berührung Seiner Hand. Ja, auch ohne sichtbar anwesend zu sein, konnte Er Wunder verrichten.

In dem vor uns liegenden Fall weicht unser Heiland von Seiner gewöhnlichen Weise ab, nicht nur in der Form, sondern auch im Charakter der Heilung. Bei den meisten Wundern des Heilandes war die betreffende Person sofort geheilt. Wir lesen von dem Taubstummen nicht nur, daß sein Mund geöffnet wurde, sondern, was noch merkwürdiger ist: Er, der nie einen Laut gehört hatte, sprach richtig, indem er sowohl die Gabe der Sprache, als auch die Fähigkeit, artikulierte Töne hervorzubringen, erhalten hatte. In anderen Fällen verließ das Fieber den Kranken sofort, der Aussätzige wurde auf der Stelle geheilt und der Blutfluß hörte sofort auf, aber in diesem Fall ging der geliebte Arzt langsamer zu Werk und verlieh zunächst nur einen Teil der Segnung, hielt dann ein und ließ den Kranken darüber nachdenken, wieviel er empfangen hatte und wieviel noch zurückgehalten worden war. Dann machte Er durch eine zweite Tat das gute Werk vollständig.

Jesus würde einige besondere Krankheiten schwerlich allmählich geheilt haben, denn es schien nötig, sie mit einem entscheidenden Schlag zu beenden. Die Austreibung eines Teufels muß völlig geschehen, ein Aussätziger bleibt ein Aussätziger, wenn auch nur ein Flecken vom Aussatz bleibt.

Es ist jedoch möglich, die Blindheit allmählich zu heilen,

zuerst einen kleinen Schimmer Licht zu geben und dann das volle Tageslicht. So auch auf geistlichem Gebiet. Der Wille muß sofort verändert werden, aber der Verstand kann allmählich erleuchtet werden. Das steinerne Herz kann nicht allmählich erweicht werden, sondern muß augenblicklich zu einem fleischernen Herzen werden, aber das ist mit dem Verstande nicht nötig. Unser Denkvermögen mag allmählich in Ordnung gebracht werden. Die Seele mag zuerst nur einen schwachen Begriff von der Wahrheit erhalten und mag darin mit verhältnismäßiger Sicherheit ruhen. Später kann sie dahin kommen, die Schrift klarer zu begreifen und in diesem Grad der Erkenntnis kann sie ohne ernste Gefahr bleiben, obwohl nicht ohne Verlust. Wahrscheinlich wird die geistliche Einsicht uns nie vollkommen verliehen werden, bis wir dahin eingehen, wo wir nicht mehr des Lichtes der Sonne oder des Mondes bedürfen, sondern wo der Herr das Licht sein wird.

Das Wunder vor uns zeigt die fortschreitende Heilung eines verdunkelten Verstandes. Es kann nicht als ein Bild benutzt werden von der Errettung eines vorsätzlichen Sünders von dem Irrtum seines Weges oder von der Umkehr des Schwelgers von der Unflätigkeit seines Lebens. Es ist ein Bild der verdunkelten Seele, die allmählich von dem Heiligen Geist erleuchtet und durch Jesus Christus in das helle Licht Seines Reiches gebracht wird.

1. Das Krankheitsbild des Blinden

Dieser Mann gleicht vielen Menschen unserer Zeit, die gewiß auch zahlreich unter den Neuaufgenommenen dieser Gemeinde vertreten sind, denn viele kommen zu uns, die geistlich blind sind und zum Teil formelle Kirchgänger waren.

Beachtet sorgfältig den vorliegenden Fall. Es ist eine Person mit verdunkeltem Verstand. Es ist kein Mensch, der in dem Bild eines Besessenen darzustellen ist. Ein Besessener tobt und rast, er ist der Umgebung gefährlich und muß mit Ketten gebunden und bewacht werden, denn er würde sich und andere verderben. Dieser Blinde aber ist völlig harmlos. Er hat nicht den Wunsch, andere zu verletzen und ist auch nicht geneigt, sich selbst zu schaden. Er ist nüchtern, standhaft, ehrlich, freundlich und seine geistliche Krankheit erregt unser Mitleid, aber keine Furcht. Wenn diese unerleuchteten Leute mit dem Volke des Herrn Gemeinschaft haben, so wüten und toben sie nicht gegen die Heiligen, sondern achten sie und lieben ihre Gemeinschaft. Sie hassen das Kreuz Christi nicht, sie lieben es sogar in ihrer armen, blinden Weise. Sie sind weder Verfolger, Schmäher oder Spötter, noch betreten sie die Wege der Gottlosigkeit. Im Gegenteil, obwohl sie die göttlichen Dinge nicht sehen können, fühlen sie ihren Weg auf dem Pfad der Sittlichkeit in einer Weise, daß sie in mancher Beziehung Vorbilder der Sehenden sein können.

Dieser Blinde ist auch keine Person mit einer ansteckenden Krankheit, schmutzig und ekelhaft wie der Aussatz. Der Aussätzige muß abgesondert werden, denn er steckt alle an, die mit ihm in Berührung kommen. Nicht so dieser Blinde, der zum Heiland kommt. Er ist blind, aber er macht keine anderen blind. Wenn er mit anderen Blinden zusammen ist, so vergrößert er ihre Blindheit nicht, noch verdirbt er, wenn er mit Sehenden zusammenkommt, deren Augenlicht. Diese können vielleicht Nutzen aus der Bekanntschaft mit ihm ziehen, denn es kann sie zur Dankbarkeit für ihr Augenlicht bewegen, wenn sie die Dunkelheit bemerken, die ihn umhüllt.

Er ist also kein Bild von einer Person mit einem ausschweifenden Leben, die deine Kinder verderben, deinen Sohn oder deine Tochter in die Sünde führen könnte.

Diese unerleuchteten Leute, von denen wir sprechen, sind in unseren Familien beliebt, denn sie verbreiten keine verderblichen Lehren und geben kein böses Beispiel, und selbst wenn sie von geistlichen Dingen reden, so erregen sie unser Mitleid, weil sie so wenig davon verstehen und vermehren unsere Dankbarkeit gegen Gott, daß Er uns die Augen geöffnet hat, die Wunder Seines Gesetzes zu sehen. Sie sind weder rasende Gotteshasser noch unsittlich. Solche Menschen sind nicht einmal in allen Fällen untüchtig, aber das eine Organ, das Auge der Seele, der Verstand, ist verdunkelt. Sie sind nicht ganz taub, sie hören das Evangelium mit Freude und Aufmerksamkeit. Es ist wohl wahr, sie verstehen es nicht klar, es ist eigentlich nur der Buchstabe, den sie kennen, und doch befinden sie sich auf dem Weg, größere Segnungen zu erhalten, denn „der Glaube kommt aus der Predigt und die Predigt aus dem Wort Gottes."

In gewisser Weise sind sie auch nicht stumm, denn sie beten in ihrer Art. Es ist wahr, daß ihr Gebet kaum geistlich ist, aber es hat doch einen nicht zu verachtenden Ernst an sich. Sie haben von Jugend auf den Gottesdienst besucht und nie die äußere Form des Glaubens vernachlässigt. Aber sie sind doch blind. Doch sind sie auch besorgt zu hören und zu beten und wir haben das Vertrauen, daß sie noch zu beidem fähig werden. Sie sind daher nicht völlig taub oder stumm. Ihre Hand ist nicht verdorrt, wie die des Menschen, mit dem Jesus in der Synagoge zusammentraf. Auch sind sie nicht durch eine schmerzliche Bedrückung des Geistes niedergebeugt wie jene Tochter Abrahams, die der Satan viele Jahre gebunden hatte. Sie sind fröhlich und fleißig in den Wegen des Herrn. Wenn die Sache Gottes der Unterstützung bedarf, sind sie bereit, sie zu unterstützen und obwohl sie durch den Mangel ihres geistlichen Gesichtes nicht in die volle Freude der göttlichen Dinge eingehen können, so gehören sie doch zu den Leuten, die gern einer guten Sache helfen. Sie tun es nicht, weil sie den Geist derselben völlig begreifen, denn wegen ihrer geistlichen Blindheit sind sie noch Fremde darin, aber es ist doch etwas in ihnen, was hoffnungsvoll ist, denn sie sind bemüht, soviel an ihnen liegt, der Sache Christi zu helfen.

In allen christlichen Gemeinden haben wir eine Anzahl Leute dieser Art und in einigen christlichen Gemeinden sind die meisten Glieder wenig besser. Sie haben nur soviel Belehrung erhalten, daß sie in geistlichen Dingen die rechte Hand von der linken unterscheiden können. Aus Mangel an rechter Belehrung sind sie im Dunkeln geblieben und weil ihnen die gesunde Lehre nicht vorgetragen wird, bleiben sie halbblind und sind nicht imstande, sich der herrlichen Aussichten zu erfreuen, welche das Auge der erleuchteten Gläubigen erquicken.

2. Die Art und Weise der Heilung

Jeder Teil des Wunders ist belehrend. Das erste, was zu beachten ist, ist eine freundliche Vermittlung. Freunde brachten den Blinden zu Jesus. Wieviele gibt es, welche die Grundlehre des Evangeliums Christi nicht recht verstehen und die Hilfe der Gläubigen benötigen! Sie haben eine Neigung zu dem Glauben, aber sie wissen nicht recht, was sie tun müssen, um gerettet zu werden. Die große Wahrheit der Stellvertretung, welche der Kernpunkt des Evangeliums ist, haben sie noch nicht begriffen. Sie wissen kaum, was es bedeutet, völlig in dem Herrn Jesus zur Ruhe zu kommen, der alle Sünden gesühnt hat. Sie haben einen gewissen Glauben, aber sie haben solch geringe Erkenntnis, daß ihr Glaube nur wenig oder keine Auswirkungen hat. Solche Leute mögen oft gesegnet werden, wenn weiter fortgeschrittene Christen versuchen würden, sie zu einer klaren Erkenntnis des Heilandes zu bringen.

Warum kannst du solche Seelen nicht unter den Schall des Wortes bringen, welches dir ein Wegweiser gewesen ist? Warum kannst du ihnen das Buch nicht in die Hand geben, welches das Mittel war, deine Augen zu öffnen? Warum kannst du ihnen nicht die Schriftstelle vor die Seele stellen, den Abschnitt in Gottes Wort, welcher dich zuerst erleuchtet hat? Würde es nicht ein hoffnungsvolles Werk für uns sein, solche aufzusuchen, die nicht feindlich gegen das Evangelium, sondern einfach unwissend sind, die einen Eifer für Gott haben, aber nicht nach der Erkenntnis Christi?

Gewiß, wenn wir die Heruntergekommenen, die durch die Sünde Erniedrigten und Verdorbenen aufsuchen, so sollten wir mit dem gleichen Eifer die aufsuchen, welche unter dem Schall einer Predigt sitzen, die aber keine Predigt des Evangeliums ist, oder welche das wahre Wort hören, aber nicht verstehen. Brüder und Schwestern, ihr würdet wohl tun, wenn ihr für diese beten und noch mehr, wenn ihr den ausgezeichneten jungen Mann und das liebenswürdige junge Mädchen aufsuchen würdet, um die Fragen ihres Gewissens zu beantworten: „O, daß wir wüßten, wo wir Ihn finden könnten!"

Es kann mit Gottes Hilfe der erste Schritt dazu sein, daß sie ihr geistliches Augenlicht erhalten, wenn ihr für diese Kinder des Nebels und der Nacht sorgen würdet.

Als dieser Blinde zum Heiland gebracht wurde, bekam er zuerst eine Verbindung mit Jesus, denn Er nahm ihn bei der Hand. Es ist ein glücklicher Tag für eine Seele, wenn sie in persönliche Verbindung mit dem Herrn Jesus kommt. Brüder, wenn wir in dem Zustand des Unglaubens sind, sitzen wir im Hause Gottes und Christus scheint uns fern zu sein. Wir hören von Ihm, aber Er ist wie einer, der in den himmlischen Wohnungen, aber nicht unter uns ist. Selbst wenn Er vorbeigeht, scheint es uns, als käme Er uns nicht nahe und so sitzen wir und seufzen und haben das Verlangen, daß Sein Schatten auf uns fällt oder daß uns der Saum Seines Gewandes berührt. Wenn die Seele aber wirklich beginnt, Jesus nahe zu kommen, wenn Er der Gegenstand der andächtigen Aufmerksamkeit wird, wenn sie fühlt, daß etwas Wirkliches bei Ihm zu ergreifen ist, dann ist Er kein unbegreifbarer Schatten, sondern eine wirkliche Person, die Einfluß auf uns hat. Dann nimmt Er uns bei der Hand. Ich weiß, daß einige unter euch dieses gefühlt haben. Es ist oft am Sonntag vorgekommen, daß ihr gefühlt habt, ihr müßtet beten. Ihr spürtet, daß die Predigt für euch bestimmt war, ihr dachtet, jemand habe dem Prediger von euch erzählt; denn die Wahrheit kam euch so nahe, Einzelheiten der Rede des Predigers paßten genau auf den Zustand eures Geistes. Das war der Herr, der euch bei der Hand nahm. Der Gottesdienst war für euch nicht nur ein Reden und Hören von Worten, sondern eine segensreiche Hand hat euch berührt und eure Seele bewegt. Natürlich, Jesus kommt nicht in körperliche Berührung mit uns, es ist eine geistige, geistliche Berührung. Der Geist des Herrn Jesus legt Hand an den Geist des Sünders und beeinflußt die Seele sanft für die Heiligkeit und Wahrheit.

Beachtet die nächste Tat, denn sie ist eigentümlich. Der Heiland führte den Blinden in die Einsamkeit. Ich habe beobachtet, wenn Personen bekehrt werden, die mehr geistlich blind sind als absichtlich boshaft, die mehr unwissend als feindlich gewesen sind, daß eines der ersten Zeichen, daß sie Christen geworden sind, dieses ist, daß sie sich in die Stille zurückziehen und ihre persönliche Verantwortung fühlen.

Brüder, ich habe immer Hoffnung für einen Menschen, der anfängt, darüber nachzudenken, wie er allein vor Gott steht; denn es gibt Tausende in unserem Land, die sich als Teil eines christlichen Volkes und geborene Glieder einer Kirche ansehen und sich so nie als vor Gott persönlich verantwortlich erkennen. Sie beten das Sündenbekenntnis, das geschieht mit der ganzen Versammlung. Sie singen das Tedeum, aber es ist kein persönliches Singen, sondern ein Chorgesang. Doch wenn ein Mensch einmal dahinkommt, sich allein zu fühlen, selbst in der Versammlung, wenn er begreift, daß der wahre Glaube ein persönlicher Glaube und nicht eine Sache der Gemeinschaft ist, und daß das Sündenbekenntnis für seine Lippen besser paßt, als für irgend jemand anderes, dann hat das Gnadenwerk begonnen. Es ist Hoffnung für den blindesten Verstand vorhanden, wenn der Geist beginnt, über seinen eigenen Zustand nachzudenken.

Es ist ein sicheres Zeichen, daß der Herr dir wohltut, wenn Er dich beiseite nimmt, wenn du alle anderen vergißt und nur an dich selbst denkst. Jeder Mensch muß an sich selbst denken, wenn er in Gefahr ist, zu ertrinken. Und wenn es eine gerechte Selbstsucht ist, sein eigenes Leben zu erhalten, so ist es vielmehr zu loben, dem zukünftigen Zorn und dem ewigen Verderben zu entfliehen. Wenn du gerettet bist, dann hast du nicht mehr nötig, an dich selbst zu denken, sondern kannst für die Seelen anderer sorgen. Jetzt aber ist es notwendig, an dich selbst zu denken, auf den Heiland zu blicken, damit du das ewige Leben erhältst. „Er führte ihn hinaus, außerhalb des Dorfes." Das nächste war eine besondere Tat. Er benutzte ein verächtliches Mittel, Er spuckte auf seine Augen. Der Heiland benutzte den Speichel Seines Mundes oft als Heilmittel und man hat gesagt, Er tat es deshalb, weil es von den Ärzten des Altertums empfohlen wurde. Aber ich kann mir nicht denken, daß deren Meinung irgend einen Wert in den Augen unseres Herrn hatte.

Es scheint mir, daß der Gebrauch des Speichels das Öffnen der Augen mit dem Mund des Herrn verband, das heißt, es verband im Bilde die Erleuchtung des Verstandes mit der Wahrheit, welche Christus ausspricht. Natürlich kommt das geistliche Augenlicht durch die geistliche Wahrheit und das Auge des Verständnisses wird geöffnet durch die Lehre, welche Christus spricht.

Es war nichts als Speichel, obwohl es Speichel aus dem Mund des Heilands war. Und so merkt euch, Freunde, daß Gott euch möglicherweise gerade durch die Wahrheit segnen wird, die ihr früher verachtet habt, und es kann gut sein, daß Er euch gerade durch den Mann segnet, gegen den ihr am bittersten gekämpft habt. Es hat Gott oft gefallen, Seinen Dienern eine gnädige Rache zu gestatten. Sehr oft haben diejenigen, die am heftigsten gegen Gottes eigene Diener gewütet haben, die besten Segnungen aus der Hand derjenigen erhalten, die sie am meisten verachtet haben. Du nennst es „Speichel", aber nichts anderes wird deine Augen öffnen.

Du sagst: „Das Evangelium ist eine sehr einfache Sache." Gerade durch solch eine schlichte, gewöhnliche Sache sollst du das Leben haben. Du hast spottend erklärt, daß ein gewisser Mann die Wahrheit in einer rauhen Volkssprache verkündigt. Du wirst eines Tages diese Volkssprache segnen und dich freuen, die Wahrheit selbst in einer rauhen Weise zu erhalten, wie sein Meister es ihm befiehlt, sie auszusprechen. Ich denke, daß viele von uns bei ihrer eigenen Bekehrung erfahren haben, daß der Herr unseren Stolz damit züchtigt, daß Er sagt: „Diese armen Leute, von denen du so geringschätzig gedacht hast, werden dir zum Segen werden, und mein Diener, gegen den du mit Vorurteilen erfüllt warst, soll der Mann sein, der dich zum Glauben führt." Ich glaube, daß alles das und noch viel mehr die Bedeutung hat, wenn der Herr in seine Augen spuckt.

Kein Pulver der Kaufleute, keine Myrrhen und keinen Weihrauch, keine köstlichen Gewürze, sondern nur gewöhnlichen Speichel benutzte der Herr. Und wenn du nur sehen wolltest, mein Zuhörer, so würdest du sehen, daß dir die Tiefen göttlicher Wahrheiten nicht durch die Philosophen und tiefen Denker unserer Tage nahegebracht werden. Derjenige, der dich auffordert, Christus zu vertrauen und dadurch zu leben, lehrt dich eine bessere Weisheit als die Philosophen, und derjenige, der dir sagt, daß im Herrn Jesus alle Schätze der Weisheit verborgen liegen, sagt dir mit dieser einfachen Wahrheit mehr, als du von Sokrates und Plato lernen könntest, wenn sie wieder von den Toten auferständen. Jesus Christus wird deine Augen öffnen und es wird durch dieses verächtliche Mittel Seines Speichels geschehen.

Ihr werdet weiter feststellen, daß, nachdem Er in seine Augen gespuckt hatte, berichtet wird, daß Er Seine Hände auf ihn legte. Tat Er dies in der Form einer himmlischen Segnung? Gab Er dem Mann durch die Handauflegung Seinen Segen und ließ Er Kraft in ihn strömen? Ich denke es.

Brüder, es ist nicht der Speichel, nicht das Führen in die Einsamkeit, nicht die Predigt des Wortes, nicht die Aufmerksamkeit des Hörers, es ist der Segen dessen, der für die Sünder gestorben ist, welcher alles auf uns überträgt. Er, der von den Menschen verachtet und verworfen wurde, ist es, durch den allein die unschätzbare Gabe den Menschenkindern gegeben wird, wie dem Blinden das Gesicht. Wir müssen die Mittel anwenden und sie weder verachten, noch das Vertrauen auf sie setzen. Wir sollten in die Einsamkeit gehen, denn diese ist ein großer Segen, aber wir müssen vor allem zum Herrn, dem Geber aller guten Gaben aufblicken, oder sonst müßte der Speichel im Unwillen abgewischt werden und das Alleinsein würde nur dazu beitragen, daß der Blinde seinen Weg verloren hätte und in tiefere Dunkelheit geraten wäre.

Das ist das Bild einiger hier. Ich glaube, daß hier einige anwesend sind, die von Jugend auf den Gottesdienst besucht haben ohne die geringste Vorstellung vom geistlichen Leben. Aber dem Herrn hat es gefallen, Freunde zu gebrauchen, welche sagen: „Komm. Ich denke, daß ich dir etwas sagen kann, was du nicht weißt." Diese Freunde haben euch durch Gebet und Unterweisung mit Jesus in Verbindung gebracht. Jesus hat euch angerührt, euch zum Nachdenken gebracht und euch erkennen lassen, daß das Kirchengehen nicht alles ist, ja, daß es gar nichts ist, wenn ihr das Geheimnis des ewigen Lebens nicht lernt. Dadurch habt ihr erkannt, daß Kraft in dem Evangelium ist, welches ihr sonst verachtet habt, und daß das, was ihr als Einbildung und Prahlerei verspottet habt, euch nun das Evangelium eurer Errettung ist. Laßt uns Gott dafür danken, denn durch solche Mittel werden die Augen geöffnet.

3. Ein hoffnungsloser Zustand

Der Heiland hatte den Augen des Mannes die Kraft zum Sehen gegeben, aber Er hatte die Haut, welche das Licht fernhielt, noch nicht hinweggetan. Hört den Mann. Jesus fragt ihn, ob er etwas sieht. Er blickt auf und das erste Freudenwort ist: „Ich sehe!" Welch ein Segen!

Einige von euch, liebe Freunde, können sagen: „Eins weiß ich, daß ich blind war und jetzt sehe. Ja, es ist keine völlige Finsternis mehr. Ich sehe nicht soviel, wie ich sollte, noch wie ich hoffe, daß ich sehen werde, aber ich sehe. Es gibt viele, viele Dinge, von denen ich nichts wußte, von denen ich jetzt aber etwas weiß. Der Teufel selbst kann es nicht bestreiten, daß ich sehen kann. Ich weiß es bestimmt. Ich war ganz mit der äußeren Form zufrieden. Wenn ich mitsang und die Gebete hörte, war ich zufrieden, aber jetzt, obwohl ich fühle, daß ich noch nicht sehe, wie ich zu sehen wünsche, so kann ich doch wenigstens sehen. Wenn ich kein Licht sehen kann, so ist gewiß die Dunkelheit sichtbar. Wenn ich keine Errettung sehen kann, so kann ich doch mein Verderben sehen. Ich sehe meine Nöte und Bedürfnisse und wenn ich nichts anderes sehe, so sehe ich doch diese."

Nun, wenn ein Mensch irgend etwas sehen kann, dann ist es egal, was er sieht. Ob es ein schöner oder häßlicher Gegenstand ist, den er sieht, tut nichts zur Sache. Das Sehen irgend eines Gegenstandes beweist bestimmt, daß er sehen kann. So ist der geistliche Begriff von einer Sache ein Beweis, daß du geistliches Leben hast, ob dieser Begriff dich traurig oder freudig macht, ob er dein Herz bricht oder es aufrichtet.

Aber höre den Mann weiter. Er sagt: „Ich sehe Menschen." Das ist noch besser. Natürlich hatte der arme Mensch früher sehen können, sonst würde er die Gestalt der Menschen nicht gekannt haben. „Ich sehe Menschen", sagt er. Ja, es sind einige hier, die genug Sehkraft haben, um Gegenstände zu unterscheiden. Obwohl du so blind wie eine Fledermaus gewesen bist, kann dich jetzt niemand zu dem Glauben bringen, daß die ‚Wiedergeburt durch die Taufe' dasselbe sei, wie die Wiedergeburt durch das Wort Gottes. Du kannst den Unterschied dieser beiden Sachen jedenfalls sehen. Man sollte denken, daß es jeder könnte, aber viele können es nicht. Du kannst den Unterschied zwischen dem formalen Gottesdienst und dem geistlichen

Gottesdienst sehen. Du kannst genug sehen, um zu wissen, daß es einen Heiland gibt, daß du eines Heilandes bedarfst, daß der Weg der Erlösung der Glaube an Jesus Christus ist, daß die Erlösung, welche Jesus Christus gibt, uns wirklich von der Sünde erlöst und diejenigen, welche sie erlangen, sicher in die ewige Herrlichkeit bringt. So ist klar, daß du etwas sehen kannst und du weißt auch, was das ist.

Höre jedoch weiter auf den Mann: „Ich sehe Menschen, die wie Bäume umhergehen." Er konnte nicht sagen, ob es Menschen oder Bäume waren. Sie gingen, und er wußte, daß Bäume nicht gehen können und darum konnten es keine Bäume sein. Die Gegenstände waren vor seinen Augen verschwommen. Er erkannte aus ihren Bewegungen, daß es Menschen sein mußten, aber er konnte nicht genau sagen, ob es Menschen oder Bäume waren. Viele köstliche Seelen bleiben in diesem hoffnungsvollen aber unfertigen Zustand stehen. Sie können sehen, Gott sei dafür gepriesen! Sie werden nie wieder erblinden, denn wenn sie den Menschen Jesus sehen und den Baum, an welchem Er starb, so würden sie gern einen einzigen Gegenstand daraus machen, denn Christus und Sein Kreuz sind eins. Die Augen, welche Jesum nicht klar sehen können, mögen Ihn doch verschwommen sehen, selbst ein solcher Blick wird ihre Seele retten.

Seht, daß das Sehen dieses Menschen sehr ungenau war. Ein Mensch oder ein Baum, er konnte es nicht sagen. So ist es mit dem ersten Gesicht, das vielen geistlich Blinden gegeben wird. Sie können nicht zwischen Lehre und Lehre unterscheiden. Das Werk des Geistes und das Werk des Heilandes verwirren sie oft in ihrem Geist. Sie sind gerechtfertigt und geheiligt, aber wahrscheinlich können sie dir nicht sagen, was das eine und das andere ist! Sie können sehen, aber sie können nicht sehen, wie sie sollten.

Sie sehen Menschen als Bäume gehen. Ihr Gesicht ist ungenau. Ein Mensch ist nicht so groß wie ein Baum, aber sie vergrößern die menschliche Gestalt zur Höhe eines Baumes. Und so übertreiben halb erleuchtete Leute die Lehre. Wenn sie die Lehre von der Erwählung empfangen, so sind sie nicht zufrieden, nur so weit zu gehen, wie die Schrift geht. Sie machen einen Baum aus dem Menschen und nehmen eine bestimmte Verwerfung an. Wenn sie einen Befehl ergreifen, die Taufe oder was es sei, so übertreiben sie die Wichtigkeit derselben und machen sie zum Ein und Alles. Einige nehmen diese Stütze, andere jene, und es geschieht alles dadurch, daß sie einen Menschen für einen Baum ansehen. Es ist eine große Gnade, daß sie die Lehren und Vorschriften überhaupt sehen, aber es würde eine größere Gnade sein, wenn sie sie sehen könnten, wie sie sind und nicht, wie sie ihnen zu sein scheinen.

Diese Übertreibung führt gewöhnlich zur Unruhe, denn wenn ich einen Menschen auf mich zukommen sehe, der so groß ist wie ein Baum, so fürchte ich natürlich, daß er auf mich fällt und ich suche, ihm aus dem Weg zu gehen. Viele Leute fürchten sich vor den Lehren Gottes, weil sei meinen, daß sie so hoch sind wie Bäume. Sie sind nicht zu hoch. Gott hat sie in der richtigen Größe gemacht, aber der unklare Blick der Menschen übertreibt sie und macht sie schrecklicher und höher, als sie sein mögen. Sie fürchten sich, Bücher über gewisse Wahrheiten zu lesen und sie scheuen sich vor allen Menschen, die sie ihnen predigen, nur weil sie die Lehren nicht im rechten Licht sehen.

In Verbindung mit dieser Übertreibung und dieser Furcht haben diese Leute den großen Verlust der Freude, welche das Verständnis der Schönheit und der Herrlichkeit des Wortes bringt. Der edelste Teil eines Menschen ist doch sein Angesicht. Wir lieben es, das Gesicht unseres Freundes zu sehen.

Dieser arme Mensch aber konnte nichts davon sehen, denn er konnte kaum einen Menschen von einem Baum unterscheiden, und konnte die sanften Linien des großen Künstlers, welche die wahre Schönheit ausmachen, nicht entdecken. Er konnte nur sagen, daß es ein Mensch ist, aber ob es ein Mensch schwarz wie die Nacht oder schön wie der Morgen, ob es ein mürrischer oder ein freundlicher Mensch ist, konnte er nicht unterscheiden. So ist es mit den Personen, die etwas geistliches Licht empfangen haben. Sie können die Einzelheiten der Lehre nicht sehen. Ihr wißt, Brüder, daß in den Einzelheiten die Schönheit liegt. Wenn ich Jesus vertraue als meinem Heiland, so werde ich selig, aber die Freude des Glaubens kommt erst dann, wenn man Ihn in Seiner Person kennt, in Seinem Werk, in Seiner Gegenwart, Vergangenheit und Zukunft. Wir erkennen Seine wahre Schönheit, wenn wir Ihn sorgfältig und mit heiliger Aufmerksamkeit anschauen und beachten. So ist es mit den Lehren der Schrift.

„Ja", sagt der Tölpel, wenn er auf ein schönes Gemälde blickt, „es ist wirklich ein schönes Bild", und dann geht er weiter. Aber der Künstler setzt sich nieder und studiert die Einzelheiten. Er findet Schönheit in jedem einzelnen Pinselstrich. Viele Gläubige haben genügend Licht, die Wahrheit äußerlich im Ganzen zu erkennen, aber sie haben die Einzelheiten nicht studiert, worin ein geistlich gebildetes Kind Gottes größten Trost findet. Sie können sehen, aber sie sehen „Menschen gehen wie Bäume".

Obwohl ich weiß, daß die meisten von euch, meine Brüder, diesen Zustand weit überschritten haben, so weiß ich doch, daß es Hunderte im Volk Gottes gibt, die dort noch zögern, was dazu führt, daß der Satan die Oberhand erhält und Sekten und Parteiungen entstehen. Wenn eine Anzahl von Leuten mit guten Augen zusammenkommt, so werden sie in der Beschreibung eines Gegenstandes sehr übereinstimmen, aber wenn man eine gleiche Anzahl von Menschen zusammenbringt, deren Augen so schwach sind, daß sie kaum einen Menschen von einem Baum unterscheiden können, so wird eine endlose Verwirrung und wahrscheinlich Zank entstehen. „Es ist ein Mensch", sagt der eine, „er geht." „Es ist ein Baum", ruft ein anderer, „er ist zu groß für einen Menschen". Wenn halbblinde Menschen eigenwillig werden und ihre Lehrer verachten und nicht lernen wollen, wie die Heilige Schrift es gebietet, so stellen sie ihre Unwissenheit als Erkenntnis auf den Leuchter und ziehen vielleicht halberleuchtete Seelen mit sich in die Grube.

Selbst wo eine heilige Bescheidenheit diese üblen Folgen verhindert, ist dieses verschwommene Sehen doch zu bedauern, denn es läßt die Menschen in Traurigkeit, wo sie sich freuen könnten, und läßt sie trauern über eine Wahrheit, die, wenn sie recht erkannt würde, ihren Mund den ganzen Tag mit Lobgesang erfüllen würde. Viele werden traurig wegen der Erwählung, aber wenn es eine Lehre in diesem Buch gibt, welche die Gläubigen zum Singen bringen könnte, so ist es gerade die Lehre von der erwählenden Liebe und Gnade. Einige Leute sind über dieses und andere über anderes erschrocken. Wenn sie die Wahrheit verstehen könnten, würden sie in ihre Arme fliehen, anstatt davor zu fliehen wie vor einem Feind.

4. Die vollkommene Heilung

Brüder, seid dankbar für das geringste Licht. Ohne die Gnade Gottes könnten wir keinen Strahl davon haben. Ein einziger Lichtstrahl ist mehr, als wir verdient haben. Wenn wir für immer in schwarzer Finsternis verschlossen wären, wie könnten wir klagen? Haben wir es nicht verdient, da wir unsere Augen gegen Gott verschließen, zur ewigen Finsternis verurteilt zu werden? Seid deshalb dankbar für den geringsten Glanz des Lichts, aber schätzt das, was ihr habt, nicht zu hoch, um nicht noch mehr zu wünschen. Der Mensch ist noch sehr blind, der nicht Sorge trägt, mehr zu sehen. Es ist ein Krankheitszeichen, wenn wir keinen Wunsch haben zu wachsen. Wenn wir zufrieden sind und meinen, die ganze Wahrheit zu kennen, so ist es wahrscheinlich nötig, daß wir wieder von vorne anfangen. Eine der ersten Lektionen in der Schule der Weisheit ist, zu erkennen, daß wir von Natur Narren sind und daß der Mensch weise wird, der sich seiner eigenen Fehlerhaftigkeit und Unwissenheit bewußt wird. Aber wenn der Herr Jesus einen Menschen dahin bringt, etwas zu sehen und den Wunsch erweckt, mehr zu sehen, so läßt Er ihn nicht, bis Er ihn in die ganze Wahrheit geführt hat.

Wir sehen, daß der Heiland, um die Heilung zu vollenden, den Kranken wieder berührte. Eine weitere Berührung mit dem Heiland muß das Mittel der Vervollkommnung sein, wie es das erste Mittel deiner Erleuchtung gewesen ist. Wenn du Christus nahe bist, in Gemeinschaft mit Seiner heiligen Person und in völliger Abhängigkeit von Seinem Verdienst, Seinen Charakter studierst, mit Ihm selber persönlich Gemeinschaft zu haben wünschst und Ihn mit deinen eigenen Augen durch den Glauben und nicht mit den Augen des anderen sehen willst, so ist das der Weg, dir klares Licht zu geben. Die göttliche Berührung bewirkt alles.

Ich nehme an, daß die erste Person, die das Auge dieses Menschen sah, Jesus war, denn er war ja aus der Menge weggeführt worden und konnte die Menschen nur in der Entfernung sehen. Gesegneter Blick, in dieses Angesicht zu sehen! O, welche Freude! Man könnte zufrieden sein, immer blind zu bleiben, wenn Er nicht zu sehen wäre, aber wenn Er gesehen wird, welch himmlisches Entzücken, aus der Blindheit befreit worden zu sein!

Bruder, vor allem bitte, daß du Ihn erkennst und verstehst. Halte die Lehre Christi für köstlich und denke stets daran, wie sie in Seinem Leben verklärt und dargestellt ist und selbst deine eigene Erfahrung halte für nichts, wenn sie nicht wie ein Finger auf Christus zeigt. Bedenke, daß du nur zunimmst, wenn du in Ihm zunimmst. „Wachset aber in der Gnade", sagt der Apostel, aber er fügt hinzu: „und in der Erkenntnis unseres Herrn und Heilandes Jesu Christi." „Wachset in allen Stücken zu ihm hin, der das Haupt ist, Christus." Bitte um geöffnete Augen, laß dein Gebet sein: „Herr, wir möchten Jesus sehen." Bitte um das Gesicht, aber laß es das Sehen des Königs in Seiner Schönheit sein, damit du eines Tages das ferne Land siehst. Ihr nähert euch dem genauen Sehen, wenn ihr Jesus allein sehen könnt. Wenn ihr, anstatt die Menschen wie Bäume zu sehen, den Heiland seht, dann mögt ihr Menschen und Bäume sich selbst überlassen. Wir lesen, daß der Herr ihm befahl, aufzusehen. Wenn wir sehen wollen, müssen wir nicht vor uns hinblicken, kein Licht kommt von der staubigen Erde. Wenn wir sehen wollen, müssen wir nicht in uns blicken, denn da ist eine dunkle, schwarze Höhle, voll von allem Bösen. Wir müssen aufblicken. Alle gute und alle vollkommene Gabe kommt von oben herab und deshalb müssen wir aufblicken. Wenn wir über Jesus nachdenken und in Ihm ruhen, müssen wir zu unserem Gott aufblicken. Unsere Seele muß die Vollkommenheit unseres Herrn betrachten und nicht von ihrer eigenen träumen. Sie muß über Seine Größe nachdenken und nicht über irgend eine eingebildete eigene Größe. Wir müssen aufblicken, nicht auf unsere Mitdiener, nicht auf das Äußere des Gottesdienstes, sondern zu Gott selbst. Wir müssen aufblicken und wenn wir dieses tun, werden wir das Licht finden.

Uns wird berichtet, daß der Mann zuletzt alles scharf sehen konnte. Ja, wenn der große Arzt den Kranken heimschickt, könnt ihr versichert sein, daß die Heilung vollendet ist. Es stand gut mit ihm. Er sah, er sah jeden Menschen und er sah jeden Menschen deutlich. Seid nicht damit zufrieden, meine lieben Freunde, daß ihr errettet seid. Wünscht zu erfahren, wie ihr errettet, warum ihr errettet, durch welche Mittel ihr errettet worden seid. Es ist ein Fels, auf dem ihr steht, das weiß ich, aber denkt über die Frage nach, wie ihr auf den Felsen gestellt wurdet, durch wessen Liebe ihr dahin gekommen seid und warum diese Liebe auf euch gerichtet war. Ich wünschte, daß alle Glieder dieser Gemeinde nicht nur in Christus wären, sondern auch verstünden, was sie erlangt haben. Seid allezeit bereit zur Verantwortung gegen jeden, der Rechenschaft von euch fordert betreffs der Hoffnung, die in euch ist.

Bedenkt, daß viele Unterscheidungen in der Schrift sind, die euch vor einer Welt von Bekümmernissen bewahren, wenn ihr sie kennt und beachtet. Versucht den Unterschied zwischen der alten und der neuen Natur zu verstehen. Erwartet nie, daß die alte Natur sich zur neuen verbessern wird, denn das wird nie geschehen. Die alte Natur kann nichts anderes als sündigen, und die neue kann nicht sündigen. Es sind zwei verschiedene Grundsätze, vermischt sie nicht.

Seht, keine Menschen gehen wie Bäume. Vermischt die Rechtfertigung nicht mit der Heiligung. Bedenkt, daß ihr in dem Augenblick, in dem ihr auf Christus vertraut, so vollkommen gerechtfertigt seid, wie ihr im Himmel sein werdet. Aber daß die Heiligung ein stufenweises Werk ist, welches von Tag zu Tag von Gott, dem Heiligen Geiste, verrichtet wird, das ist klar. Unterscheidet zwischen der großen Wahrheit, daß die Errettung ganz von Gott ist und der Lüge, daß die Menschen nicht zu tadeln sind, wenn sie verloren gehen. Seid gewiß, daß die Errettung vom Herrn ist, aber legt die Verdammnis nicht vor Gottes Tür. Schämt euch nicht, wenn die Menschen euch Calvinisten nennen, aber haßt von ganzem Herzen die Gesetzlosigkeit.

Andererseits, weil ihr die Verantwortlichkeit der Menschen kennt, geratet nicht in den Fehler, anzunehmen, daß der Mensch sich aus freiem Willen zu Gott wenden wird. Es gibt eine enge Grenze zwischen den beiden Irrtümern. Bittet um die Gnade, sie zu sehen. Bitte um Gnade, weder in einen Strudel zu geraten, noch gegen einen Felsen geworfen zu werden. Sagt nie zu einer Schriftstelle: „Sei still, ich kann dich nicht ertragen", noch zu einer anderen: „Ich glaube dir, und nur dir allein." Sucht das ganze Wort Gottes zu verstehen und eine Einsicht in jede geoffenbarte Wahrheit zu bekommen. Da euch das Wort Gottes nicht als eine Anzahl nicht übereinstimmender Bücher gegeben worden ist, sondern als ein Ganzes, so sucht die Wahrheit zu ergreifen, wie sie in Jesus ist in all ihrer Festigkeit und Einheit. Ich möchte euch auffordern, wenn ihr sehend geworden seid, dieses alles zu sehen, auf die Knie zu fallen und den großen Heiland zu bitten: „O Meister, nimm jede Haut fort, stich jeden

Star. Und wenn es schmerzhaft sein sollte, wenn meine Vorurteile weggeschnitten oder aus meinen Augen gebrannt würden, tue es doch, Herr, bis ich im klaren Licht des Heiligen Geistes sehen kann und bereit bin, in die Tore der heiligen Stadt einzugehen, wo ich Dich von Angesicht zu Angesicht sehen werde. Amen."

JESUS MIT SEINEN JÜNGERN AUF DEM SEE GENEZARETH

„Die Menschen aber verwunderten sich und sprachen: Was für einer ist dieser, daß auch die Winde und der See ihm gehorchen?"
(Matthäus 8,27)
„Und sie fürchteten sich mit großer Furcht und sprachen zueinander: Wer ist denn dieser, daß auch der Wind und der See ihm gehorchen?"
(Markus 4,41)

Diese Geschichte des Sturmes auf dem Galiläischen Meer ist wunderbar und voll geistlicher Belehrungen. Sie zeigt uns nicht nur buchstäblich die göttliche Macht unseres gelobten Herrn, indem sie den Sturm stillt, sondern sie ist auch geistlicherweise eine Kirchengeschichte im Kleinen, ein kurzer Abriß der Gemeinden in allen Jahrhunderten.

Die Belehrung endet noch nicht, wenn du diese Begebenheit in diesem Lichte gelesen hast, sondern sie enthält auch kurz angedeutet die Geschichte eines jeden Menschen, der die geistliche Seereise in Gemeinschaft mit Jesu angetreten hat.

Beachtet, wie es zuerst eine Art Kirchengeschichte ist. Christus ist im Schiff mit seinen Jüngern. Was ist das anders, als die Gemeinde mit ihrem Hirten? Wir sehen in der Gemeinde ein Schiff mit reicher Ladung, das nach einem bestimmten Hafen steuert und auf der Reise für das Fischen ausgerüstet ist, wenn sich eine Gelegenheit dazu bietet. Daß die Gemeinde sich auf einem Meer befindet, zeigt, daß sie noch hier unten ist und Prüfungen, Leiden, Mühen und Gefahren ausgesetzt ist.

Ich weiß kaum ein deutlicheres Bild einer Gemeinde als ein Schiff auf dem verräterischen Galiläischen Meer mit Jesus und Seinen Jüngern darin. Nach einer Weile kommt ein Sturm, damit können wir sicher rechnen. Welches Schiff sonst auch eine Reise bei günstigem Winde macht, das Schiff der Gemeinde wird es nicht tun. Die Gemeinde hat ihre Ruhezeiten, aber diese dauern nicht für immer. Ihr Segel wird gewiß früher oder später dem Wetter ausgesetzt werden. Das Schiff, welches Jesus als Kapitän hat, ist dazu bestimmt, den Sturm zu erleben. Der Herr Jesus ist nicht gekommen, Frieden zu bringen, sondern das Schwert, das ist Seine eigene Erklärung. Jedes Segel des guten Schiffes, welches die Flagge des Admirals unserer Flotte trägt, muß dem Winde ausgesetzt und jede Planke muß durch die Wogen erprobt werden.

Für die Gemeinde Christi gibt es viele Stürme, und einige davon sind schrecklich. Ach, wie nahe war sie dem Schiffbruch durch die falschen Lehren des Gnostizismus, des Arianismus, des Papsttums und des Rationalismus! Verfolgungen erfährt sie fortwährend, aber manchmal ist der Sturm äußerst heftig gewesen.

In den ersten Zeiten der Kirchengeschichte folgten die Verfolgungen des römischen Heidentums schnell und heftig aufeinander und als der Riese ‚Heidentum' all seine Wut ausgeschüttet hatte, kam ein schlechterer Tyrann, dessen magische Kunst Orkane gegen das gute Schiff erregte. Dort saß in Rom eine Hure, welche die Heiligen aufs Äußerste verfolgte und trunken war von ihrem Blut. Es wurde ein Wirbelsturm erregt, welcher das Boot fast aus dem Wasser hob, die Mannschaft untertauchte und beinah ertränkte. Ein heftiger Orkan warf sich auf das königliche Schiff, so daß die Wellen es zu verschlingen drohten; Tränen und Blut bedeckten die Heiligen. Ihre Fahrt war keine Vergnügungsreise, sondern eine Fahrt wie in einem Rettungsboot, welches für den Zweck, den Sturm zu überwinden, eingerichtet ist. Das wahre Schiff des Herrn war und ist und wird im Sturm sein, bis der Herr kommt und dann wird es für dasselbe nie wieder eine Welle der Prüfung geben, sondern ein glattes gläsernes Meer in Ewigkeit.

Beachtet ferner, daß, während der Sturm immer heftiger tobte, der Herr im Schiff war, aber zu schlafen schien. So ist es oft gewesen. Keine Vorsehung hat die Verfolgten befreit, keine wunderbare Offenbarung des Geistes hat die falschen Lehren vertrieben. Christus war in der Gemeinde, aber Er war im hinteren Teil und lag auf einem Kissen und schlief. Ihr kennt alle den Teil der Kirchengeschichte, den dieses Bild darstellt. Dann kam die Not, die Leute im Schiff wurden aufgeschreckt und sie fürchteten zu verderben. Wundert ihr euch darüber, daß die Gefahr so groß war? Die Not führt zum Gebet. Mächtige Gebete sind oft durch mächtige Prüfungen erzeugt worden.

O, wie lässig ist die Gemeinde in der Darbringung ihrer geistlichen Opfer gewesen, bis der Herr Feuer auf sie gesandt hat und dieses ihren Weihrauch gleichsam anzündete, so daß der Rauch begann, zum Himmel zu steigen. Das Gebet wurde durch die Not erzeugt und das Gebet hat die Not beendet. Dann stand der Meister auf und entfaltete Seine Macht und bewies Seine Gottheit.

Ihr wißt, wie Er das in der Reformation getan hat und in Erweckungen von Zeit zu Zeit. Er hat den Unglauben Seiner zitternden Heiligen gescholten und dann hat Er die Winde und die Wellen beruhigt und es ist eine Zeit des stillen Friedens gekommen für Seine arme, dem Wetter ausgesetzte Gemeinde. Eine Zeit, frei von Blutvergießen und falschen Lehren, eine Zeit des Wachstums und des Friedens. Die Gemeinde hat eine Geschichte, die sich oft wiederholt hat. Wenn ihr ein Interesse an der Schiffahrt des wunderbaren Schiffes habt, welches Christum und alle Seine Erwählten trägt, so werdet ihr euch nie wegen Langeweile zu beklagen haben.

Aber ich habe euch gesagt, daß der Sturm auf dem See ein Bild der wunderbaren Seereise eines jeden Menschen bietet, der mit Jesus in Gemeinschaft zum Hafen des Himmels fährt. Wir sind bei Christus, sind glücklich bei Ihm und haben eine angenehme Fahrt. Wird es so bleiben? Sehr schnell kommt der Sturm. Das Schiff schwankt und schaukelt und es wird von den Wellen bedeckt. Es sieht aus, als ob unsere arme Nußschale auf den Grund sinken wollte. Jedoch Jesus ist in unserem Herzen und das ist unsere Sicherheit. Wir werden nicht durch die Seemannskunst errettet, sondern weil wir den Herrn — das Oberhaupt — an Bord haben, der Wind und Meer regiert und der noch nie ein Schiff verloren hat, welches das Kreuz als Wimpel trug. Manchmal scheint Er in unseren Herzen zu schlafen. Wir hören Seine Stimme nicht, wir sehen nur wenig von Seinem Gesicht. Seine Augen sind geschlossen und Er ist unserem Gesicht verborgen. Er hat uns nicht völlig verlassen, gelobt sei Sein Name, aber Er scheint zu schlafen. Ach, dann schaukelt das Schiff wieder und wir taumeln und wundern uns, daß Er noch schlafen kann. Dann werden wir in großer Beunruhigung zum Gebet getrieben, was schon lange vorher hätte geschehen sollen.

Es mag sein, daß wir beschäftigt gewesen sind, die Segel in Ordnung zu bringen und alles Nötige getan haben, und darum das allernötigste Werk unterlassen haben, nämlich unseren Herrn zu suchen und Ihm unsere Gefahr mitzuteilen.

Wir beten nicht eher, als bis wir auf die Kniee getrieben werden, solch traurige Menschen sind wir. Das Boot wird untergehen, ja, es wird untergehen und jetzt gehen wir auch hinunter in die Kajüte und wecken Ihn mit den Worten: „Herr, hilf uns, wir kommen um!" Was dann geschieht, kommt wie ein sanfter Vorwurf über unsere Seele und wir werden gedemütigt, aber ein größerer Vorwurf wird von den Winden und von den Wellen gehört. Sie werden beruhigt und liegen zu des Meisters Füßen und in uns und um uns ist eine größere Stille. Und wie tief ist der Friede! Wie lieblich die Stille! Wir sagen: „Wollte Gott, daß es immer so bliebe", aber jetzt kann es noch keine bleibende Ruhe geben. Die Gefahren auf dem Meer werden gewiß wiederkehren.

Bei dieser Gelegenheit will ich eure Aufmerksamkeit nicht weiter auf den Sturm oder auf die Ruhe lenken, sondern euch bitten, die Gefühle der Jünger über die ganze Sache zu beachten. Der Text sagt: „Die Menschen aber verwunderten sich und sprachen: Was für einer ist dieser, daß auch die Winde und der See ihm gehorchen?" Gott hält offensichtlich viel von den inneren Gefühlen Seines Volkes, denn sie werden hier und in vielen anderen Fällen berichtet. Der Bericht von dem, was diese armen Fischer fühlten, ist ebenso sorgfältig geschrieben, wie der Bericht von dem, was ihr Herr und Meister gesagt hat, weil es nötig war, die Absicht und den Zweck der Äußerung ihres Herrn darzustellen.

Gott sieht oft die äußere Tätigkeit als eine Hilfe an, aber das Gefühl Seines Volkes ist der innere Kern ihres Lebens und den schätzt Er.

Einige Leute beschäftigen sich so viel mit ihren inneren Gefühlen, daß sie zuletzt dahin kommen, einen Götzen daraus zu machen. Das ist verkehrt. Doch ist es auf der anderen Seite auch ein Fehler, wenn wir aufhören, ein Bewußtsein unserer Gefühle zu haben und sie für eine gleichgültige Sache halten, als könne es wahres Leben ohne Gefühle geben. Ich will den Glauben so viel wie irgend einer hochhalten, aber es ist nicht nötig, alle anderen Gnadengaben und besonders alle Gemütsbewegungen gering zu schätzen, um den Glauben zu ehren. Wir können den Thronerben ehren und doch keinen Grund einsehen, alle übrigen vom königlichen Samen zu töten. Wir müssen sowohl recht fühlen wie recht glauben und es ist manchmal gut für uns, eine Lektion zu erhalten, welche Gefühle wir unserem Herrn Jesus gegenüber haben. Obwohl das Gefühl dem Glauben untergeordnet sein muß, so ist es doch weit davon entfernt, unwichtig zu sein.

Wir werden jetzt besonders von drei Gefühlen Christus gegenüber sprechen.

Zuerst, die Menschen wunderten sich. Wir beschäftigen uns mit dem Wundern über Christi Werk. Zweitens, wenn wir Markus 4,41 lesen, sehen wir, daß Markus das Gefühl der Menschen als eine große Furcht beschreibt. Das wird unser zweiter Gegenstand sein: Ehrfurcht in Seiner Gegenwart. Drittens sehen wir in unserem Text das Bewundern Seiner Person, denn sie sagten: „Was für einer ist dieser, daß auch die Winde und der See ihm gehorchen?"

1. Das Wundern über Sein Werk

Darf ich euch bitten, euch eine Weile dem Gefühl des Wunderns hinzugeben? Ihr glaubt an Jesus Christus und seid errettet. Die Errettung kommt nicht durch das Wundern, sondern durch das Glauben, aber nun, da ihr errettet, da ihr vom Tode zum Leben gekommen seid, jahrelang auf dem Meer in vielen Stürmen des Lebens bewahrt geblieben seid, und ihr euch in diesem Augenblick einer großen Ruhe und Stille des Geistes erfreut, lade ich euch ein, euch zu wundern.

Welch wunderbare Dinge hat Jesus für mich getan! Es liegt bei mir, wenn ich es will, meine Zeit mit Romanlesen zu verschwenden, aber ich kümmere mich nicht darum, denn mein eigenes Leben ist mir romantischer als ein Roman. Die Geschichte der Güte Gottes mir gegenüber ist mir interessanter als irgend ein Werk der Dichtung. Ich rede zu einigen hier, von denen ich gewiß bin, daß sie mir darin übereinstimmen, daß in dem Handeln Gottes mit uns eine Frische, eine überraschende Kraft liegt, die wir mit nichts anderem vergleichen können. In Wahrheit können wir sagen, daß wir nicht nach Wundern in die Ferne zu gehen haben, denn wir haben ein Museum zu Hause in unserer eigenen Erfahrung.

Als John Bunyan die Erfahrung seines Pilgers beschrieb, sagte er: „O Welt der Wunder! Ich kann nichts Geringeres sagen." Und so ist es. Das Leben eines gottseligen Menschen auf der göttlichen Seite, wie er Gnade von Jesus empfängt, ist eine himmlische Kunst-Galerie, eine Ausstellung der göttlichen Geschicklichkeit und Macht, ein Wunderland der Gnade.

Laßt uns ein oder zwei Minuten an die Parallele zwischen uns und den Jüngern denken. Bedenkt zuerst, daß die sofortige und tiefe Stille unnatürlich war. Das Galiläische Meer liegt in einem tiefen Tal, niedriger als der Meeresspiegel des Mittelländischen Meeres und die Klüfte und Hügel, die es umgeben, bilden Täler und Öffnungen, die wie Kanäle wirken, durch welche plötzlich kalte Windstöße von den Bergen auf das Meer stürzen. Während eines Sturmes wird das Galiläische Meer nicht wie ein offener See beunruhigt, sondern zerrissen und aufgewühlt und fast aus seinem Bett geworfen durch heftige Orkane und Wirbelwinde. Kein Schiffer weiß, woher der Wind kommt mit der Ausnahme, daß er von allen Seiten kommt und besonders von oben. Wie mit einem Zug vom Himmel preßt er das Schiff in das Wasser und dann, indem er sich verändert, erhebt er es in die Luft. Irgend ein Seemann, der nicht an diesen besonders wilden See gewöhnt ist, würde bald seinen Kopf verlieren und verzweifeln. Er ist wie ein kochender Kessel.

Doch dieser bewegte See wurde in einem Augenblick durch das Wort Jesu spiegelglatt; eine Tatsache, die viel wunderbarer anzusehen war, als man beschreiben kann. Solche Veränderungen in dem Aufruhr der Elemente waren völlig gegen die Natur und darum wunderten sich die Leute.

Nun, Geliebte, blickt auf das zurück, was euer Leben gewesen ist. Ich weiß nicht genau, wo eure Lebensgeschichte beginnt. Einige beginnen sie in den Sumpfpfützen Sodoms, in Laster und Trunkenheit. Andere beginnen mit der Wanderung auf den dunklen Bergen des Unglaubens oder zwischen den Sümpfen und Morästen des Pharisäertums und des Formwesens. Jedenfalls ist es ein Wunder, daß ihr dahin gekommen seid, Jesus zu

Füßen zu fallen und um Gnade zu rufen. Daß du alles Selbstvertrauen aufgegeben und dich zur gleichen Zeit von den Lieblingssünden, welchen du ergeben warst, abgewendet hast, ist ein solches Wunder, daß es niemand geglaubt hätte, wenn es ihm prophezeit worden wäre. Sicher hättest du es selbst nicht geglaubt und doch hat es stattgefunden und andere unerwartete Veränderungen sind dem gefolgt. Du hast seit der Zeit in einer Weise gelebt, die du früher als äußerst albern verurteilt haben würdest. Wenn es dir ein Orakel gesagt hätte, würdest du dessen Vorhersage verlacht haben. „Nein", würdest du gesagt haben, „so werde ich nie werden, so werde ich nie fühlen, so etwas werde ich nie tun."

Und doch ist es so weit mit dir gekommen. Der kochende Kessel deiner Natur ist abgekühlt und beruhigt und eine gehorsame Stille folgt der empörenden Wut. Ist es nicht so? Ich kann dir das sagen, wenn dein Glaube nie ein Wunder gewirkt hat, so wundere ich mich, daß du daran glaubst. Wenn nicht etwas durch die göttliche Gnade in dir gewirkt worden ist, welches dich selbst überrascht, so würde ich nicht erstaunt sein, wenn du an einem Tage erwachen und feststellen würdest, daß du dich selbst getäuscht hast.

Weit über der Natur stehen die Gnadenwege Gottes mit den Menschen und wenn du sie kennst, so haben sie in dir hervorgebracht, was dein natürliches Temperament und deine weltliche Umgebung nie hätte hervorbringen können. Du fandest Feuer, wo du Schnee suchtest und kalte Ströme, wo du Flammen erwartetest. Guter Weizen ist da gewachsen, wo die Natur sonst nichts als Dornen und Disteln hervorbrachte. Wo die Sünde mächtig geworden ist, da ist die Gnade überströmender geworden und dein Leben ist ein Wunderwerk der Gnade.

Diese Leute wunderten sich außerdem, weil die Ruhe für die Vernunft so unerwartet kam. Das Schiff war nahe daran, in Stücke zu zerbrechen. Ein Windstoß drohte, es aus dem Wasser zu erheben und ein anderer drohte, es auf den Grund des Meeres zu drücken. Die ermatteten Fischer erwarteten gewiß keine Ruhe, denn es war kein Zeichen einer solchen Wohltat vorhanden. Ich weiß nicht, was sie dachten, was der Herr tun würde, als sie schrien: „Herr, hilf uns, wir kommen um." Gewiß haben sie den Gedanken nicht gehabt, daß Er sich im Hinterteil des Schiffes erheben und sagen würde: „Winde und Wellen, was wollt ihr? Euer Herr ist hier. Seid still!" Das war gegen ihre Erfahrung und auch ihre Väter hatten in ihren Tagen nie ein solches Wunder gesehen. Sie konnten nicht hoffen, sich in einem Augenblick in einer tiefen Ruhe zu befinden.

Nun darf ich euch wohl bitten, euch ein wenig zu wundern, was der Herr für euch getan hat. Hat Er nicht für euch etwas getan, was ihr nie erwartet hättet? Wenn ich von mir selbst spreche, so habe ich nie damit gerechnet, daß ich hier stehen und Tausenden des Volkes Gottes predigen würde. Als ich zuerst zu Jesus gebracht wurde, hatte ich diese Hoffnung nicht. Warum sollte ich aus der Schule und vom Pult weggenommen werden, um einen Teil Seiner Herde zu leiten! Ich wundere mich immer mehr, daß ich durch Seine Gnade bin, was ich bin.

Einige von euch, wenn sie am Tisch des Herrn sitzen, mögen wohl das Gefühl haben, daß das Wunderbarste dabei ist, daß sie am Feste des Herrn willkommen geheißen werden. Haben einige von euch vor einem Jahr erwartet, daß ihr jetzt hier sein würdet an einem Wochenabend, um eine Predigt über Jesus Christus zu hören? Ihr wißt kaum, wie ihr hergekommen seid. Ihr könnt kaum sagen, auf welche Weise euch der Herr dahin geführt hat, Liebhaber des Evangeliums zu werden. Blickt auf eure inneren Gefühle, wie auch auf eure äußere Stellung. Habt ihr nicht oft einen Wunsch, ein Verlangen, ein Sehnen und auch köstliche Freuden und Erquickungen, die euch überraschen, wenn ihr bedenkt, was euch früher bewegte? Seid ihr nicht wie die Träumenden, wenn ihr an die Güte des Herrn denkt? Und wenn andere sagen: „Der Herr hat Großes an ihnen getan", läutet dann nicht euer Herz mit allen Glocken den Freudenton: „Der

Herr hat Großes an uns getan, des sind wir fröhlich?" Kommt, gebt euch dem Wundern hin. Bewundert die große Gnade Gottes euch gegenüber, daß Er gegen alle Erwartungen der Vernunft gewirkt und euch dahin geführt hat, Seine teuren Kinder zu sein. Wunder der Barmherzigkeit, Wunder der Gnade. Außerdem war der Sturm, dem eine große Ruhe folgte, der Erfahrung völlig neu. Die Fischer auf dem Galiläischen Meer hatten es nie vorher in dieser Weise erfahren. Wie den Israeliten gesagt wurde, daß sie denselben Weg noch nie vorher gezogen wären, so hätte man zu diesen Jüngern sagen können: „Ihr seid in Stürmen gewesen, aber ihr seid im Leben vorher nie in einer Minute im Sturm gewesen und in der nächsten in der Ruhe."

Es muß genug gewesen sein, sie vor Freude zu Tränen zu rühren oder wenigstens muß es sie dahin geführt haben, ihre Hände vor freudiger Überraschung zusammenzuschlagen. Die von unserem Herrn gewirkte Befreiung war so neu, daß das Wundern natürlich war.

Nun, Brüder und Schwestern, kommen wir zu uns selbst zurück. Habt ihr nicht oft etwas erfahren, was euer Erstaunen erregt hat? Ist nicht die Gnade Gottes jeden Morgen neu? Ich rede einige an, die schon vierzig oder fünfzig Jahre auf den Wegen Gottes wandeln. Findet ihr nicht etwas Frisches in der Offenbarung der Güte Gottes euch gegenüber, sowohl in der Vorsehung wie in der Gnade? Ich frage euch, ist euch das Leben mit Gott wie das Drehen einer Tretmühle gewesen – eintönig, ermüdend, gleichförmig? Wenn ja, dann ist etwas bei euch in Unordnung, denn während wir mit Gott leben, wohnen wir unter einem neuen Himmel und einer neuen Erde.

Wenn jemand an einem freundlichen Tag im Sonnenschein durch die Alpen wandert, ist alles neu, als sei es an diesem Morgen geboren. Den Tautropfen am Gras hat er nie vorher gesehen, diese vorüberziehende Wolke bildet sich neu vor seinen Augen. Nie vorher hat der Wanderer die Natur mit demselben Lächeln strahlen sehen, wie es ihn jetzt erfreut.

Ist es euch nicht so auf dem Lebensweg vorgekommen? Ist euch nicht alles neu geworden und neu geblieben, seitdem ihr von neuem geboren seid? Ist nicht Gnade auf Gnade gehäuft worden, so daß jede Erfahrung die vorhergehende übertroffen hat?

Stets habe ich eine neue Schönheit in dem Angesicht meines Herrn gesehen, neue Herrlichkeiten in dem Wort meines Herrn, frische Versicherung Seiner Treue, neue Kraft und Gnade für meine Seele empfangen.

Ich weiß, daß es euch auch so geht und ich wünsche, daß ihr euch darüber wundert, daß Gott sich so viel Mühe gibt, sich solchen armen Kreaturen, die nicht wert sind, daß Er darauf tritt, zu offenbaren. Daß Er tausend seltene und neue Dinge erdenkt für solche unbedeutende Eintagsfliegen wie wir sind. Gepriesen sei Sein Name, daß Er in dieser Weise mit Seinem Volk handelt! Wo ist ein Gott wie Er? „Was ist der Mensch, daß du seiner gedenkst und des Menschen Sohn, daß du dich seiner annimmst?"

Diese drei Dinge brachten die Jünger dahin, sich zu wundern. Es war auch noch etwas anderes. Ich denke, es war ein großes Wunder für sie, daß eine Ruhe sofort nach dem Sturm gesandt wurde. Die Menschen benötigen Zeit, aber Gottes Wort läuft schnell. Der Mensch wandert mit ermüdeten Füßen, aber Gott reitet auf dem Cherub, ja, Er fliegt auf den Flügeln des Windes. In einem einzigen Augenblick war die Ruhe da.

Haben wir nicht solche sofortigen Wirkungen der Gnade auf unseren Geist erfahren? Es mag nicht bei allen der Fall gewesen sein, aber einige von uns haben im ersten Augenblick des Glaubens die Last der Sünde verloren. Unsere Last war verschwunden, ehe wir wußten, wo wir waren. Der Wechsel von der Sorge zur Freude wurde nicht allmählich in uns gewirkt, sondern in einem Augenblick kam die Sonne über den Horizont und die Nacht unserer Seele war fort.

Ist es nicht oft so gewesen? Wir waren unter dem Volk Gottes so schwer wie Blei und ohne Kraft, uns der Wahrheit zu erfreuen und eine heilige Tat verrichten zu können. Die Lieder schienen ein Spott und das Gebet eine leere Form zu sein und doch hat in einem Augenblick der Stab des Herrn den Felsen berührt und die Wasser strömten hervor. Die Gnadenmittel, die so traurig und wirkungslos schienen, sind neu belebt und wir sind getröstet worden. Ich weiß nicht wie es ist, daß ein so plötzlicher Wechsel mit uns vorgeht. Ja, doch, ich weiß es. Es ist, weil Gott alles Gute in uns wirkt und imstande ist, das in einem Augenblick zu vollbringen, was wir in Jahren nicht verrichten können. Er kann unser Gefängnis in einem Augenblick in einen Palast umwandeln und unsere Asche in Schönheit. Er kann uns befehlen, unseren Sack auszuziehen und das hochzeitliche Kleid des Entzückens anzulegen. Wie das Sterbliche in einem Augenblick die Unsterblichkeit anziehen wird, so kann unser geistlicher Tod in einem Augenblick ins himmlische Leben blühen. Das ist ein großes Wunder. Wundert euch über das, was der Herr so schnell an euch getan hat.

Und dann denkt daran, daß die Ruhe vollkommen war. Wenn ein Sturm aufgehört hat, ist das Meer im allgemeinen stundenlang, wenn nicht tagelang, erregt. Wenn ein heftiger Wind in Dover geweht hat, ist der Kanal einige Zeit rauh. Wenn der Herr Jesus aber eine Ruhe herstellt, vergißt die See ihre Wut und lächelt sofort. Tatsächlich stillte Er das Ungewitter, daß die Wellen sich legten. Die Winde ließen ihre ganze Wut aus, aber in einem Augenblick waren sie still, als Er ihnen Ruhe gebot. Und wenn der Herr Seinem Volk Ruhe und Frieden und Segnungen verleiht, tut Er es nicht halb. Wenn Er Ruhe gibt, wer kann dann Unruhe bereiten? Es gibt nicht einen halben Segen für ein Kind Gottes. Der Herr gibt ihnen die Fülle des Friedens, den Frieden Gottes, der alle Vernunft übersteigt. Er veranlaßt sie, sich ruhig zu freuen über den Glauben und Er befähigt sie, sich auch der Trübsale zu freuen, denn die Trübsal wirkt einen Segen für die Menschen.

Ich fühle, daß ich nicht so sprechen kann, wie ich es wünsche, aber ich werde diesen Teil nun beendigen, indem ich noch diesen Punkt erwähne, daß die Ruhe offensichtlich durch das Wort des Herrn bewirkt wurde. Er goß kein Öl auf das Wasser, Sein Wille wurde durch ein Wort geoffenbart und dieser Wille war Gesetz. Kein Atom wagt es, sich zu bewegen, wenn das göttliche „es werde" es verbietet.

Nun, mein lieber Freund, ich weiß, daß in deinem Leben als Christ viel Wunderbares vorgekommen sein muß, aber ich denke nicht, daß du der einzige Teilhaber dieser Verwunderung bist. Setzen wir uns nieder und fragen: „Woher kommt mir dieses? Warum mir, Herr? Wie kann mir eine so große Gnade erzeigt werden und wie kann der Sohn Gottes sich herablassen, auf mich zu blicken und mich in die innigste Verbindung mit sich zu nehmen und mir die Verheißung geben, daß ich leben soll, weil Er lebt, daß ich regieren soll, weil Er regiert?"

Setzt euch nieder, sage ich, und wundert euch, wundert euch immer und immer wieder und hört nicht auf, euch zu verwundern im Glauben. Laßt mich euch ein kleines Wort ins Ohr flüstern. Ist es etwas, was du von Gott wünschst, betreffs dessen der Unglaube gesagt hat, daß es zu wunderbar ist, es zu erwarten? Laß das die Ursache sein, weshalb du es erwartest! Es ist einem Christen nichts so wahrscheinlich wie das Unerwartete, und es gibt nichts, was Gott so leicht für uns tut als das, was über unser Bitten und Verstehen geht. Gott ist im Wunderland zu Hause. Wenn das, was du wünschst, etwas Gewöhnliches ist, so mag es vielleicht nicht kommen, aber wenn es dir wie ein Wunder erscheint, so bist du in einem Herzenszustand, Gott dafür zu ehren und du wirst es, wenn es dem Willen Gottes entspricht, erhalten. Glaube nicht, weil zwischen dir und dem Himmel ein Riesenweg von Wundern ist, daß du nie dahin kommen wirst, sondern im Gegenteil schließe, daß der Gott, der angefangen hat, durch ein so großes Wunder wie die Gabe und der Tod Seines einzigen, geliebten Sohnes dich zu erretten, weitergehen und die Erlösung vollkommen machen wird, selbst wenn Er tausend Himmel in das Meer werfen müßte, um Trittsteine für dich zu machen, damit du Seine Gegenwart erreichen kannst. „Welcher seines eigenen Sohnes nicht geschont, sondern Ihn für uns alle dahingegeben hat, wie sollte Er uns mit Ihm nicht auch alles schenken?" Darum erwarte Wunder. Diese Leute wunderten sich. Erwarte beim Wundern zu bleiben bis du in den Himmel kommst, und im Himmel bleibe beim Wundern durch die ganze Ewigkeit. Das Wundern wird ein Hauptinhalt unserer Anbetung im Himmel sein.

2. Die Ehrfurcht der Jünger

Markus sagt: „Sie fürchteten sich sehr", weil sie sich in der Gegenwart dessen befanden, der den Wind und die Wellen gestillt hatte.

Brüder und Schwestern, es ist gut, die heilige Vertraulichkeit, welche aus der Nähe Jesu kommt, zu pflegen, und doch sollten wir stets durch das Gefühl dieser Nähe gedemütigt werden. Erlaubt mir, den kühnsten Gläubigen daran zu erinnern, daß unser liebender Herr doch Gott über alles ist. Er ist zu ehren, zu achten und anzubeten von allen, die sich Ihm nahen. Obwohl Er uns „Brüder" nennt, sagt Er doch: „Ihr heißt mich Lehrer und Herr, und ihr saget recht, denn ich bin es." Er ist nur umso größer wegen Seiner Herablassung zu uns und wir sind verpflichtet, dies anzuerkennen.

Wenn uns Jesus nahe ist, wird stets ein Gefühl heiliger Scheu und Ehrfurcht über die wahren Jünger kommen. Ich fürchte mich vor der Weise, so vertraulich mit Christus zu sein, Ihn anzureden als „lieber Jesus", „lieber Herr", als sei Er irgend ein guter Freund, dem wir auf die Schulter klopfen können, wenn wir wollen. Nein, nein, das ist nicht recht. Solche Sprache werden die Menschen nicht gegen ihre Staatshäupter führen und darum soll auch der König aller Könige nicht so angeredet werden. Wie begünstigt wir auch sind, so sind wir doch nur Staub und Asche und unser Geist muß vor Ihm mit Ehrfurcht erfüllt sein.

Wenn Jesus nahe ist, sollten wir uns sehr fürchten, weil wir Ihm nicht vertraut haben.

Wenn du Verdacht gegen einen lieben Freund gehabt und dich harten Gedanken über ihn hingegeben hast und du stellst plötzlich fest, daß er mit dir in einem Zimmer sitzt, so würdest du dich unbehaglich fühlen, besonders wenn es dir klar ist, daß er weiß, was du gesagt und gedacht hast.

O, du wirst dich vor dir selbst schämen, mein Bruder, wenn der Herr Jesus dir nahe kommt. Das beste, was du in einem solchen Fall tun·kannst, ist zu sagen: „Mein Herr und Meister, da Du mich mit Deiner Gegenwart begünstigst, will ich Dir zuerst zu Füßen fallen und bekennen, daß ich gedacht habe, der Sturm würde das Schiff zerschlagen und die Wellen würden Dich und mich verschlingen. Vergib mir, Herr, vergib mir, so übel von Dir gedacht zu haben." Wenn wir Christus nahe kommen, so sollte das erste Gefühl eine große Demütigung sein. Laßt uns Ihm zu Füßen fallen und bekennen, wie schlecht wir von Ihm gedacht haben.

Brüder, wir sind so töricht gewesen, uns vor Seinen Geschöpfen zu fürchten, indem wir denselben eine Art Verehrung der Furcht darbringen, als hätten sie mehr Macht zu schaden, als Jesus Macht hat zu helfen. Wir bekleiden Wind und Wellen mit Eigenschaften, welche nur Gott zukommen und wir blicken auf unsere Prüfungen, als versuchten sie den Herrn, weil sie uns überwinden. Sind wir deshalb nicht in der Gegenwart des Herrn mit Furcht erfüllt?

Und dann sollte das nächste Gefühl der Wunsch sein, uns in Seiner Gegenwart richtig zu verhalten. Wenn der Herr Jesus uns sehr nahe kommt in unseren Versammlungen, stelle ich fest, wie sorgfältig jeder singt. Ich erkenne dann in der Melodie und in der Betonung einen Unterschied von dem gewöhnlichen Singen. Es ist nur eine Kleinigkeit, aber ich muß es erwähnen. Wenn die

Menschen zum Abendmahl kommen als eine Formsache, betragen sie sich oft nicht dementsprechend. Sie machen Lärm und gucken umher oder sie sitzen auch da wie Statuen mit einem kalten Anstand und einem leeren Gesichtsausdruck. Ihr werdet aber feststellen, daß die Gemeinschaft mit Jesus das Leuchten der Augen, die Gedanken der Seele und daher die Bewegungen des Körpers beeinflußt. Wenn jemand sich dessen voll bewußt ist, daß der Herr Jesus nahe ist, fürchtet er sich sehr. Wenn du zu Jesus sagst: „Du weißt, daß ich dich liebe", so vergiß nicht, „Herr" davor zu setzen. „Herr, du weißt alle Dinge", denn Er ist immer noch dein Herr. Wo Jesus ist, da ist kindliche Furcht, was keineswegs dasselbe ist wie knechtische Furcht. Jedes treue Kind hat eine Ehrfurcht vor seinem Vater und jede treue Tochter hat eine liebende Achtung vor ihrer Mutter. So ist es mit uns dem Herrn Jesus gegenüber. Wir verdanken Ihm so viel und Er ist so groß und so gut und wir sind so klein und so sündig, daß ein Gefühl heiliger Ehrfurcht da sein muß, wenn wir vor Ihn treten. Gebt euch dem hin.

Ihr wißt, was Johannes sagt: „Und als ich ihn sah, fiel ich zu seinen Füßen wie tot." Wie, ist das der Mann, der an der Brust Jesu lag? Ja, das ist der Mann, der zu Seinen Füßen fiel wie tot. Wenn dein Haupt sich nie an die Brust des Herrn gelehnt hat, so wundere dich nicht, daß du es in Seiner Gegenwart aufrecht halten kannst, aber wenn es einmal dort in vertrauender Liebe gelegen hat, ruhend in Seiner unendlichen Gnade, dann wird es demütig im Staube liegen, wenn Gott es geehrt hat und es wird deine Freude sein, deine Krone zu Seinen Füßen zu legen und Ihm alle Ehre zu geben.

O, regiere in meinem Herzen, König aller Könige und Herr aller Herren! Überwinde mich, mein Herr, unterwirf mich! Mache mich zu Staub unter Deinen Füßen, wenn Du auch nur ein Zehntel Zoll durch mein Niederlegen erhöht wirst. O mein Herr und Meister, mit Freuden möchte ich vor Dir zu nichts werden, damit Du alles in allem bist. Möge dies mein und dein

Gefühl sein. „Die Leute fürchteten sich mit großer Furcht!"

3. Die Bewunderung Jesu

Diese Männer, die sich wunderten und sich sehr fürchteten, bewunderten die Person dessen, der sie vom Sturm befreit hatte und sagten: „Wer ist denn dieser, daß auch der Wind und die See ihm gehorchen?"

Kommt, laßt uns die Person Christi, die gänzlich über unsere Begriffe geht, bewundern und verehren. Der Wind und das Meer gehorchten Ihm, obwohl Er geschlafen hatte wie andere Menschen. Als Sein Haupt noch das eines Kindes war, trug Er die Krone des Weltalls auf Seiner Stirn. Als Er noch in der Zimmermannswerkstatt Seine Arbeit verrichtete, war Er doch der Schöpfer der ganzen Welt. Als Er bereit war, am Kreuz zu sterben, wären Myriaden Engel zu Seiner Befreiung bereit gewesen, wenn Er nur gewollt hätte. Selbst in Seiner Erniedrigung war Er der Sohn des Höchsten, Gott über alles, hochgelobt in Ewigkeit. Jetzt, da Er in den Himmel erhöht ist, vergiß die andere Seite der Frage nicht, sondern glaube, daß Er jetzt ebenso sehr Mensch ist, wie Er es hier auf Erden war, und dennoch gleichzeitig Gott über alles, gelobt in Ewigkeit.

Geben wir unsere Herzen der Bewunderung hin über seine zweifache Natur, welche über unsere Begriffe geht. Er ist mein nächster Verwandter und doch mein Gott, zugleich mein Erlöser und mein Herr. Wir mögen mit Hiob sagen: „Und ich, ich weiß, daß mein Erlöser lebt, und als der Letzte wird er auf der Erde stehen; und ist nach meiner Haut dieses da zerstört, so werde ich aus meinem Fleische Gott anschauen" (Hiob 19,25-27).

Daß Er als mein Verwandter lebt, ist das Liebliche, und daß Er als mein Gott lebt, ist das Herrliche an der Sache. Er ist sowohl zart und mitfühlend mit meinen Schwächen und Gebrechen wie Er imstande ist, sie zu überwinden. Er ist ein vollkommener Heiland, weil Er Gott und Mensch ist. Komm, meine Seele, beuge dich nieder in Bewunderung, daß Gott dir einen solchen Erlöser gesandt hat.

Vor einigen Tagen fragte mich jemand, ob mir ein Buch unter dem Titel „Sechzehn Erlöser" bekannt sei. Ich antwortete: „Nein, ich wünsche auch keine sechzehn Erlöser zu kennen. Ich bin vollkommen mit einem zufrieden." Wenn alle, die im Himmel und auf Erden sind, zu Erlösern gemacht werden könnten und dieselben alle zusammen wären, so würdest du sie wegblasen können wie ein Kind den Distelsamen. Aber dieser eine Erlöser, der ein Mensch und auch der mächtige Gott ist, kann nicht bewegt werden. Freut euch denn, Brüder, freut euch über unseren hochgelobten Herrn.

Dann freut euch Seiner Macht, die keine Einschränkung kennt, so daß Ihm selbst der Wind und das Meer gehorchen. Die Winde, können sie einen Herrn haben? Die Wellen, die ihren Schaum einem Fürsten ins Gesicht werfen, können sie einen Herrscher anerkennen? Ja, die veränderlichsten Elemente sind alle unter der Macht Jesu. Freut euch dessen.

Das Kleine wie das Große, der Atlantische Ozean, der die Welt teilt und die wenigen Tropfen im Becken des Sees Genezareth sind in der Hand Jesu. Die Macht Gottes wird offenbar, wenn ein Berg stürzt und ein Dorf begräbt, aber sie ist ebensowohl gegenwärtig, wenn der Same aus der Hülse des Ginsters zerstreut wird oder wenn ein Rosenblatt auf den Gartenweg fällt. Jesus ist der Herr, sowohl über das Kleine wie über das Große, ja, Er ist der König aller Könige.

Ich freue mich diesen Augenblick, daran zu denken, daß selbst die bösen Taten der gottlosen Menschen, obwohl sie nicht von ihrer Sündhaftigkeit befreit werden, als seien sie weniger verantwortlich dafür, nichtsdestoweniger von unserem großen Herrn für Seine Pläne benutzt werden, der alles wirkt nach dem Rat Seines Willens. An der Spitze sehe ich Jesus, wie Er die Vorhut der Vorsehung lenkt und im Hintergrund den Nachtrab leitet. In der Höhe sehe ich Jesus regieren als König aller Könige und Herr aller Herren; in der Tiefe erkenne ich die Schrecken Seines Gerichts, wie Er den Drachen mit Ketten bindet. Laßt dem Sohn Gottes ein endloses Halleluja erschallen!

Setze dich hin und bewundere und verehre Seine unumschränkte Macht und dann huldige Seiner Unumschränktheit, die keine Frage duldet, denn Wind und Wellen führen Seinen Willen nicht nur aus, sondern als sei gleichsam Leben, Verstand und Erkenntnis in sie gekommen, wird von ihnen gesagt, daß sie Ihm gehorsam sind. Hieraus entnehme ich, daß Christus nicht nur der mächtige Herr der Naturkräfte ist, sondern daß Er der unumschränkte Herr aller Dinge ist. Und Er will, daß man Ihm gehorcht.

Ach, du kannst nach Ihm beißen und zischen, aber wie die Viper ihre Zähne an der Feile zerbrach, aber die Feile nicht verletzen konnte, so werden die Gottlosen alle ihre List und Stärke anwenden und das Ende wird ihnen Schande und Verwirrung bringen.

Das Reich unseres Herrn und Meisters halten einige für sehr entfernt und zaghafte Menschen sind halb an Seiner Sache verzweifelt, aber der im Himmel sitzt, lacht sowohl über die Ungeduld der Heiligen wie über die Gottlosigkeit der Sünder, denn Er weiß, daß alles gutgeht. Aus dem, was böse scheint, läßt Er Gutes hervorgehen. Alles zielt auf Seine ewige Krönung. Der Herr Jesus kommt zu Seinem wohlverdienten Thron so gewiß, wie Er zu dem schmachvollen Kreuz kam.

Er kommt, und wenn Er kommt, wird Er sein, wie Er im Schiff aufstand und den Wind bedrohte und die Menschen sich wunderten, denn alle Stürme der wütenden Leidenschaften, der streitenden Meinungen und der blutigen Kriege werden ruhig werden und Er wird von Seinen Heiligen bewundert und in allen Gläubigen verherrlicht werden, während selbst die Ungläubigen sich über Ihn wundern und sagen werden: „Wer ist dieser, daß auch der Wind und die See Ihm gehorchen und alles Seiner unumschränkten Macht unterworfen ist?"

Selig sind die Augen, die Ihn an jenem Tag mit Freuden sehen! Selig sind die Menschen, die zur rechten Hand des Kommenden sitzen werden! O, Geliebte, meine und eure Augen werden Ihn sehen, wenn wir zuerst auf den Erlöser am Kreuz geblickt und Errettung in Ihm gefunden haben. Mut, Brüder, wenn die Wellen auch brausen und die Winde heulen. „Der Herr Zebaoth ist mit uns, der Gott Jakobs ist unsere Zuflucht." Alles ist sicher wegen Seiner Gegenwart und alles wird herrlich enden wegen Seiner Offenbarung.

Der Herr segne euch im Sturm und in der Ruhe um Christi willen. Amen.

DER HAUPTMANN VON KAPERNAUM

„Jesus aber ging mit ihnen. Als er aber schon nicht mehr weit von dem Hause entfernt war, sandte der Hauptmann Freunde zu ihm und ließ ihm sagen: Herr, bemühe dich nicht, denn ich bin nicht würdig, daß du unter mein Dach tretest. Darum habe ich mich selbst auch nicht würdig geachtet, zu dir zu kommen; sondern sprich ein Wort, und mein Knecht wird gesund werden. Denn auch ich bin ein Mensch, unter Gewalt gestellt, und habe Kriegsknechte unter mir; und ich sage zu diesem: Gehe hin, und er geht; und zu einem anderen: Komm, und er kommt; und zu meinem Knechte: Tue dieses, und er tut's."
(Lukas 7,6-8)

Das hellste Licht kann in die dunkelsten Örter dringen. Wir können die lieblichsten Blumen finden, wo wir sie am wenigsten erwarten. Hier steht vor uns ein Heide, ein Römer, ein Soldat, ein Hauptmann und doch ein weichherziger Mann, ein achtbarer Bürger, ein Liebhaber Gottes! Verzage daher niemand wegen seines Berufes und denkt daran, daß das Wort: „Was kann aus Nazareth Gutes kommen?" nicht von den Lippen der Weisen kam.

In den dunkelsten Felsgrotten des Ozeans hat man die besten Perlen gefunden. Warum sollte es nicht noch so sein, daß Gott in Sardes einige wenige hat, die ihre Kleider nicht besudelt

133

haben, die mit Christus in weißen Kleidern wandeln sollen, weil sie es wert sind?

Denke doch niemand, daß er wegen seiner Stellung in der menschlichen Gesellschaft nicht treu sein könnte. Nicht der Ort ist zu tadeln, sondern der Mensch. Wenn dein Herz aufrichtig ist, mag die Stellung schwierig sein, aber die Schwierigkeit ist zu überwinden. Ja, aus dieser Schwierigkeit kann eine Vortrefflichkeit hervorgehen, welche du sonst nie gekannt hättest. Sage nicht in deinem Herzen: „Ich bin Soldat und das Zimmer in der Kaserne kann nicht zur Frömmigkeit dienen, darum kann ich leben, wie es mir gefällt und nicht, wie ich leben sollte." Sage nicht: „Ich arbeite unter Menschen, welche lästern, daher würde es für mich vergeblich sein, von Heiligkeit und Frömmigkeit zu reden." Nein, bedenke vielmehr, daß es deine besondere Aufgabe ist, nicht von diesen köstlichen Dingen zu reden, sondern sie vielmehr als täglichen Schmuck an dir zu tragen. Wohin sollte das Licht gestellt werden, als in einen Raum, der sonst dunkel wäre? Sei gewiß, Beruf und Stellung werden weder eine Entschuldigung für deine Sünde sein, wenn du darin beharrst, noch wird deine Stellung irgend eine Rechtfertigung für den Mangel an Rechtschaffenheit und Treue sein, wenn diese nicht bei dir gefunden werden.

Wir hätten vielleicht nie von diesem Hauptmann gehört, obwohl er seinen Diener zärtlich pflegte; sein Name würde vielleicht auch keinen Platz in dem inspirierten Bericht gefunden haben, obwohl er das jüdische Volk liebte und ihnen eine Synagoge gebaut hatte; die Geschichte seines Lebens wäre vielleicht nie bis zu uns gekommen, obwohl er ein Proselyt des jüdischen Glaubens geworden war, wenn nicht sein Glaube so vorzüglich gewesen wäre. Die einzige Ursache, weshalb er einen Platz in diesem heiligen Buch erhält, ist die, daß er an den Sohn Gottes glaubte, so daß Jesus in bezug auf seinen Glauben sagt: „Solchen Glauben habe ich in Israel nicht gefunden." Das ist der Lebenspunkt! Wenn du an Jesus Christus, den Sohn Gottes, glaubst, steht dein Name im Buch des Lebens, aber wenn du nicht an Ihn glaubst, werden dir, wie liebenswürdig du auch sein magst, deine äußeren Auszeichnungen nichts nützen.

Der Glaube dieses Hauptmanns wird sowohl in Matthäus acht, als auch in dem uns vorliegenden Kapitel als vorzüglich beschrieben und der bemerkenswerte Punkt darin ist, daß er mit einer sehr tiefen Demut verbunden war. Derselbe Mann, welcher sagte: „Sprich ein Wort, und mein Knecht wird gesund", sagte auch: „Ich bin nicht würdig, daß du unter mein Dach tretest."

Wenn ich euch das Beispiel dieses edlen Soldaten vorstelle, so sind dieses die beiden Gedanken, mit denen wir uns beschäftigen wollen. Ich werde euch auf diesen Doppelstern weisen, welcher so mild am Himmel der Schrift strahlt: Die tiefe Demut dieses Mannes stand der Stärke des Glaubens nicht im Weg und sein großer Glaube stand nicht im Gegensatz zu seiner tiefen Demut.

1. Die Demut des Hauptmanns stand der Stärke seines Glaubens nicht im Weg

Beachtet seine demütige Gesinnung. Er bekannte, daß er nicht wert sei, zu Jesus zu kommen. „Ich habe mich selbst auch nicht würdig geachtet, daß ich zu dir käme", und dann sagte er weiter, daß er nicht wert sei, daß Jesus zu ihm komme. „Ich bin nicht wert, daß du unter mein Dach tretest."

War diese Selbsterniedrigung verursacht durch den Gedanken, daß er ein Heide war? Das kann mit dazu beigetragen haben. War sie dadurch verursacht, daß er Reue fühlte über verschiedene rohe und grobe Taten, die sein Leben als Soldat befleckt hatten? Es mag der Fall gewesen sein. Aber liegt die Ursache nicht vor allem darin, daß er eine tiefe Einsicht in sein eigenes Herz und die Sünde in ihrer wahren Gestalt zu sehen gelernt hatte, und deswegen, obwohl er nach dem Bericht der Juden würdig, doch nach seiner eigenen Erkenntnis höchst unwürdig war?

Ihr werdet in den Lebensbeschreibungen einiger vorzüglicher Männer bemerkt haben, wie schlecht sie von sich selbst sprechen. Southey scheint in seiner Biographie „Das Leben Bunyans" schwer zu verstehen, wie Bunyan betreffs seines eigenen Charakters eine solch herabwürdigende Sprache spricht. Denn es ist nach allem, was wir von seinem Leben wissen, wahr, daß er, abgesehen von seiner Gewohnheit des Fluchens, durchaus nicht schlechter war als die meisten seiner Mitmenschen. Er hatte selbst einige Tugenden an sich, die zu empfehlen sind. Southey schreibt es einem krankhaften Zustand seines Geistes zu, aber wir möchten es lieber seiner Rückkehr zur geistlichen Gesundheit zuschreiben. Hätte Southey, der ausgezeichnete Dichter, sich in demselben himmlischen Licht gesehen, so würde er entdeckt haben, daß Bunyan nicht übertreibt, sondern nur, so gut er es konnte, eine Wahrheit darlegte, welche schwer zu beschreiben ist.

Das große Licht, welches Paulus von Tarsus umleuchtete, war das äußere Bild des inneren Lichtes, welches das Licht der Sonne übertrifft, in eine wiedergeborene Seele strahlt und das schreckliche Wesen der uns innewohnenden Sünde offenbart. Glaubt mir, wenn ihr hört, wie Christen verwerfende Bekenntnisse über sich ablegen, so geschieht es nicht, weil sie schlechter sind als andere Leute, sondern weil sie sich in einem klareren Licht sehen als andere. Die Unwürdigkeit des Hauptmanns lag nicht darin, daß er lasterhafter als andere Leute gewesen war, im Gegenteil, er war offensichtlich tugendhafter, als die Menschen im allgemeinen sind, sondern weil er sah, was andere nicht sehen und fühlte, was andere nicht fühlen.

Wie tief die Zerknirschung dieses Mannes und wie drückend sein Gefühl der Unwürdigkeit auch war, er bezweifelte keinen Augenblick weder die Macht, noch den Willen Christi. Der Aussätzige hatte gesagt: „Wenn du willst", aber der Hauptmann war so klar über den Willen Christi der Menschheit zu helfen, daß er dieses gar nicht erwähnt.

Er hat auch keine Zweifel in bezug auf die Macht des Herrn. Die Lähmung, an welcher der Knecht litt, war besonders heftig, aber das macht den Hauptmann nicht wankend. Er glaubte nicht nur, daß Jesus heilen kann, sofort heilen kann, vollständig heilen kann, sondern daß Er auch heilen kann, ohne sich auch nur einen Schritt von dem Platz zu bewegen, an welchem Er stand. Wenn nur ein Wort über Seine Lippen kommt, wird sein Knecht sofort geheilt werden. O, herrliche Demut, wie tief beugst du! O, edler Glaube, wie hoch erhebst du! Brüder, wenn wir diesen edlen Charakter in beiden Beziehungen nachahmen könnten, wie ähnlich würden wir dann dem Modell des Tempels Gottes aufgebaut werden! Er fühlte sich nicht wert, etwas zu empfangen, und glaubte nicht, Christus irgend etwas geben zu können, und doch vertraute er, daß dem Meister alle Dinge möglich waren, und zwar in einer Weise, die Seine königliche Macht herrlich enthüllen würde.

Meine lieben Freunde, besonders ihr, die ihr um euer Seelenheil besorgt seid, ihr fühlt euch unwürdig. Das ist kein verkehrtes Gefühl, denn ihr seid es. Ihr seid bekümmert wegen dieser Unwürdigkeit, aber wenn ihr mehr davon wüßtet, würdet ihr noch bekümmerter sein, denn die Erkenntnis, welche ihr schon von eurer Sündhaftigkeit habt, obwohl sie sehr schmerzlich ist, hat durchaus noch nicht die volle Ausdehnung derselben erreicht. Ihr seid viel sündiger, als ihr zu sein denkt; ihr seid viel unwürdiger, als ihr ahnt. Anstatt zu versuchen, eure dunklen Gedanken boshaft und töricht zu beschwichtigen und zu sagen, daß ihr krankhafte Ideen über euch selbst habt, bitte ich euch, lieber zu glauben, daß ohne Christus euer Fall hoffnungslos ist. Ich wünsche, daß ihr das schreckliche Geschwür eures Verderbens nicht mit oberflächlichen Hoffnungen und Bekenntnissen verdeckt.

Ich wünsche, daß ihr nicht auf diese Krankheit seht, als sei es nur eine Hautkrankheit. Sie liegt vielmehr auf dem Grund und

Boden eures Lebens und vergiftet euer Herz. Die Flammen der Hölle müssen gewiß über euch zusammenschlagen, wenn Christus nicht dazwischen tritt und euch errettet. Ihr habt nicht das geringste verdient und werdet es nie haben, und noch mehr, ihr habt keine Kraft, eurem verlorenen Zustand zu entfliehen, wenn nicht die Hand Christi euch hilft. Ohne Christus könnt ihr nichts tun, denn ihr seid arm, bankrott und hoffnungslos, und könnt euch mit dem größten Fleiß nicht anders machen, als ihr seid. Keine Worte, die ich aussprechen kann, können euren traurigen Zustand übertreiben. Keine Gefühle können euren Zustand in zu lebhaften Farben darstellen. Ihr seid nicht wert, euch Christus zu nahen.

Aber, und hier ist ein herrlicher Gegensatz, laßt diese Selbsterkenntnis keinen Augenblick euren Glauben wankend machen, daß Er, der Gott ist, aber Fleisch und Blut angenommen hat, daß Er, der an unserer Statt am Kreuz gelitten hat, daß Er, der jetzt im Himmel regiert, willig und fähig ist, mehr für euch zu tun, als ihr bitten und verstehen könnt. Deine Untüchtigkeit verhindert nicht das Werk Seiner Macht. Deine Unwürdigkeit kann Seiner Güte keine Fesseln anlegen und Seiner Gnade keine Beschränkungen bereiten. Du magst ein schlimmer Sünder sein, aber das ist kein Grund, weshalb Er dir nicht vergeben sollte. Du magst in deiner eigenen Erkenntnis und auch in Wirklichkeit der Unwürdigste sein, zu denen Er sich je herabgelassen hat, um sie zu segnen, aber das ist kein Grund, weshalb Er sich nicht herablassen sollte, um dich an Sein Herz zu drücken, dich anzunehmen und dich zu erretten.

Ich wünsche, daß, wenn die erste Wahrheit sich tief in euch eingeprägt hat, die zweite mit gleicher Kraft in eure Herzen dringt, daß Jesus Christus „alle erretten kann, die durch ihn zu Gott kommen". Daß Er ebenso bereit wie imstande ist, und daß eure Leere Seine Fülle nicht berührt, eure Schwachheit Seine Macht nicht ändert, eure Ohnmacht Seine Allmacht nicht verringert, eure Verdienstlosigkeit Seine Liebe nicht zurückhält, welche frei auch auf die Sündigsten gerichtet ist.

Irgendwie bringt es der Satan fast immer fertig, daß – wenn wir etwas Hoffnung haben – es im allgemeinen eine auf sich selbst gegründete Hoffnung ist, eine eitle Idee, daß wir in uns selbst besser werden. Das ist eine verderbliche Täuschung des stolzen Fleisches, welches die Heilung verhindert und welche der Arzt wegschneiden muß.

Andererseits, wenn wir ein tiefes Gefühl der Sünde haben, setzt der Böse seinen Fuß hinein und flüstert uns zu, daß Jesus nicht in der Lage ist, solche, wie wir sind, zu erretten. Eine große Lüge, denn wer könnte sagen, wo die Schranken der Macht Christi sind? Aber wenn nur diese beiden Dinge zusammenkommen: ein gründliches Gefühl der Sünde und ein unbeweglicher Glaube an die Macht Christi, mit der Sünde zu kämpfen und sie zu überwinden, dann würde das Himmelreich nahe zu uns herbeigekommen sein in Kraft und Wahrheit, es würde wieder gesagt werden können: „Solchen Glauben habe ich in Israel nicht gefunden."

Nun, ihr bekümmerten Herzen, ich habe noch ein Wort für euch und dann will ich zu einem anderen Punkt übergehen. Das Gefühl eurer Unwürdigkeit, wenn es recht benutzt wird, sollte euch zu Christus treiben. Ihr seid unwürdig, aber Christus ist für die Unwürdigen gestorben. Jesus ist nicht für diejenigen gestorben, die bekennen, von Natur aus gut und voller Verdienste zu sein, denn die Gesunden bedürfen des Arztes nicht, aber es steht geschrieben: „Christus ist für Gottlose gestorben." „Der sich selbst gegeben hat für" – unsere Tugenden und unsere Verdienste? Nein. „Der sich selbst gegeben hat für unsere Sünden." Lesen wir, daß „der Gerechte gelitten hat" – für die Gerechten? Keineswegs. „Der Gerechte für die Ungerechten, auf daß er uns zu Gott führe." Die Arznei des Evangeliums ist für die Kranken, das Evangeliumsbrot ist für die Hungrigen, der Evangeliumsbrunnen ist offen für die Unreinen, das Evangeliumswasser wird den Durstigen gegeben. Ihr, die ihr es nicht nötig habt, werdet es nicht erhalten, aber ihr, die ihr es braucht, könnt frei kommen. Laßt eure schmerzlichen Mängel euch antreiben, zu Jesus zu fliehen. Laßt das starke Sehnen eures unbefriedigten Geistes euch drängen, zu Dem zu kommen, in welchem alle Fülle der Gottheit leibhaftig wohnt. Eure Unwürdigkeit sollte euch als Flügel dienen, euch zu Christus, dem Heiland der Sünder, zu tragen. Sie sollte auch in der Weise auf euch wirken, daß sie euch verhindert, Zweifel zu haben oder Ansprüche zu stellen, welche für einige Hindernisse sind, Frieden zu finden.

Der stolze Geist sagt: „Ich muß Zeichen und Wunder sehen, sonst will ich nicht glauben. Ich muß eine tiefe Überzeugung und ernste Schrecken fühlen, oder ich muß zittern wegen erschütternder Träume oder drohender Schriftworte, die mit überwältigender Macht auf mich eindringen."

Ach, wenn du wahrhaft gedemütigt bist, wirst du es nicht wagen, darum zu bitten. Du wirst mit Ansprüchen und Vergleichen fertig sein und wirst bitten: „Herr, sprich nur ein Wort, ein Wort der Verheißung, und es ist mir genug. Sag mir nur: ‚Deine Sünden sind dir vergeben.' Gib mir nur einen halben Spruch, gib mir ein freundliches Wort der Verheißung, um meine Furcht zum Sinken zu bringen und ich will es glauben und darauf vertrauen."

So sollte das Gefühl deiner Unwürdigkeit dich zum einfachen Glauben an Jesus führen und dich hindern, die Offenbarungen zu verlangen, welche die Törichten so eifrig und unverschämt fordern. Ihr seid so unwert, daß ihr nicht die geringste Hoffnung habt ohne Christus, alle anderen Türen sind euch verschlossen. Wenn etwas für eure Errettung getan werden muß, so könnt ihr selbst nichts tun. Wenn irgend eine Würdigkeit nötig ist, so habt ihr sie nicht. Christus kommt zu euch und sagt euch, daß es keiner Würde bedarf, zu Ihm zu kommen, sondern daß Er euch erretten will, wenn ihr Ihm vertraut.

Mir ist es, als höre ich dich sagen: „Dann, mein Herr, wenn es so ist, daß ich, wenn ich nicht zu Dir komme, ewig sterben muß, so will ich sinken oder schwimmen und werfe meine schuldige Seele auf Dein kostbares Sühnopfer, überzeugt, daß Du imstande bist, solche, wie ich bin, zu erretten! Ich bin so vollständig von der Güte Deines Herzens überzeugt, daß ich weiß, du wirst einen armen, zitternden Sünder, der zu Dir kommt und Dich als einzigen Glaubens-Anker ergreift, nicht hinausstoßen."

2. Der große Glaube des Hauptmanns stand nicht im Gegensatz zu seiner Demut

Sein Glaube war ungewöhnlich. Er sollte nicht ungewöhnlich sein, denn wir alle sollten so an Christus glauben wie dieser Soldat. Seht, wie sein Glaube sich zeigte. Er sagte sich: „Ich bin ein untergeordneter Offizier und habe meine Vorgesetzten. Ich bin nicht der Oberst, sondern nur der Befehlshaber über hundert Mann und doch habe ich über diese hundert Mann uneingeschränkte Autorität. Sage ich zu einem: ‚Geh!', so geht er und zu einem anderen: ‚Komm!', so kommt er, und mein Knecht, mein armer, kranker Knecht, wenn ich zu ihm sage: ‚Tu das!', so tut er es sofort. Ich bin nur ein untergeordneter Offizier und stehe unter meinem Vorgesetzten, aber doch ist die Folge der Disziplin die, daß keine Fragen aufgeworfen, keine Bedenken geduldet werden. Kein Soldat dreht sich um und sagt, ich habe ihm eine zu schwere Aufgabe gestellt; nicht ein einziger aus der ganzen Truppe wagt es, mir zu sagen: ‚Ich tue es nicht.'"
Die Disziplin unter den Legionen Roms war groß. Der Befehlshaber hatte nur zu sagen: „Tu es!" und es wurde getan, wenn auch Tausende bluten und sterben mußten. Nun zog der Hauptmann den Schluß: „Dieser herrliche Mann ist der Sohn Gottes. Er hat keine Vorgesetzten, denn Er ist der Hauptbefehlshaber. Wenn Er ein Wort spricht, so muß es gewiß geschehen. Fieber und Lähmung, gute und böse Einflüsse stehen alle unter Seinem Befehl. Er kann deshalb meinen Knecht in einem

Augenblick heilen. Wer könnte dem großen König des Himmels und der Erde widerstehen?"

Das war, wie ich glaube, seine Vorstellung. Jesus braucht daher nur zu wollen und bis zu den äußersten Grenzen der Erde werden die Kräfte, die unter Seinem Befehl stehen, Seinen Willen ausführen. Der Hauptmann dachte daran, wie er in seinem Haus sitzen und ohne aufzustehen durch einen Befehl seine Wünsche ausführen könne und sein Glaube stellt den Herrn Jesus an eine ähnliche, aber noch höhere Stelle. „Du hast nicht nötig, in mein Haus zu kommen; Du kannst hier bleiben und wenn Du nur ein Wort sprichst, wird die Heilung sofort geschehen." In seinem Herzen setzte er den Heiland auf den Thron als den Hauptmann über alle Mächte der Welt, als den Obergeneral des Himmels und der Erde, als den König und Befehlshaber aller Mächte des Weltalls. Es war gut gedacht, edel ausgedrückt, herrlich geglaubt, aber es war nichts mehr als die Wahrheit, denn alle Gewalt liegt wirklich in der Hand Jesu. Wenn Er, ehe Er starb, als Er von den Menschen verachtet und verworfen wurde, ein wahrer König war, wieviel mehr jetzt, da Er das Gefängnis gefangen geführt hat und mit dem Recht des Sohnes zur rechten Hand Gottes, des Vaters, sitzt. Wieviel mehr jetzt, da Gott geschworen hat, daß Er alle Seine Feinde unter Seine Füße legen will und daß in dem Namen Jesu alle Kniee sich beugen sollen, die im Himmel, auf Erden und unter der Erde sind; wieviel mehr kann Er jetzt wirken nach Seinem Wohlgefallen. Er hat auch jetzt nur zu sprechen, so geschieht es, nur zu gebieten, so steht es da.

Geliebte, seht, ob uns diese Wahrheit nicht wie auf Adlers Fittichen trägt. Cäsar hatte nur zu sagen: „Te absolvo!" „Ich spreche dich los!" und sein schuldiger Untertan war frei. Cäsar hatte nur zu sprechen und eine Provinz wurde erobert, eine Armee aufgestellt. Stürmische Meere wurden befahren, Berge durchbrochen, Militärstraßen angelegt. Cäsar war nahezu unbeschränkter Gebieter, sein Wille war Gesetz. In ungleich viel größerer Macht war Christus auf der Erde, aber vielmehr noch im Himmel. Wenn der König des Himmels nur sagt: „Ich vergebe dir!", können die Teufel der Hölle dich nicht mehr verklagen. Wenn Er spricht: „Ich helfe dir", wer wird dir widerstehen? Wenn Immanuel mit dir ist, wer wird wider dich sein? Wenn Er spricht, müssen die sündigen Gewohnheiten alle abfallen und die Dunkelheit, in welcher deine Seele lange verschlossen gewesen ist, muß dem Licht Platz machen. Er regiert als Herr und König über alles, Sein Name sei ewig gepriesen! Laßt uns Ihm durch unseren Glauben die Ehre geben, die Seinem Namen gebührt. Heil dir, großer König! Einst getötet, aber jetzt auf ewig Herr des Himmels und der Erde!

Der Glaube dieses Mannes tat seiner tiefen, persönlichen Demut keinen Abbruch. Er sollte ihr Abbruch tun? Meine Brüder, er war vielmehr die Quelle der Demut, er war der eigentliche Grund, auf dem sie ruhte. Seht ihr nicht, je höher seine Gedanken von Christus waren, umso unwürdiger fühlte er sich der Aufmerksamkeit des Herrn. Wenn er geringer von Jesus gedacht hätte, würde er nicht gesagt haben: „Ich bin nicht wert, daß du unter mein Dach tretest." Er hatte natürlich eine Meinung über sich selbst, die ihn demütigte, aber seine klare Sicht von der Herrlichkeit des Herrn Jesus war die wahre Wurzel und der Ursprung seiner Selbsterniedrigung. Weil Christus so groß war, fühlte er sich unwürdig, zu Ihm zu kommen oder Ihn aufzunehmen. Beachtet, meine Brüder, sein Glaube wirkte auf seine Demut, indem er sich mit einem Wort von Christus begnügte. Sein Glaube sagte: „Ein Wort ist genug. Es wird den kranken Knecht heilen", und dann sagte seine Demut: „Ach, wie unwürdig bin ich selbst eines Wortes! Wenn ein Wort ein Wunder wirkt, ist es eine so große und mächtige Sache, daß es mehr ist, als ich verdiene, und darum will ich nicht um mehr bitten. Ich will nicht um Sein Kommen bitten, wenn ein Laut genügt; ich will nicht um Seine Gegenwart anhalten, wenn ein Wort meinem Knecht die Gesundheit wiedergeben kann."

Sein Glaube, daß ein Wort genug sei, brachte ihn dazu, nicht um mehr zu bitten, so daß sein Vertrauen zu Christus zur Offenbarung seiner Demut beitrug. Brüder und Schwestern, denkt keinen Augenblick, wie viele törichte Menschen es tun, daß ein starker Glaube an den Herrn notwendig Stolz sei. Vielmehr ist das Gegenteil der Fall.

Es ist eine der schlechtesten Formen des Stolzes, die Verheißung Gottes in Frage zu stellen. Wenn ein Mensch sagt: „Christus hat verheißen, die zu erretten, die Ihm vertrauen. Ich habe Ihm vertraut, darum bin ich errettet. Ich weiß, daß es der Fall ist. Ich bin dessen gewiß, weil Gott es sagt und ich bedarf keiner besseren Beweise", so ist dies wirkliche Demut. Aber wenn ein Mensch sagt: „Gott hat verheißen, daß diejenigen, die Ihm vertrauen, errettet werden. Ich vertraue Ihm, aber ich weiß doch nicht, ob ich errettet bin", ist das nicht ebenso viel, als ob er sagt, er wisse nicht, ob Gott ein Lügner sei oder nicht? Und was könnte unverschämter und beleidigender sein? Ich weiß, daß gewöhnlich gesagt wird: „Es scheint so vermessen zu sein, zu sagen, daß man seiner Errettung gewiß ist." Ich denke, es ist viel vermessener, zu bezweifeln, was Gott bestimmt verspricht und Mißtrauen zu hegen, wo die Verheißung klar ist. Gott sagt: „Wer da glaubt und getauft wird, der wird errettet werden." Wenn du glaubst und getauft wirst, so wirst du, wenn Gott treu ist, errettet werden, ja du bist gerettet. Das ist kein Hoffen mehr, sondern es ist eine Tatsache.

Es bleibt dabei, daß Gott wahrhaftig ist und alle Menschen Lügner sind, und fern sei von diesen Lippen die Andeutung eines Zweifels, daß Gott Seiner Verheißung vielleicht untreu sein und Sein Wort brechen könnte. Wenn du irgend etwas in Frage stellst, so stelle in Frage, ob du Christus vertraust, aber wenn das in Ordnung ist, hat das Fragen ein Ende. Wenn du glaubst, daß Jesus der Christus ist, so bist du aus Gott geboren. Wenn du dich allein auf Ihn verläßt, sind alle deine Sünden vergeben. Nimm Gott beim Wort, wie dein Kind dich beim Wort nimmt. Es ist nicht zuviel, was Gott von dir verlangt, denn du verlangst es von deinem Kind. Obwohl du ein armes, fehlbares Geschöpf bist, so willst du doch nicht, daß dein Kind dir mißtraut. Sollte man dir glauben und du willst deinem Gott nicht glauben? Sollte von deinem Kind erwartet werden, daß es dir vertraut, obwohl du doch böse bist und du willst nicht glauben, daß die Stimme deines himmlischen Vaters Wahrheit ist und willst dich nicht darauf verlassen?

Ach, glaube und vertraue, ich bitte dich, und je mehr du es tust, umso mehr wirst du deine Unwürdigkeit, es zu tun, fühlen. Ich bin erstaunt, wenn ich daran denke, daß ich errettet werde. Es wundert mich, wenn ich daran denke, daß ich im kostbaren Blut Christi von jeder Sünde gewaschen bin, daß meine Füße auf einen Fels gestellt und ein neues Lied in meinen Mund gelegt worden ist. Ich bin erstaunt, und wenn ich daran denke, sage ich: „Wie bin ich einer solchen Gunst unwürdig! Ich bin der geringsten Wohltat nicht wert, die Du mir erwiesen hast." Dein Glaube wird deine Demut nicht töten und deine Demut wird deinen Glauben nicht erstechen, sondern beide werden Hand in Hand in den Himmel gehen wie ein tapferer Bruder und eine treue Schwester, der eine kühn wie ein Löwe, die andere sanft wie ein Taube. Der eine sich in Jesu freuend, die andere über sich selbst errötend. Liebliches Paar, wie gern würde ich euch in meinem Herzen alle Tage meiner Pilgerschaft auf Erden pflegen!

Ich habe euch, so gut ich es vermochte, das Vorbild des Hauptmanns mit einigen wenigen Lehren vorgestellt. Nun noch die Anwendung, mit soviel Ernst und Kürze, wie es möglich ist.

Die Anwendung soll an dreierlei Leute gerichtet sein. Zuerst sprechen wir zu den bekümmerten Seelen, die sich ihrer Unwürdigkeit tief bewußt sind. Jesus Christus ist fähig und bereit, dich an diesem Morgen zu erretten. Weshalb ist dein Herz bekümmert? Kommt es daher, daß deine Sünden so groß sind? Glaube — ich fordere dich dazu auf und möge Gott mir dabei helfen — glaube, daß Jesus Christus alle deine Sünden jetzt vergeben kann. Siehst du Ihn am Kreuz? Er ist Gott, aber wie blutet Er! Er ist Gott, aber wie seufzt Er! Er leidet! Er stirbt! Glaubst du, daß irgend eine Sünde zu groß wäre, um durch solche Leiden hinweggetan zu werden? Denkst du, daß der Sohn Gottes ein ungenügendes Sühnopfer gebracht hat? Ein Sühnopfer, von welchem du sagen kannst, daß seine Wirkung Grenzen hat, über welche hinaus es nichts zur Errettung der Gläubigen wirken kann, so daß schließlich die Sünde größer wäre als das Opfer und der Schmutz und die Befleckung schlimmer als das Blut zur Reinigung? O, kreuzige Christus nicht aufs neue, indem du die Macht des ewigen Gottes bezweifelst!

Meine Brüder, wenn wir in der Stille einer sternhellen Nacht zum Himmelsgewölbe aufblicken und an die wunderbaren Wahrheiten denken, welche die Sternkunde uns von der Größe und der unbegreiflichen Majestät der Schöpfung erschlossen hat, wenn wir dann weiter bedenken, daß der unendliche Gott, der dieses alles gemacht hat, für uns Mensch geworden ist, daß Er als Mensch ans Kreuz genagelt wurde und für uns starb, dann will es uns erscheinen, daß, wenn alle Sterne dicht bewohnt wären und jeder Bewohner sich wider Gott empört und bis an den Hals in blutrote Sünden gestürzt hätte, das Blut des Sohnes Gottes doch Kraft genug hat, alle Sünden wegzunehmen. Denn dieses große Wunder der Wunder, daß Gott selbst Seiner eigenen Gerechtigkeit Ehre erweist, indem Er einen stellvertretenden Tod erleidet, ist eine Darstellung der unendlichen Gerechtigkeit und der Liebe, welche in der ganzen Ewigkeit so herrlich sein muß, die Sünden der Geschöpfe zu verschlingen. Ja, Sünder, glaube, daß dieser Augenblick die Sünden von fünfzig Jahren, ja, von siebzig oder achtzig Jahren von dir nehmen kann. Der du so schwarz bist wie die Hölle, wenn Jesus ein Wort zu dir spricht, kannst du in einem Augenblick so weiß wie der Himmel sein.

Vielleicht besteht dein Kummer darin, die Herzenshärtigkeit loszuwerden. Du fühlst, daß du nicht reumütig bist, aber kann nicht Jesus durch Seinen Geist dich reumütig machen? Zögerst du dieser Frage wegen? Vor einigen Monaten war der Erdboden festgefroren, aber sieh, wie schnell Narzisse, Krokus und Schneeglöckchen aus dem vorher gefrorenen Boden hervorgekommen sind, wie Schnee und Eis verschwunden sind und die belebende Sonne scheint! Gott hat es getan durch den sanften Hauch des Südwindes und die freundlichen Strahlen der Sonne. Er kann dasselbe in der geistlichen Welt für dich tun, und du wirst erkennen, daß der große, schreckliche, teuflische Eisberg deines Herzens zu tauen beginnt mit Tränen der Reue, welche Gott annimmt durch Seinen Sohn.

Aber vielleicht ist es eine böse Gewohnheit, die dir Sorge bereitet. Du bist lange darin gewesen und der Mohr kann seine Haut und der Parder seine Flecken nicht wandeln. Du kannst nicht davon frei werden. Ich weiß, daß du es nicht kannst. Es ist ein böses Übel, es zieht dich wie mit Händen von Dämonen abwärts von der Oberfläche des Lebensstromes in die schwarze und schreckliche Tiefe des Todes. Ach, ich kenne deine Furcht und deine Verzweiflung, aber ich bitte dich, kann denn Jesus dich nicht erlösen? Er hat den Schlüssel deines Herzens und Er kann es so wenden, daß alle seine Räder sich anders drehen als bisher.

Er, der die Erde mit Erdbeben erschüttert und das Meer durch Sturmwinde erregt, kann ein Herzbeben und einen Sturm starker Reue senden und deine alten Gewohnheiten mit der Wurzel ausreißen. Er, dessen Werke alle wunderbar sind, kann in der kleinen Welt deiner Seele gewiß tun, was Er will. Glaube an Seine Macht und bitte Ihn, sie zu beweisen. Er hat nur ein Wort zu sprechen und dein Kummer wird fortgenommen werden.

Noch höre ich dich sagen: „Ich kann nicht." Eine schreckliche Unfähigkeit hält dich zurück. Aber es handelt sich nicht um das, was du kannst oder nicht kannst, denn das hat nichts damit zu tun. Was Jesus tun kann, darauf kommt es an. Könnte für den Herrn etwas zu schwer sein? Könnte der ewige Geist je überwunden werden, wenn Er in einem Menschen siegen will? Könnte Er, welcher „das Land bewegt, daß seine Pfeiler zittern, und den Himmel ausbreitet", Er, der einst gekreuzigt wurde, aber jetzt ewig lebt, könnte Er unterliegen? Lege deine Sorge in Seine Hand, armer, unfähiger, elender Mensch, und bitte Ihn, für dich zu tun, was du selbst nicht für dich tun kannst und es wird dir geschehen nach deinem Glauben.

Eine zweite Anwendung bezieht sich auf die geduldigen Arbeiter, die leicht ermüden. Ich weiß, daß in diesem Hause viele sind, die unaufhörlich zu Gott für die Bekehrung ihrer unbekehrten Verwandten und Nachbarn rufen. Du hast lange für deinen Mann, deinen Sohn oder deine Tochter gefleht, aber sie sind nur tiefer in die Sünde geraten. Statt zu hören, scheint der Himmel über deine Hartnäckigkeit zu lachen. Hüte dich vor dem Gedanken, daß die Person deiner Fürbitte nicht errettet werden kann. Solange Leben da ist, ist Hoffnung vorhanden. Ja, obwohl sie Trunksucht der Wollust und Lästerung der Trunksucht hinzufügen und Herzenshärtigkeit und Unbußfertigkeit der Lästerung, so braucht Jesus nur ein Wort zu sprechen und sie werden von ihren bösen Wegen umkehren.

Es hat Menschen gegeben, die bei der Arbeit oder bei ihren Vergnügungen in all ihrer Gottlosigkeit Eindrücke empfangen haben, wodurch sie zu neuen Menschen gemacht wurden. Die Rädelsführer in Satans rebellischer Schar sind oft die tapfersten Hauptleute in der Armee Christi geworden. Wenn Jesus das Befehlswort spricht, ist kein Raum für Zweifel, was die Möglichkeit der Errettung irgend eines Menschen betrifft. Ihr seid unchristlich, wenn ihr die Hure von der Hoffnung oder den Dieb von der Buße ausschließt, wenn ihr selbst wegen des Mörders verzweifelt, denn das große Herz Gottes ist größer als alle eure Herzen zusammen und die großen Gedanken des liebenden Vaters sind soviel höher als eure Gedanken, Seine Wege sind soviel höher als eure Wege, wie der Himmel höher ist als die Erde.

O, wenn dein Freund, dein Kind, deine Frau, dein Mann, ein fleischgewordener Teufel wäre, oder wenn sieben Teufel oder eine Legion in ihnen wären, solange Jesus lebt, laß nie das Wort "Verzweiflung" hören, denn Er kann die Legion der bösen Geister austreiben und statt ihrer Seinen Heiligen Geist geben. Darum habe Glauben. Du bist unwürdig, die Segnung zu erhalten, aber habe Glauben an Ihn, der sie verleihen kann.

Viele von euch gehen am Nachmittag in ihre Sonntagschulklassen, andere von euch werden an diesem Abend das Evangelium predigen und ihr werdet niedergeschlagen sein, weil ihr den Erfolg nicht seht, den ihr so sehr wünscht. Nun, vielleicht ist es gut für euch, zu erleben, wie wenig ihr ohne den göttlichen Beistand tun könnt. Möge diese Demütigung der Seele bleiben, aber laßt sie nicht zu einem Mißtrauen gegen Ihn werden. Wenn Christus tot und begraben, aber nicht auferstanden wäre, dann wäre es eine schreckliche Sache mit uns Predigern, aber weil Christus lebt, brauchen wir uns nicht zu fürchten und noch weniger zu verzweifeln. Möge die Gemeinde Gottes ein Herz fassen und fühlen, daß mit einem lebendigen Christus in der Mitte ihren Scharen bald der Sieg werden wird.

Die letzte Anwendung ist für dieselben wie die zweite, nur in einem weiteren Umfang. Es gibt viele, die ermüdeten Wächtern gleichen. Wir haben gehört, daß Christus kommt und der Herr weiß recht gut, daß es dringend nötig ist, daß Er kommt, denn diese arme, alte Weltmaschine kracht in allen Fugen und scheint so mit den Garben der menschlichen Sünde beladen zu sein, daß ihre Achse zu brechen droht. Gottes unendliche Langmut hat eine verdorbene Welt vor der äußersten Auflösung bewahrt, aber sie scheint schlechter und schlechter zu werden. Unser Zustand ist bis ins Innerste verdorben, sowohl im Geschäft wie in der Politik. Keiner scheint mehr Erfolg zu haben als der, der sich aus nichts ein Gewissen macht und über Grundsätze lacht. Alles scheint dahin gekommen zu sein, es nötig zu machen, daß ein Befreier kommt, sonst weiß ich nicht, wo es hinaus will.

Aber Er wird kommen, so lautet die Verheißung, und denen, die auf Ihn warten, wird Sein Kommen sein wie die Strahlen des Morgensterns, der die Dämmerung verkündigt. Er kommt und durch Sein Kommen wird es eine herrliche Zeit werden, ein Tausendjähriges Reich, eine Zeit des Lichts, der Wahrheit, der Freude, der Heiligkeit und des Friedens. Wir wachen und warten darauf. Aber wir sagen: „Es ist hoffnungslos, an die Bekehrung der Welt zu denken. Wie soll die Wahrheit gepredigt werden? Wo sind die Zungen, sie zu verkündigen? Wie wenige verkündigen sie mutig! Wo sind die Männer, die das Kreuz Christi zu den äußersten Enden der Erde tragen und die Nationen für Ihn gewinnen?"

Ach, sage nicht in deinem Herzen, „daß die vorigen Tage besser waren als diese". Schreibe kein Klagelied, frage nicht: „Die Propheten, wo sind sie?" Klage nicht: „Die Apostel sind nicht da und alle mächtigen Bekenner, die für Christus lebten und starben, sind verschwunden."

Durch das Aufheben eines Fingers kann der Herr für jede Stadt im ganzen Land tausend Männer wie Jona berufen und tausend kühne Jesajas zur Verkündigung Seiner Herrlichkeit. Er hat nur zu befehlen und Scharen von Missionaren und Armeen von Märtyrern werden aus den stillen Winkeln unserer Dörfer aufstehen oder aus den Werkstätten in unseren Städten hervorgehen. Er kann Wunder tun, wenn Er es will. Der schlimmste Zustand der Gemeinde ist die Zeit der niedrigsten Ebbe; die Flut wird jedoch in der Fülle ihrer Stärke zurückkehren. Habt Vertrauen, denn wenn selbst die Werkzeuge erfolglos und die Predigt des Evangeliums eine tote und abgenutzte Sache werden sollte, wird Sein Kommen doch seinen Zweck ausführen. Wenn Er erscheint, werden die Reiche dieser Welt unseres Gottes und Seines Christus werden. Jesus steht nicht unter Vorgesetzten, aber Er hat Knechte und Kriegsleute unter sich und wenn Er nur zu diesem oder jenem sagt: „Gehe hin!" oder „Komm her!", so wird Sein Wille geschehen. Er hat Seine Gemeinde nur durch den Heiligen Geist zu beleben und zu sagen: „Tu das!" und die scheinbar unmögliche Aufgabe wird verrichtet. Was außer dem Bereich aller menschlichen Fähigkeit und Hoffnungslosigkeit zu liegen scheint, wird ausgerichtet und sofort ausgerichtet. Wenn Er sagt: „Tu das!" so wird es geschehen und Sein Name wird gepriesen werden. O, nur mehr Glauben und mehr Demut! Du Zwillingspaar, bleibe immer in dieser Versammlung! Gehe mit uns in den Kampf und kehre mit uns vom Sieg zurück!

O, Herr, du Freund der Demut, du Anfänger und Vollender des Glaubens, gib, daß wir von beidem erfüllt werden um Jesu willen. Amen.

OHNMACHT UND ALLMACHT

„Es war aber ein gewisser Mensch daselbst, der achtunddreißig Jahre mit seiner Krankheit behaftet war. Als Jesus diesen daliegen sah und wußte, daß es schon lange Zeit also mit ihm war, spricht er zu ihm: Willst du gesund werden? Der Kranke antwortete ihm: Herr, ich habe keinen Menschen, daß er mich, wenn das Wasser bewegt worden ist, in den Teich werfe; indem ich aber komme, steigt ein anderer vor mir hinab. Jesus spricht zu ihm: Stehe auf, nimm dein Bett auf und wandle! Und alsbald ward der Mensch gesund und nahm sein Bett auf und wandelte."
(Johannes 5,5-9)

Dieser Mann hatte, wie viele andere, an diesem Teich gelegen in der Hoffnung, daß der Teich bewegt werden und er der erste sein möchte, der hineinkam, um gesund zu werden. Er wartete lange und wartete vergeblich. Weshalb mußte er warten? Weil Jesus nicht da war. Wo Jesus nicht ist, muß man warten. Wenn es nur ein Engel und ein Teich ist, muß man warten; einer mag einen Segen empfangen, ein anderer nicht. Als aber Jesus kam, gab es kein Warten mehr. Er trat unter die Scharen der Kranken, sah diesen Mann, befahl ihm, sein Bett aufzunehmen und hinzugehen und plötzlich war der Kranke gesund.

Nun, ich möchte diesen Mann wegen seiner Ausdauer empfehlen. Ich bewundere ihn wegen seiner Geduld und Ausdauer, bitte euch aber dennoch, ihn nicht nachzuahmen. Er wartete, denn Jesus war nicht da. Ihr aber müßt nicht warten, denn Jesus ist hier. Der Kranke war auf das Warten angewiesen. Wie gesagt, es war ein Engel da und ein Teich, weiter nichts. Wo aber Christus ist, sollte kein Warten sein.

Jede Seele, die heute glaubt, wird an diesem Tag gesund. Jede Seele, welche jetzt auf Christus schaut, wird gerettet. Du darfst also jetzt zu Ihm aufblicken, ja, es wird dir befohlen. „Jetzt ist die wohlangenehme Zeit, jetzt ist der Tag des Heils" (2. Kor. 6,2). „Heute, wenn ihr seine Stimme höret, verhärtet eure Herzen nicht, wie in der Erbitterung" (Hebr. 3,15). Ihr dort auf jenen Bänken oder drüben auf den Galerien, wenn ihr im Glauben das Auge auf den Herrn Jesus richtet, werdet ihr geheilt werden. Das Warten mag ganz gut sein am Teich Bethesda, aber Warten am Teich der Verordnungen, wie einige es zu nennen pflegen, ist nicht schriftgemäß. In der Heiligen Schrift steht nichts von solchem Warten, es heißt vielmehr einfach: „Glaube an den Herrn Jesus Christus, so wirst du gerettet werden."

Jedoch zur Hilfe derer, die gewartet haben, bis sie müde, verzagt und enttäuscht geworden sind, laßt uns den Fall des Kranken am Teich Bethesda ansehen.

1. Der Heiland kannte ihn

Ich erwähne dies nur um zu sagen, daß dem Heiland auch deine Lage bekannt ist. Jesus sah ihn liegen. Es gab vieles, was die Augen des Herrn fesseln konnte. Er richtete aber den Blick auf diesen Mann, der achtunddreißig Jahre lang krank gelegen hatte.

So ist dem Heiland auch deine Lage bekannt. Er sieht dich an diesem Tag liegen, gerade da wo du liegst, krank, ohne Hoffnung, ohne Licht, ohne Glauben. Er findet dich inmitten dieser Schar, wo du auch sitzen magst. Er mustert dich vom Kopf bis zu den Füßen, er schaut sowohl nach innen als nach außen und liest alles, was in deinem Herzen ist. Du erinnerst dich noch an die Zeit, als du zuerst mit deiner Mutter zu dem Haus Gottes gingst. Du weißt noch, wie du als Knabe auf die Predigten hörtest und nicht selten erschrakst, wie du in deinem Kämmerlein Gott um Gnade anriefst. Später aber hast du diese Eindrücke vergessen, sie waren wie Morgennebel, die vor der aufgehenden Sonne verschwinden. Du kamst nach London. Zum Jüngling und zum Mann herangewachsen, wurdest du gleichgültig über göttliche Dinge und schütteltest alle früheren Eindrücke ab. Dennoch hast du dich nicht der Verkündigung des Wortes entzogen und hast manchmal auf einen Segen gehofft. Du hast das Wort gehört, weil du es aber ohne Glauben hörtest, hast du keinen Segen bekommen. Trotzdem hast du immer noch auf einen Segen gehofft. Es wäre dir nicht möglich gewesen, über Frömmigkeit oder christliche Werte zu spotten. Du hast sie nicht für dich selbst bekommen können, du hast aber doch immer das stille Verlangen gehabt, dem Volk Gottes zugezählt zu werden. Nun, dem Herrn Jesus ist das alles bekannt. Er weiß, wie lange Jahre du als Hörer gewartet hast – als Hörer, nicht als Täter des Wortes – wie du oftmals wohl tiefe Eindrücke empfangen, jedoch deinen besseren Gefühlen Gewalt angetan hast und zu deinem sorglosen Wesen zurückgegangen bist.

Mein Herr weiß alles, was dich betrifft. Ich kann dich nicht aus dieser Versammlung herausfinden; bedenke aber, daß, während ich heute das Wort verkündige, Wunder geschehen werden. Es werden in diesem Haus Dinge geschehen, welche die ganze Natur der Menschen verändern. Wird doch Christus gepredigt und unter Gebet Sein Evangelium verkündigt, und das ist nicht vergeblich. Gott wird es segnen, Er wird gewiß an diesem Abend jemand segnen. Wer dieser Jemand sein mag oder wieviel hundert „Jemand" es sein mögen, weiß ich nicht, aber das weiß ich, daß Er Sein Wort segnen wird und weshalb sollte Er denn nicht auch dich segnen? Er weiß genau, wer du bist, wo du bist und was du bist.

Unser Herr kannte alle Enttäuschungen des Kranken. Wie oft, wenn er sich beeilt hatte, an den Rand des Wassers zu kommen, war ein anderer ihm zuvorgekommen und seine Hoffnung war vereitelt! Ein anderer kam als Gesunder aus dem Wasser, während er seufzend auf sein Lager zurückfiel. Wie lange würde es dauern, bis der Engel abermals das Wasser bewegte? Und vielleicht würde er auch dann wieder enttäuscht werden! Er gedachte der Zeiten, wo er alle Hoffnung aufgegeben hatte und fast bis zur Verzweiflung gekommen war.

Nun, vielleicht sagt dieser oder jener unter uns: „Mein Bruder hat den Herrn gefunden. Mein Freund, der mit mir hierher kam, hat den Herrn angenommen. Ich habe meine Mutter in der Hoffnung der Herrlichkeit sterben sehen. Ich habe Freunde, die zu Christus gekommen sind, aber ich lebe noch ohne Ihn. Wenn besondere Gottesdienste gehalten wurden, habe ich gehofft, besonders gesegnet zu werden. Ich bin in Gebetsversammlungen gewesen, habe heimlich meine Bibel gelesen und manchmal gehofft – es war nur eine geringe Hoffnung, aber ich hoffte doch – eines Tages geheilt zu werden." Ja, lieber Freund, und mein Herr weiß das alles und nimmt teil an deinem Kummer, der dich drückt. Er hört auch deine unausgesprochenen Wünsche und kennt dein Sehnen nach Genesung.

2. Der Heiland weckt das Verlangen des Kranken

Er spricht zu ihm: „Willst du gesund werden?" Da lag er. Es ist nicht meine Absicht, sein Liegen am Teich zu beschreiben, sondern es nur auf die anzuwenden, die sich in einem ähnlichen Zustand befinden.

Hüte dich zu vergessen, weshalb du hier bist.

Hüte dich, zum Haus Gottes zu kommen ohne zu wissen, weshalb du kommst. Ich habe gesagt, daß du seit vielen Jahren zum Gottesdienst gegangen bist in der Hoffnung, dort das Heil zu finden. Du bist immer wieder gekommen, ohne es zu finden. Ist es dir nicht eine Gewohnheit geworden, da zu sitzen und die Predigt und Gebete zu hören, ohne das Gefühl, daß du um etwas

Besonderes für dich selbst gekommen bist? Du kommst und gehst, bloß um zur Kirche zu gehen – das ist alles. Der Heiland wollte nicht, daß der Kranke sich nur damit begnügte, daß er an dem Teich lag. Nein, nein. Er fragt vielmehr: „Warum bist du hier? Hast du keinen Wunsch? Willst du gesund werden?" Mein lieber Zuhörer, wie gerne möchte ich, daß du diese Frage mit „ja" beantworten könntest! Bist du an diesem Tag hierher gekommen, damit dir deine Sünden vergeben, damit du durch die Gnade Gottes erneuert werden und dem Heiland begegnen könntest? Ist das der Fall, dann bleibe dabei, und komme nicht wieder nur, um hier zu sitzen, nur um zu kommen und immer wieder zu kommen, und der Tür in ihren Angeln gleich zu sein, die auf und zu geht und nicht das Geringste dabei profitiert. O, verfalle nicht in religiöse Gewohnheiten! Du kommst und gehst und begnügst dich damit. Das reicht aber nicht. Christus weckt dein Verlangen, indem Er die Frage an dich richtet: „Willst du gesund werden?"

Hüte dich vor einer resignierenden Gleichgültigkeit. Ich erinnere mich zweier Brüder und einer Schwester, die mich vor längerer Zeit predigen hörten und in große Seelennot gerieten. Sie hatten allerdings die Idee, daß sie nicht an den Heiland glauben könnten, sondern warten müßten – ich weiß kaum auf was – und sie haben gewartet, bis sie alt wurden. Ich habe nie bessere moralische Leute oder, soweit es das Interesse für das gepredigte Wort betrifft, nie bessere Zuhörer gekannt – aber bei allem kamen sie, wie es schien, nicht weiter. Sie gerieten zuletzt in einen Zustand, in welchem sie meinten, es würde sein, wenn es sein sollte und nicht sein, wenn es nicht sein sollte, und daß alles, was ihnen zu tun übrigblieb sei, still zu sitzen, still und geduldig zu sein. Wie, geduldig in der Befürchtung, ewig verloren zu gehen?

Nun, ich erwarte nicht von dem verurteilten Verbrecher, daß er in seiner Zelle geduldig und glücklich ist, während er hört, daß draußen der Galgen für ihn aufgerichtet wird. Er muß unruhig sein.

Ich habe mein möglichstes getan, jene erwähnten Freunde unruhig zu machen, fürchte aber, daß meine Bemühungen wenig Erfolg hatten. Der Heiland sprach zu dem Kranken: „Willst du gesund werden? Du bist anscheinend in einem solchen Zustand, daß es dir einerlei ist, ob du gesund wirst oder nicht." Es ist kein schlimmerer Zustand denkbar, keiner, der so schwer zu behandeln wäre. Gott möge alle von der Gleichgültigkeit erretten, bei welcher man angesichts eines vermeintlichen unbekannten Schicksals dem Verderben entgegentreibt.

Ich bitte euch, zu beachten, daß es an euch ist zu wollen. Sagt doch der Herr Jesus zu dem Kranken: „Willst du gesund werden? Du kannst dich selbst nicht gesund machen, du kannst aber wollen und wünschen, gesund zu werden."

Gottes heiliger Geist hat in manchem unter uns das Wollen und das Vollbringen nach Seinem Wohlgefallen gewirkt. Niemand wird gegen seinen Willen gerettet, Gott schleift keinen bei den Ohren in den Himmel. Es muß in dem Menschen ein williges Herz sein, das sich dem Wirken der souveränen Gnade nicht entzieht. Ist dieses Wollen bei dir vorhanden, so übe es diesen Tag aus, wie der Heiland es von dem Kranken erwartete. „Willst du gesund werden? Hast du irgend einen Wunsch, irgend ein Verlangen nach Genesung?"

O, wie gern möchte ich dieses Feuer schüren und zur Flamme bringen und wenn auch nur ein Funke von Verlangen vorhanden wäre, ich möchte ihn anblasen und bitten, daß der Heilige Geist ihn anfachen und zur hellen Flamme machen möge! Ich glaube, es sind viele hier, die den Wunsch haben, gerettet zu werden. Gott sei Dank dafür!

„Willst du gesund werden?" Ich denke, der Heiland hat noch aus einem anderen Grund so gefragt, welchem ich die Mahnung entnehmen möchte: Enthaltet euch jeglicher Vorschrift darüber, wie ihr selig werden wollt. Die Frage ist nicht: „Willst du in jenen Teich geworfen werden?" sondern: „Willst du gesund werden?" Die Frage ist nicht: „Willst du diese Arznei nehmen? Willst du, daß ich dies oder das für dich tue?" sondern: „Willst du gesund werden?" Ist es mit dir dahin gekommen, daß du willig bist, auf Gottes, auf Christi Weise selig zu werden? Einer antwortet: „Ich möchte einen Traum haben." Liebe Seele, wünsche dir keine Träume, Träume sind Schäume. Ein anderer sagt: „Ich möchte ein Gesicht sehen." Mein lieber Freund, im Heilsplan steht nichts davon. „Ich möchte eine Stimme hören", sagt ein dritter. Nun, so höre denn meine Stimme und möge Gott, der Heilige Geist, geben, daß du durch mich die Stimme Seines Wortes hörst! „Aber ich möchte" – o ja, du möchtest und weißt nicht was; du möchtest – ähnlich wie ein törichtes Kind, das seine Wünsche und Phantasien hat.

O, daß wir alle willig wären, gesund, gerettet zu werden dem Erlösungsplan gemäß: „Glaube und lebe!" Wenn dies Gottes Weise ist, wer bist du, daß du für dich einen neuen Weg begehrst?

Als ich vor einiger Zeit einer Freundin den Heilsweg vorgehalten hatte, bat sie: „O, bete für mich!" „Nein", antwortete ich, „ich will nicht für dich beten!" „O", sagte sie, „wie kannst du das sagen?" Ich antwortete: „Ich halte dir den gekreuzigten Heiland vor und bitte dich, an Ihn zu glauben. Willst du nicht an Ihn glauben, so gehst du verloren und ich werde Gott nicht bitten, daß Er irgend einen anderen Heilsweg für dich bereitet. Bei dir ist es, verloren zu gehen, wenn du nicht an Jesus glauben willst." Gerade so habe ich es ihr vorgehalten, und als sie später zu mir sagte: „O, jetzt sehe ich es! Ich schaue auf Jesus und vertraue auf Ihn", sagte ich: „Jetzt will ich mit dir beten, jetzt können wir zusammen beten und könnten auch zusammen singen!"

Aber, liebe Freunde, stellt nicht eure eigenen Ideen über Bekehrungsmethoden auf. Sollten sich wohl zwei Personen finden, die auf dieselbe Weise bekehrt werden? Gott macht keine Bekehrte, wie Menschen Stahlfedern machen, ein ganzes Dutzend in einer Schachtel, alle gleich. O nein, es wird vielmehr in jedem Fall ein lebendiger Mensch erschaffen und jeder lebendige Mensch, jedes lebendige Tier, jede Pflanze ist verschieden von jedem anderen seiner Art. So darfst du auch in dem Werk der Wiedergeburt keine Gleichförmigkeit erwarten. „Willst du gesund werden? Begehrst du Vergebung deiner Sünden? Sehnst du dich nach einem neuen Herzen und nach einem neuen Geist?" Ist das der Fall, dann höre auf mit dem Reden darüber, wie du dazu gelangen sollst. Tue vielmehr, was Christus dir sagt.

„Willst du gesund werden?" Es ist, als ob der Heiland sagen wollte: „Nimm es ernst damit, mehr denn je. Ich weiß, daß du gesund werden willst, nun, so will es denn heute mehr, als du es je zuvor gewollt hast." Laß es vom Wollen zum Tun kommen. Ist es dir ernst um deine Seligkeit; laß es dir an diesem Tag noch ernster sein. Du begehrst, Jesus zu finden, begehre es an diesem Tag mehr, als du es je in deinem Leben getan hast.

Du bist an einen wichtigen Wendepunkt deines Lebens gekommen, du magst am Rand des Todes sein – wer weiß es! Wieviele sind in der letzten Zeit plötzlich dahingerafft worden! Wenn du gesund werden willst, so möchte ich, daß es heute abend geschieht. Ich bitte, daß du etwas fühlen möchtest, was dich drängt, etwas, was deinem langen Aufschieben ein Ende macht, etwas, was dich veranlaßt zu sagen: Ich habe keine Zeit mehr zu verschwenden, ich darf nicht zögern. Ich muß an diesem Tag gerettet werden. Ich muß das deutliche Ticken der großen Uhr, die in dem Gnadensaal Gottes steht, hören, die Uhr, die immer tickt: „Jetzt, jetzt, jetzt, jetzt!" und nie einen anderen Laut hören läßt. O, möge der Herr durch Seine eigene, freie Gnade das geben!

So seht ihr, wie der Heiland das Verlangen des Kranken am Teich Bethesda weckt. Ihm war sein Zustand bekannt und Er weckte sein Verlangen.

3. Der Heiland hört die Not des Kranken

Er sagte: „Herr, ich habe keinen Menschen, daß er mich, wenn das Wasser bewegt worden ist, in den Teich werfe; indem ich aber komme, steigt ein anderer vor mir hinab." Dieser Mann hatte alle seine Freunde verloren; bei seiner achtunddreißigjährigen Krankheit waren alle müde geworden, und er sagte: „Ich habe keinen Menschen, der mich in den Teich werfe — wie kann ich denn ins Wasser kommen?" In dieser Lage sind viele und sie bedürfen des Beistandes. Während meines Aufenthaltes in Menton wurde es mir vergönnt, eine Anzahl Freunde zu Christus zu führen. Als ich vorhatte, wieder nach London zurückzureisen, sagte der eine und andere zu mir: „Was sollen wir ohne Sie anfangen! Wir werden jetzt niemand haben, der uns auf den rechten Weg führt, niemand, der uns anleitet, niemand, der uns über unsere Hindernisse hilft, unsere Zweifel beseitigt und dem wir das Herz ausschütten können."

Ohne Zweifel würde mancher von euch ähnlich reden und ich muß zugeben, daß es ein großer Mangel ist, in einer solchen Lage keinen Menschen zur Seite zu haben. Wenn manchmal nach der Predigt jemand ein freundliches Wort spricht, mag vielleicht dieses Wort mehr Gutes verrichten, als die Predigt selbst.

Mancher, der lange im Gefängnis geschmachtet hat, wäre vielleicht früher befreit worden, wenn irgend ein mitfühlender Freund den Bruder an eine göttliche Verheißung erinnert hätte, die als Schlüssel dienen könnte, die Tür des Gefängnisses aufzutun. Ich stimme dem völlig zu, daß es eine große Hilfe ist, einen Freund zu haben, der euch über eine Schwierigkeit hinweghilft, der euch an den Rand des Wassers trägt, an welchen ihr selbst nicht kommen könnt, um euch in den Teich fallen zu lassen. Es ist sicher ein großer Verlust, wenn du keinen solchen

Freund hast und es tut mir leid um dich. Du wohnst vielleicht in einem Dorf, in welchem keiner mit dir über geistliche Dinge redet oder du gehörst einer Kirche an, in welcher du keine Nahrung für deine Seele findest. Du hast niemand, der dich tröstet. Es gibt überhaupt nicht viele, die einem Sünder helfen können, zu Christus zu kommen. Vielleicht sagt jemand: „Ich habe keine Mutter, mit der ich sprechen könnte, ich habe keinen Verwandten in meiner Familie, der Christ ist und den ich um Rat bitten könnte, daher kommt es, daß ich festsitze, wo ich bin!" Nun, ein Helfer ist sehr begehrenswert, er ist aber vielleicht doch nicht so wertvoll wie du meinst. Ich kenne solche, denen es nicht an christlichen Helfern fehlte, als sie den Herrn suchten, aber keiner von ihnen war imstande, wirklich zu helfen. Wenn du auf menschliche Stützen dein Vertrauen stellst und sie für wesentlich hältst, wird Gott ihre Bemühungen nicht segnen, sie sind dir nutzlos.

Ich fürchte, mancher Suchende hat sogar zu frommen, ernsten Christen sagen müssen, was Hiob zu seinen Freunden sagte: „Ihr seid leidige Tröster." Wie könnte auch ein Mensch dir in den Angelegenheiten deiner Seele viel helfen? Kann doch kein Mensch dir Glauben oder Vergebung, geistliches Leben oder geistliches Licht geben. Wenn du keinen Menschen zur Stütze hast, so bedenke, wie leicht du zuviel von christlichen Helfern erwarten könntest.

Ich fürchte, es gibt Bekenner, denen ein wenig zu viel geholfen wurde. Sie hörten eine Predigt, die tiefen Eindruck auf sie machte, und jemand war so töricht zu bemerken: „Das ist eine Bekehrung!" während es durchaus keine Bekehrung war. Der christliche Freund sagte weiter: „Jetzt tretet hervor und bekennt euren Glauben!" Sie taten dementsprechend und bekannten etwas, was sie nie gehabt hatten. Der eifrige Freund drängte weiter: „Jetzt kommt zu dieser oder jener Versammlung, kommt und schließt euch der Gemeinde an." So wurden sie geführt und weiter gedrängt, ohne daß sie je wahrhaftig neues Leben oder

geistliche Kraft von oben hatten. Sie sind so wie Kinder in Geh-
stühlen, die allein nicht gehen können. Gott bewahre mich vor
einem Christentum, das von anderen abhängig ist!
Es gibt andere, die eine Art Anlehne-Religion haben, die sich
auf jemand stützen. Wenn ihnen aber die Stütze genommen wird
– was wird aus den Anlehnenden? Der Seelsorger pflegte dich
am Gehen zu halten; du glichest einem Kreisel, der von einer
Peitsche in Bewegung gehalten wurde. Aber wo bist du, wenn
er dir genommen wird? Ich bitte dich, begnüge dich nicht mit
einem derartigen Christentum. Mag auch ein Helfer sehr
nützlich sein, vergiß nicht, daß unter gewissen Umständen sogar
ein christlicher Helfer ein Hindernis sein kann.

Und nun, meine lieben Zuhörer, bin ich zu dem Punkt
gekommen, auf den ich es abgesehen hatte: Ihr habt es mit Jesus
selbst zu tun und wenn ihr euch zu Ihm wendet, braucht ihr
keinen Menschen. Ihr habt es weder mit Teichen noch Engeln,
sondern mit dem Herrn Jesus selbst zu tun. Angenommen, es
wäre kein Mensch zu deiner Hilfe da – brauchst du einen Menschen, wenn Jesus hier ist? Es bedurfte des Menschen, um dich
in den Teich zu werfen, du benötigst aber keinen Menschen, um
zu Jesus zu kommen. Du darfst vielmehr selbst zu Ihm sprechen,
Ihm selbst deine Bitte um Barmherzigkeit vorbringen, Ihm selbst
deine Sünden bekennen. Du brauchst keinen Priester, sondern
einen Mittler zwischen deiner Seele und Gott, bedarfst aber
keines Mittlers zwischen deiner Seele und Jesus. Du darfst zu
Ihm kommen, wo du auch sein magst und wie du auch sein
magst. So komm denn jetzt zu Ihm. Vertraue Ihm deine Lage
an, bitte Ihn um Sein Erbarmen! Er bedarf nicht meiner Hilfe,
nicht der des Erzbischofs von Canterbury. Er bedarf nicht der
Hilfe irgend eines Menschen, Er allein kann dir helfen. Lege
deine Sache in Seine Hand, und dann, wenn du auch keinen
Menschen zur Stütze hast, lege dich nicht nieder, um dich zu
sorgen, denn Er kann alle völlig erretten, die durch Ihn zu Gott
kommen.

Nun, dies alles ist eine einfache Rede, wir brauchen aber heutzutage einfache Reden. Es ist mir, als ob ich sonntags nicht gepredigt hätte, wenn ich nicht versucht habe, dem Herrn Jesus Seelen zuzuführen. Es gibt ja viele hohe und erhabene Lehren, über welche ich gern reden, manche tiefe, freudevolle Erfahrung, die ich beschreiben möchte. Ich habe aber den Eindruck, daß ich mich stattdessen mehr bei den einfachen Sachen aufhalten muß, die mehr dazu dienen, meine Hörer zu überreden, von Menschen und äußeren Verrichtungen und von sich selbst abzusehen, um deutlich und unverzüglich es mit dem Herrn Jesus selbst zu tun zu haben.

4. Der Heiland entsprach völlig der Not des Kranken

Der Kranke hatte keinen Menschen zur Hilfe, aber der Herr Jesus kann helfen ohne menschlichen Beistand. Der Kranke kann sich nicht ohne große Schmerzen bewegen, er muß bis an den Rand des Wassers kriechen – aber nun braucht er auch nicht zu kriechen, braucht sich keinen Zentimeter zu bewegen. Die Kraft, ihn zu heilen, lag in Christus, der dastand, um Sünder zu erretten, den Hilflosen zu helfen. Beachtet, daß die errettende Kraft nicht in dem Geretteten, sondern allein in dem Retter ist.

Ich erlaube mir, denen zu widersprechen, die behaupten, das Heilswerk sei eine Entwicklung. Alles, was sich aus dem sündigen Herzen entwickeln kann, ist Sünde und nichts als Sünde. Das Heil ist die freie Gnadengabe Gottes durch Jesus Christus und dieses Werk ist übernatürlich. Es wird verrichtet von dem Herrn selbst, und Er hat Macht, es zu tun, wie schwach, wie tot in Sünden der Sünder auch sein mag. Ihr müßt nur von euch selbst weg und allein auf Ihn schauen, den Gott zum Herrn und Heiland der Menschen erhöht hat. Der Herr Jesus entsprach dem Zustand des Kranken und war imstande, alles zu tun, was der Arme bedurfte.

So kann Er auch dir in deiner Lage helfen, mein lieber

Zuhörer. Während deines ganzen Weges zum Himmelstor wird niemals etwas erforderlich sein, was Er dir nicht geben könnte, denn Er hat alle Macht im Himmel und auf Erden.

Der Herr kann mehr für dich tun, als du von Ihm erbittest. Dieser arme Kranke bat den Herrn um nichts. Seine Blicke und sein Liegen am Teich waren seine einzigen stummen Bitten. Wer heute meint, daß er nicht beten könne, wer Bekümmernisse hat, die er nicht zu beschreiben vermag, wem etwas fehlt und er weiß nicht recht was – dem kann der Herr Jesus alles geben. Du wirst wissen, was dir fehlt, wenn du es bekommst, aber vielleicht läßt Er in Seiner Barmherzigkeit dich jetzt nicht alles wissen, was dir fehlt. Aber das ist die Hauptsache: Er kann überschwenglich mehr tun, als was wir bitten und verstehen. Möge Er es heute an dir tun! Nimm dir also aus der Heilung des Kranken Trost und Hoffnung und sprich: „Warum sollte Er denn nicht auch mich gesund machen?"

Die Weise, in welcher der Heiland hier Sein Wunder wirkte, war sehr eigenartig. Er wirkte durch einen Befehl. Das ist freilich keine Methode, die ihr und ich gewählt haben würden, es ist auch kein Weg, den Namens-Christen billigen.

„Steh auf!" spricht der Herr. Aber der Kranke konnte nicht aufstehen. „Nimm dein Bett und geh hin!" Geh hin? Er konnte ja nicht gehen. Ich habe Leute sagen hören: „Jener Prediger sagt seinen Zuhörern: ‚Glaubt!' Sie können aber doch nicht glauben. Er ruft ihnen zu: ‚Tut Buße!' Sie können aber doch nicht Buße tun."

Nun gut, unser Herr ist unser Beispiel. Er sprach zu dem Mann, der weder aufstehen, noch sein Bett aufnehmen, noch gehen konnte: „Stehe auf, nimm dein Bett auf und gehe hin!" Dies war Seine Methode zur Ausübung Seiner göttlichen Macht und das ist die Weise, in welcher der Herr Jesus noch heute errettet. Er gibt uns Glauben genug um zu rufen: „Ihr Totengebeine, hört das Wort des Herrn!" Sie können aber nicht hören. So sagt der Herr: „Ihr Totengebeine, lebet!" Sie können nicht leben und doch hören sie und leben. Während wir im Glauben handeln, indem wir einen Befehl ausführen, der auf der Oberfläche unvernünftig erscheint, wird das Wort Christi ausgerichtet. Hat Er nicht zu Anfang in die Finsternis gerufen: „Es werde Licht!"? An wen richtete der Herr dieses Machtwort? An die Finsternis und an das Nichts. „Und es ward Licht." Jetzt spricht Er zu dem Sünder und befiehlt: „Glaube und lebe!" Der Sünder glaubt und lebt. Gott will, daß Seine Botschafter, die den Glauben haben, diesen Befehl auszusprechen, es den Sünder wissen lassen sollen, daß er nicht die Kraft zum Gehorchen hat, daß er moralisch verdorben und verloren ist – daß sie trotzdem im Namen des ewigen Gottes sagen sollen: „Stehe auf, nimm dein Bett und gehe hin!" Glaubt, tut Buße, bekehrt euch und ein jeder lasse sich taufen auf den Namen des Herrn Jesus Christus. Dies ist die Weise, auf welche die Macht des Herrn unter den Menschenkindern hervortritt. Zu dem Mann mit der verdorrten Hand spricht Er: „Strecke deine Hand aus!" (Luk. 6,10), und er tat es. Den Toten ruft Er zu: „Stehe auf!" „Komm heraus!" und sie gehorchen. Seine Befehle sind voller Kraft; wo sie treu gepredigt werden, finden Seelen Errettung.

Ich schließe mit der Feststellung: im Gehorsam liegt Kraft. Der Kranke hielt sich nicht mit Widersprechen auf und sagte nicht: „Aufstehen? Was willst Du damit sagen? Du siehst aus wie ein Freund, aber bist Du hergekommen, um Deinen Spott mit mir zu treiben? Aufstehen? Achtunddreißig Jahre lang habe ich hier gelegen und Du sagst: ‚Stehe auf?' Meinst Du, daß in diesen achtunddreißig Jahren ein Augenblick vergangen ist, in welchem ich nicht hätte aufstehen und tun mögen, was Du gesagt hast? ‚Stehe auf!' sagst Du, ‚ja, noch mehr: Nimm dein Bett? Trage das Bett, auf welchem du liegst!' Wie könnte ich das! Es sind schon achtunddreißig Jahre her, seitdem ich nicht mehr das Gewicht eines Pfundes habe tragen können und Du befiehlst mir, das Bett zu tragen, auf welchem ich liege? Willst Du mich zum Gegenstand des Spottes machen? Und gehen? Du sagst: ‚Gehe hin!' Gehen? Hört es, ihr Leidensgenossen um mich her, Er sagt, daß ich gehen soll! Ich kann kaum einen Finger aufheben und Er fordert mich auf zu gehen!"

So hätte er dem Befehl widersprechen können und seine Beweisgründe hätten als sehr logisch bezeichnet werden müssen, so daß selbst der große Heiler hätte überzeugt sein müssen, daß Er leere Worte gesprochen habe.

Aber anstatt so zu reden, wurde der Kranke willig aufzustehen, sobald der Herr Jesus das „Stehe auf!" gesprochen hatte. Er bemühte sich aufzustehen und stand zu seiner eigenen Verwunderung wirklich auf. Er stand auf, beugte sich nieder und hob voller Verwunderung sein Bett auf, und hätte, während er es aufhob und auf die Schulter legte, gewiß laut singen mögen. Zu seiner Überraschung stellte er fest, daß er stehen und gehen konnte. Sein Bett auf der Schulter, ging er hin. Das Wunder war vollständig.

„Halt, lieber Mann, halt! Komm her! Sage, hast du die Kraft dazu aus dir selbst?"

„Nein, gewiß nicht. Ich lag achtunddreißig Jahre lang und hatte keine Kraft, bis der große Arzt sprach: ‚Stehe auf, nimm dein Bett auf und gehe hin!'" „Aber hast du das getan?" „O ja, du siehst es ja. Ich stand auf, schlug mein Bett zusammen und ging hin." „Du warst aber einem gewissen Zwang unterworfen, dadurch bewegten sich deine Beine und Hände, nicht wahr?" „O nein, ich tat es frei und freudig. Zwang? O, ich schlage vielmehr vor Freude die Hände zusammen, weil ich es konnte. Ich möchte nicht wieder zurückkehren und dort liegen. Gewiß nicht!" „Nun, was hast du denn getan?" „Ich weiß es kaum: ich glaubte Ihm und tat, was Er mir sagte, da kam eine eigentümliche, geheimnisvolle Kraft über mich − das ist die ganze Geschichte." „Jetzt erkläre alles, sage diesen Leuten alles." „O nein," erwiderte der Genesende, „ich weiß, daß es so ist, aber erklären kann ich es nicht. Eins aber weiß ich: Ich war ein Krüppel − und kann jetzt gehen; ich war schwach − jetzt kann ich mein Bett tragen; ich lag dort – jetzt kann ich stehen und gehen!"

Ich kann euch das Heilswerk weder erklären noch sagen, wie es vor sich geht. Ich weiß aber noch, daß ich als ein verzweifelter Sünder in der Kirche saß, wie je einer gelebt hat. Ich hörte den Prediger sagen: „Schaue auf Christus und lebe!" Es war, als ob er mir zurief: „Schaue! Schaue! Schaue!" Und ich schaute und lebte. In demselben Augenblick war meine Sündenlast von mir genommen. Ich war nicht mehr verkrüppelt vom Unglauben und ging hin als ein aus Gnaden geretteter Sünder, um zu leben und den Herrn zu preisen.

Ich habe den Eindruck, als ob an diesem Tag viele hier sind, die einfach der Aufforderung des Evangeliums folgen: „Glaube und lebe! Glaube an den Herrn Jesus Christus, so wirst du gerettet werden!"

O, tut es! Tut es jetzt! Und dann sei Gott die Ehre und Sein Friede und Seligkeit wird dein Teil sein! Amen.

DER GLAUBE DES KÖNIGLICHEN BEAMTEN

„Er kam nun wiederum nach Kana in Galiläa, wo er das Wasser zu Wein gemacht hatte. Und es war ein gewisser königlicher Beamter, dessen Sohn krank war, in Kapernaum. Als dieser gehört hatte, daß Jesus aus Judäa nach Galiläa gekommen sei, ging er zu ihm hin und bat ihn, daß er herabkomme und seinen Sohn heile; denn er lag im Sterben. Jesus sprach nun zu ihm: Wenn ihr nicht Zeichen und Wunder sehet, so werdet ihr nicht glauben. Der königliche Beamte spricht zu ihm: Herr, komm herab, ehe mein Kind stirbt! Jesus spricht zu ihm: Gehe hin, dein Sohn lebt. Und der Mensch glaubte dem Wort, das Jesus zu ihm sagte und er ging hin. Aber schon während er hinabging, begegneten ihm seine Knechte und berichteten, daß sein Knabe lebe. Er erforschte nun von ihnen die Stunde, in welcher es besser mit ihm geworden sei; und sie sagten zu ihm: Gestern zur siebenten Stunde verließ ihn das Fieber. Da erkannte der Vater, daß es in jener Stunde war, in welcher Jesus zu ihm sagte: Dein Sohn lebt. Und er glaubte, er und sein ganzes Haus."
(Johannes 4,46-53)

Diese Geschichte beleuchtet das Aufgehen und das Wachstum des Glaubens in der Seele. Während ich versuche, darüber zu reden, bitte ich, daß dieser Glaube auch in unserem Herzen aufgehen und in unserem Geiste wachsen möge. Der Zweck, meine Brüder, ist, nicht nur von diesen Dingen zu hören, sondern

169

vielmehr, daß sie sich in eurer eigenen Seele wiederholen mögen. Wir möchten gern etwas Wirkliches ausrichten und die göttlichen Dinge zu unserer wirklichen Herzenssache machen. Wir möchten nicht nur hören von diesem Beamten von Kapernaum oder irgend jemand sonst, sondern auch in unseren Herzen dasselbe Gnadenwerk sehen, das in ihnen gewirkt wurde. Derselbe lebendige Christus ist auch hier und wir benötigen Seine Hilfe ebensosehr, wie dieser königliche Beamte. Möchten wir sie suchen, wie er sie gesucht hat und sie finden, wie er sie gefunden hat! So wird der Heilige Geist, der die vorstehende Begebenheit dem Apostel eingegeben hat, sie wieder schreiben, nicht auf die Blätter eines Buches, sondern auf die fleischernen Tafeln unseres Herzens.

Beachten wir zunächst, daß dieser hohe Herr zunächst durch die Not zu Jesus getrieben wurde. Wäre er ohne Trübsal geblieben, so hätte er vielleicht Gott und den Heiland vergessen. Aber nun kam die Trübsal wie ein verkleideter Engel Gottes in sein Haus.

Du bist vielleicht an diesem Tag in Sorgen, lieber Freund, und sollte das der Fall sein, dann laß deine Leiden das schwarze Roß sein, welches die Barmherzigkeit an deine Tür trägt! Es ist etwas Trauriges, daß manche Menschen, je freundlicher der Herr mit ihnen handelt, es Ihm umsoweniger erwidern. Andererseits gibt es Herzen, die sich zu dem Herrn kehren, wenn Er sie schlägt. Wenn sie auf tiefen Wassern treiben, wenn sie kaum das nötige Brot finden können, wenn sie von Krankheit ergriffen werden und besonders, wenn ihre Kinder darniederliegen, dann beginnen sie, an Gott und an bessere Dinge zu denken. Gesegnet ist in solchem Fall die Züchtigung des großen Vaters. Es ist gut für die Betrübten, wenn ihre Trübsal ihr Herz zur Buße treibt und Buße sie dahin führt, Gnade und Vergebung zu suchen und zu finden.

Die besondere Form der Trübsal, von welcher dieser königliche Beamte heimgesucht wurde, war die Krankheit seines

Kindes. Er hatte einen kleinen Sohn, den er innig liebte und dieser Liebling lag an einem tödlichen Fieber darnieder. Der Vater scheint von Natur sehr gütig und liebevoll gewesen zu sein. Seine Knechte nahmen anscheinend großen Anteil an dem Schmerz, der ihren Herrn so tief beugte. Sehen wir doch, wie eilig sie es haben, um ihm entgegen zu gehen und ihm die Freudennachricht von der Genesung seines Kindes zu bringen! Des Vaters Herz war tief beschwert, weil sein lieber Sohn am Rande des Todes lag. Ohne Zweifel hatte er alle damals gebräuchlichen Arzneien ausprobiert, hatte jeden Arzt herbeigerufen, der meilenweit in der Umgebung Kapernaums zu finden war, und jetzt, nachdem er von Jesus aus Nazareth gehört hat, der in Kana Wasser zu Wein gemacht und in Jerusalem viele mächtige Taten getan hat, begibt er sich mit einer dringenden Bitte und verzweifelter Hoffnung zu Ihm. Er hätte vielleicht nie daran gedacht, Jesus zu suchen, hätte er es nicht um seines lieben, sterbenden Jungen willen getan.

Wie oft kommt es vor, daß Kinder, wenn sie auch keine Engel sein mögen, gebraucht werden, Besseres auszurichten, als Engel es könnten, denn sie führen die Eltern zu Gott und zu dem Himmel! Sie winden sich um unsere Herzen und dann, wenn wir sie dahinsiechen sehen und ihre Schmerzen mitfühlen, rufen wir mit blutendem Herzen aus: „O Gott, schone mein Kind! Herr, erbarme Dich meines Kleinen!"

Die ersten Gebete, die aus manchem Herzen emporsteigen, sind unter Gottes Leitung aus Schmerz über inniggeliebte, leidende oder sterbende Kinder geboren. Steht nicht geschrieben: „Ein kleines Kind wird sie führen!"? So war es bei diesem Mann: Er wurde durch Angst und Not zu Jesus getrieben.

Ich denke, daß ich in diesem Augenblick zu gewissen Personen rede, die sich noch nicht bekehrt haben, welche aber hierher gekommen sind, weil sie großen Kummer haben. Vielleicht welkt ein liebes Kind dahin, und die Eltern schreien zu Gott, daß Er sein kostbares Leben erhalten möge. Hier in diesem Haus fühlen sie sich einigermaßen getröstet, aber ihr Herz will angesichts des gefürchteten Verlustes fast brechen. O, wie bitte ich den Herrn, daß Er die Trübsal zu einem Gnadenmittel machen möge! Trübsal war die Gelegenheit, die Einleitung zu dem göttlichen Gnadenwerk. Wir wollen jetzt auf den Segensteil desselben sehen, auf den Glauben, der im Herzen des Beamten geboren wurde. Zuerst wollen wir den Glaubensfunken erspähen, dann das glimmende Glaubensfeuer, das so verdeckt und gedämpft ist, daß eigentlich mehr Rauch als Feuer zu erkennen ist, drittens wollen wir uns die Glaubensflamme ansehen oder den Glauben, der sich schließlich entschieden zeigte, und viertens die Feuersbrunst, als die Flamme in dem Manne emporschlug, sein ganzes Wesen entflammte und sich durch sein ganzes Haus verbreitete. "Er glaubte, er und sein ganzes Haus."

1. Der Glaubensfunke

Der Glaube dieses königlichen Beamten beruhte zunächst völlig auf den Mitteilungen anderer. Er wohnte in Kapernaum am Galiläischen Meer. Unter den Neuigkeitskrämern war es Tagesgespräch, daß ein großer Prophet auferstanden sei, welcher große Wunder vollbrachte. Er selbst hatte weder Jesum gesehen, noch Ihn reden hören, er glaubte aber was andere berichteten und tat recht daran, denn sie waren glaubwürdige Personen.

Ohne Zweifel befinden sich viele auf dieser ersten Station des Glaubens. Sie haben von Freunden gehört, daß Jesus die Sünder annimmt, daß Er die Sünde vergibt und das Gewissen beruhigt, daß Er das Herz des Menschen ändert, daß Er Gebete erhört, daß Er denen beisteht, die in Not und Trübsal sind. Dieses alles haben sie von solchen gehört, die einen guten Ruf haben, die sie hochachten und denen sie folglich Glauben schenken.

Freund, du sagst zu dir selbst: „Ich bezweifle nicht, daß alles wahr ist, aber ich frage mich, ob es wohl je an mir wahr werden

172

wird. Ich bin diesen Morgen in Sorge, wird der Herr Jesus mir helfen? Ich fühle einen Druck auf der Seele, wird ein Gebet um Hilfe mich erleichtern?" Ihr könnt aus irgend etwas, was ihr gehört oder selbst von Jesus gesehen habt, nicht schließen, daß Er euch so segnen würde, aber nach dem, was Freunde euch erzählt haben, denkt ihr, Er wird es tun.

Nun, der Glaube nimmt nicht selten auf solche Weise seinen Anfang. Man glaubt, was Bekannte oder Freunde, welche die Macht der göttlichen Liebe erfahren haben, erzählen und glaubt so wie die Samariter, die glaubten um der Rede der Frau willen. In späterer Zeit werden solche glauben, weil sie selbst gehört und gesehen und erfahren haben. Aber der Anfang ist doch ein guter. Dieser Glaube, der durch den Bericht anderer kommt, ist ein Funke des wahren Feuers. Gebt acht auf ihn. Möge Gott Gnade geben, es euer Gebet werden zu lasssen, daß dieser Funke zu einer Flamme werde!

Beachtet, daß der Glaube des Mannes in unserem Text so klein war, daß er sich nur auf die Genesung des kranken Kindes bezog. Der Mann wußte nicht, daß die Heilung seines eigenen Herzens nötig war. Er wußte nichts von seiner Unwissenheit über Jesus und von seiner eigenen Blindheit über den Messias. Er hat wahrscheinlich nicht gewußt, daß er wiedergeboren werden müsse, ebensowenig verstand er, daß der Heiland ihm Leben und Licht geben könne. Er hatte wenig Erkenntnis von der Macht des Heilandes, deshalb stand sein Glaube auf einer sehr niedrigen Stufe. Er glaubte, wenn der Herr Jesus sich nach seiner Wohnung bemühen würde, er verhindern könnte, daß sein Kind am Fieber stirbt. Bis dahin reichte sein Glaube und den Glauben, den er hatte, brachte er sofort in praktische Anwendung.

Freund, du hast bis jetzt noch nicht gewußt, wie groß mein Herr ist und was für wunderbare Dinge Er an denen tut, die Ihm vertrauen, du sagst aber: „Er könnte mir gewiß an diesem Tag helfen und mich von meinen Schwierigkeiten befreien." Nun, soweit ist es schon gut. Gebrauche den Glauben, den du hast. Bringe deine jetzige Not vor den Herrn. Laß dich dazu ermutigen. Wenn du nicht wegen ewiger Dinge zu Ihm kommen magst, so fange an mit den Leiden und Sorgen dieser Erde. Wenn du nicht wegen eines ewigen Segens zu Ihm kommen kannst, so magst du immerhin um eine äußere Gunst bitten und Er ist zum Hören bereit. Wenn sich dein Gebet auch nur um irdische Dinge bewegt und nicht mehr als ein natürliches Gebet sein mag, so bete es doch, denn Er hört das Schreien „der jungen Raben, die da rufen" (Psalm 147,9), und sie haben sicherlich keine geistlichen Bitten. Alles, um was Raben Ihn anrufen können, sind Würmer und Insekten, und doch hört Er und nährt sie. Und du, ein Mensch, wenn du auch in dieser Zeit nur noch um eine gewöhnliche Gunst, um eine der geringsten Segnungen bittest, so darfst du doch, wenn du nur etwas Glauben an den gnädigen Herrn hast, vertrauensvoll bitten. Mag auch dieser Glaube nur ein Funke und nichts mehr sein, so möchte ich ihn nicht ausblasen, viel weniger wird es der Herr Jesus tun, von dem es heißt, daß Er den glimmenden Docht nicht auslöschen wird.

Der Glaube des königlichen Beamten war so schwach, daß er die Macht Jesu auf Seine örtliche Anwesenheit beschränkte. Daher sein Gebet: „Herr, komm herab, ehe mein Kind stirbt." Wenn er nur den Herrn veranlassen könnte, das Zimmer zu betreten, in welchem sein sterbendes Kind lag! Er dachte, der Herr Jesus würde zu dem Fieber sprechen und dadurch würde es verschwinden. Er hatte aber keine Ahnung davon, daß der Wundertäter das auch aus einer Entfernung von fünfundzwanzig Meilen bewirken konnte und daß das Wort des Herrn auch ohne Seine persönliche Gegenwart wirkte. Und doch ist es besser, einen eingeschränkten Glauben zu haben, als gar keinen. Ihr Kinder Gottes macht euch einer großen Sünde schuldig, wenn ihr die Macht des Unendlichen beschränkt – wenn aber die es tun, welche durch Unwissenheit und schwachen Glauben Ihm Schranken setzen, so ist das weit eher zu entschuldigen. Der

Herr Jesus behandelt es in gnädiger Weise und nimmt es durch einen sanften Tadel hinweg.

Für einen Anfänger ist es etwas ganz anderes, schwach im Glauben zu sein als für euch, die ihr so lange die Güte Gottes erfahren habt und Ihm dennoch nicht ganz vertraut. Deshalb sage ich euch, in denen der Herr Sein Werk angefangen hat, wenn ihr auch nicht mehr Glauben habt, als nur zu sagen: „Der Herr Jesus könnte mich heilen, wenn Er hier wäre; wenn Er hier wäre, würde Er mir helfen und mein Schreien hören" − es ist besser, solchen Glauben zu haben als gar keinen. Du setzt Ihm zwar mit deinem kleinen Glauben enge Schranken und schließt Ihn in einen engen Raum ein, daher magst du nicht erwarten, daß Er mächtige Dinge für dich tun wird − aber nach dem Maß deines Glaubens wird Er mit dir gehen und dich segnen. Er mag vielleicht sogar nach Seiner unbeschränkten Gnade an dir tun über Bitten und Verstehen. Deshalb möchte ich deinen Glauben behandeln wie den eines Kindes: ich möchte ihn pflegen, bis er allein stehen kann und ihm den Finger entgegenstrecken, damit seine wankenden Schritte fest und sicher werden. Wir wollen das Kind nicht deswegen tadeln, daß es nicht laufen und springen kann, sondern es vielmehr pflegen und zu mehr Kraft anspornen; es wird schon zur rechten Zeit diese Kraft erhalten. Unser Herr Jesus Christus verdient von einem jeden von uns den größten Glauben. Betrübe Ihn deshalb nicht durch Zweifel an Seiner Macht. Gib Ihm, was du an Glauben hast und bitte um mehr.

Der Glaube des Mannes, mochte er auch nur ein Funke sein, beeinflußte ihn dennoch, indem er ihn veranlaßte, eine weite Reise zu machen, um den Herrn zu finden. Er scheute sich nicht, von Kapernaum über die Berge nach Kana zu reisen, um den Herrn zu bitten. Er ging selbst, was umso bemerkenswerter ist, weil er ein Mann von Rang und Stand war. Ob es vielleicht Chusa war, der Verwalter des Herodes? Es ist möglich. Wird uns doch von keiner anderen angesehenen Familie im königlichen Dienst erzählt, die auf der Seite des Herrn war. Außer von Manahen, der mit dem Vierfürsten Herodes erzogen war (Apg. 13,1), lesen wir nur von dieser Familie, daß es heißt: „Und Johanna, das Weib Chusas, des Verwalters Herodes... die ihm dienten mit ihrer Habe" (Luk. 8,3). Sei es nun, wie es wolle, es ist aber gewiß, daß damals Edelleute in der Gemeinde Gottes ebenso seltene Vögel waren, wie sie es heutzutage sind.

Nun, in der Regel denken Edelleute nicht daran, selbst solche Reisen zu machen, während so viele Diener zu ihrer Verfügung stehen. Dieser Beamte kam aber selbst zu Christus und bat Ihn persönlich, zu seinem kranken Kind zu kommen.

Wenn dein Glaube in mancher Hinsicht schwach sein mag und doch so stark, daß er dich persönlich zu Christus treibt, um persönlich zu Ihm zu beten, so ist er Gott wohlgefällig. Wenn er dich dahin führt, von ganzem Herzen zum Herrn zu beten und Ihn anzuflehen, so ist er rechter Art! Wenn dein Glaube dich dahin führt, daß du den Heiland um Gnade anrufst, so ist er der seligmachende Glaube. Mag er auch nur einem Senfkorn gleich sein, so zeigt er doch seine Dringlichkeit, daß Schärfe darin ist, daß es wahrer ‚Senf' ist.

Mein Lieber, hast du angefangen, wegen deiner Traurigkeit zu beten, heißt es in der Tiefe deiner Seele: „O Gott, errette mich heute! Ich bin nach London gekommen, um etwas ganz anderes zu sehen, aber ich bin heute hier eingekehrt. O möchte dies der Tag sein, an welchem mir geholfen, an welchem ich gerettet würde!"? Wenn dein Glaube dich zum Beten bringt, so ist er das anerkannte Kind der Gnade, denn wahrer Glaube ruft stets den Herrn an. Wenn dein Glaube dir dazu hilft, daß du mit fester, entschlossener Hand Jesus ergreifst und sagst: „Ich lasse dich nicht, du segnest mich denn!" so ist er − wie klein er auch sein mag − der wahre Glaube. Er ist von dem Heiligen Geist in dir gewirkt worden und wird seinen Segen mitbringen. Durch diesen Glauben wirst du gerettet werden zur Verherrlichung des Herrn und zu deinem eigenen Heil.

Ich sehe, daß dieser Mann durch seinen Glauben lernte, in der rechten Weise zu beten. Achte auf den Beweis, den er für die Dringlichkeit seines Anliegens vorführte: Er bat, der Herr möge hinabkommen, um seinem Sohn zu helfen, denn er sei todkrank. Er berief sich nicht darauf, daß sein Sohn von edler Geburt sei – das wäre Jesus gegenüber ein sehr schlechter Grund gewesen – er sagte auch nicht, daß der Knabe ein so liebes Kind war, sondern er hob hervor, daß sein Kind am Rande des Todes sei. Seine große Not war die Ursache seines Drängens. Weil sein Sohn am Tor des Todes ist, bittet der Vater, daß ihm die Tür der Barmherzigkeit aufgetan wird.

Wenn du, mein Freund, durch Gnade das rechte Beten gelernt hast, so wirst du die Tatsachen vorbringen, die deine Gefahr und dein Elend offenbaren, nicht die, welche dich reich und gerecht erscheinen lassen. Bedenke, wie David betete: „Um deines Namens willen, Herr, wirst du vergeben meine Ungerechtigkeit, denn sie ist groß" (Psalm 25,11).

Manche hätten gesagt: „Herr, sei gnädig meiner Ungerechtigkeit, aber sie war zu entschuldigen und reichte durchaus nicht an die Abscheulichkeit meiner Mitmenschen." David hat es besser gewußt. Sein Ruf war: „Herr, sei gnädig meiner Ungerechtigkeit, denn sie ist groß."

Bringe die Größe deines Bedürfnisses, die Schwere deiner Not vor Gott, du armer Sünder. Sag Ihm, daß du am Rande des Todes bist, daß die Sache, um welche du bittest, eine Sache von Leben und Tod ist, denn das wird ein Grund sein, das Herz der unendlichen Barmherzigkeit zu bewegen. Irgend ein Schein von Güte, welchen dein Stolz auf das Bild werfen möchte, würde es verderben; lege vielmehr die schwarzen Farben dick und dreifach auf. Flehe Gott an um Seiner Barmherzigkeit willen, denn Barmherzigkeit ist die einzige Eigenschaft, die du, solange du ein unbegnadigter Sünder bist, hoffnungsvoll auf dich herabrufen kannst. Du kannst den Herrn nicht bitten dich zu segnen für irgend etwas, das du verdient hättest. Sei aber so weise, daß du mit deiner Not und deinem Mangel kommst: „O, Herr, erbarme dich meiner, denn ich brauche Barmherzigkeit!" Bringe den Zustand deines Kindes vor Ihn und sprich: „Es ist todkrank." Das ist der Schlüssel, durch welchen die Gnadentür geöffnet wird.

Folgt ihr mir, liebe Zuhörer, die ihr noch nicht bekehrt seid? Ist in euch wenigstens ein Verlangen, zu dem Herrn Jesus Christus zu kommen, wenn auch nur deswegen, weil ihr von einer zeitlichen Trübsal schwer gedrückt werdet? Ein Pferd braucht nicht ein Dutzend Sporen, um es zum Laufen zu bringen. Der eine, der euch jetzt verwundet, ist scharf genug und drückt so tief, daß ihr es fühlen müßt. Beugt euch darunter, damit nicht auch noch die Peitsche erforderlich wird. Wenn ihr die Erwählten des Herrn seid, so werdet ihr kommen und je williger ihr es tut, umso besser ist es für euch. Kommt sofort! Seid nicht wie Rosse und Maultiere, die nicht verständig sind, sondern kommt zu Jesus, während Er euch sanft zieht. Wenn ihr auch mit einem so schwachen Glauben kommt, daß ihr fürchtet, es sei eher Unglaube als Glaube, doch begebt euch in Seine Nähe. Kommt gerade so, wie ihr seid, schaut auf Jesus und betet, denn in diesem Gebet liegt Hoffnung, ja, die Gewißheit der Erleichterung. Das liebevolle Herz Jesu wird durch euer Gebet bewegt und Er wird sagen: „Gehet hin in Frieden."

2. Das Glaubensfeuer

Der Glaube dieses Mannes war aufrichtig. Es ist etwas Großes, was damit gesagt wird. Er stand vor dem Heiland, entschlossen, nicht von Ihm wegzugehen. Seine einzige Hoffnung für das Leben seines Kindes beruhte auf diesem großen Propheten von Nazareth, deshalb war er nicht bereit, Ihn zu verlassen, bis seine Bitte erhört war. Er erhält anfangs zwar nicht die gewünschte Antwort, aber er hält an und bittet weiter. Dies zeigt, daß sein

Glaube Geist und Leben in sich hatte. Es war keine Laune, kein plötzlicher Drang, sondern eine wirkliche Überzeugung von der heilenden Macht Jesu. Welch eine Gnade, frei von allem oberflächlichen Glauben zu sein! Besser wenig Glauben, wenn dieser Glaube nur echt ist, als ein großes Glaubensbekenntnis zu haben, bei welchem man dem Herrn Jesus kein herzliches Vertrauen schenkt. Sage mir, mein Zuhörer, hast du echten, praktischen Glauben an den Herrn Jesus?

Soweit der Glaube des königlichen Beamten ging, war er echt, aber er wurde gehindert durch das Verlangen, Zeichen und Wunder zu sehen. Der Herr tadelt ihn deshalb sanft, indem Er sagt: „Wenn ihr nicht Zeichen und Wunder seht, so werdet ihr nicht glauben."

Nun, ich weiß, daß viele unter euch glauben, daß der Herr Jesus retten kann, ihr habt aber in eurem Sinn die Weise bestimmt, in welcher es geschehen soll. Ihr habt vielleicht diese oder jene christliche Lebensbeschreibung gelesen und habt festgestellt, daß zum Beispiel einer zur Verzweiflung getrieben wurde, schreckliche Gedanken hatte usw., es ist deshalb für euch eine ausgemachte Sache, daß ihr ähnliche Schrecken durchmachen müßt und ohne sie verloren seid. Ihr legt es als Programm nieder, daß ihr entweder auf jene Weise errettet werden müßt oder gar nicht errettet werdet. Ist das recht und weise? Willst du dem Herrn Seinen Weg vorschreiben?

Du hast vielleicht gehört oder gelesen, daß dieser oder jener berühmte Mann durch besondere Träume oder durch merkwürdige Wege der göttlichen Vorsehung zur Bekehrung kam und sagst zu dir selbst: „Wenn nicht mit mir etwas ebenso Besonderes geschieht, will ich nicht an den Herrn Jesus glauben." In dieser Hinsicht irrst du, ähnlich wie dieser Mann. Er erwartete, der Heiland werde herabkommen zu seiner Wohnung und irgend eine seinem Prophetenamt entsprechende Tat verrichten. Kurz, dieser Mann ist eine zweite Darstellung im Neuen Testament von

Naaman, dem Syrer, im Alten Testament. Ihr erinnert euch wohl noch, wie Naaman sagte: „Siehe, ich habe gedacht: er wird gewißlich zu mir herauskommen und hintreten und den Namen des Herrn, seines Gottes, anrufen und wird seine Hand über die Stelle schwingen, und so den Aussatz heilen" (2. Kön. 5,11). Naaman hatte alles nach seinem eigenen Sinn geplant, hatte ohne Zweifel eine entsprechende Zeremonie erwartet, als nun aber der Prophet ihm einfach sagen ließ: „Gehe hin und bade dich siebenmal im Jordan", konnte er ein so einfaches Evangelium nicht fassen, es war zu ungewöhnlich, zu frei von jeder Form.

Man möchte gar den Herrn der Barmherzigkeit drängen, auf diese oder jene Weise zu retten – unser Herr läßt sich aber nichts vorschreiben – weshalb sollte Er es auch? Er rettet, wen Er will, und tut es, wie Er will. Sein Evangelium lautet nicht: „Mache so viel Schrecken und Verzweiflung durch und lebe", sondern es heißt: „Glaube an den Herrn Jesus Christus, so wirst du gerettet werden."

Er kommt zu vielen und ruft sie erfolgreich mit sanfter Liebesstimme; sie trauen Ihm und finden sogleich Frieden. Sie wenden sich ruhig mit kindlichem Vertrauen an ihren gekreuzigten Herrn und finden ewiges Leben. Warum sollte es dann nicht auch mit dir so sein? Weshalb willst du dich des Trostes berauben dadurch, daß du ein Programm aufstellst und forderst, daß der Geist Gottes ihm Aufmerksamkeit schenkt? Laß dich retten, so wie Er will. Weg mit deinen törichten Vorurteilen!

Von dem Glauben des königlichen Beamten kann zudem gesagt werden, daß er einen Tadel aushalten konnte. Denk daran, daß der Herr dem armen, ängstlichen Vater nur antwortete: „Wenn ihr nicht Zeichen und Wunder sehet, so werdet ihr nicht glauben." Es war eine traurige Wahrheit, sie klang hart und scharf. O, die teuren Lippen Jesu! Sie sind immer wie Lilien und wohlriechende Myrrhen! Myrrhen sind bekanntlich bitter, so lag anscheinend auch Bitterkeit in diesen Worten an den bittenden Vater. Der Bittende gab aber die Sache nicht auf, wandte sich nicht mit den Worten ab: „Er behandelt mich hart!" O nein, er sagte vielmehr zu sich selbst: „Zu wem sonst sollte ich gehen?" und ging nicht weg. Er glich der Frau, welcher des Herrn Lippen einen noch viel bitteren Bissen Myrrhe gaben, als Er ihr antwortete: „Es ist nicht schön, das Brot der Kinder zu nehmen und den Hündlein hinzuwerfen." Sie fand aber einen süßen Duft in dieser Myrrhe und ließ ihn ihr Gebet durchdringen, als sie antwortete: „Ja, Herr, denn es essen ja auch die Hündlein von den Brosamen, die von dem Tisch ihrer Herren fallen" (Matth. 15,26.27). Dieser Mann antwortete unserem Herrn mit noch mehr Dringlichkeit. Er wollte nicht weggehen, gewiß nicht.

O, liebes Herz, möchtest auch du solchen Glauben an Christus haben, daß, mag Er dich auch tadeln, du doch nicht von Ihm lassen willst! Jesus ist deine einzige Hoffnung, deshalb wende dich nicht von Ihm ab. Ahme John Bunyan nach, der gesagt hat: „Ich war in solche Verlegenheit geraten, daß ich notwendig zu Jesus gehen mußte, und wenn Er mir auch mit gezücktem Schwert entgegengekommen wäre, so hätte ich mich eher auf Sein Schwert geworfen, als daß ich von Ihm fortgegangen wäre. Wußte ich doch, daß Er meine letzte Hoffnung war." O, Seele, klammere dich an deinen Herrn, mag kommen, was da will!

Seht, wie inbrünstig dieser Mann bittet. Er sprach: „Herr, komm herab, ehe mein Kind stirbt! O, mein Herr, ich bitte dich, denke gar nicht an mich, sondern mache mein krankes Kind gesund oder es wird sterben! Mein Sohn war todkrank, als ich ihn verließ, o beeile dich und rette ihn!"

Der Glaube war noch gering, der Geängstigte bittet noch, daß der Herr mit ihm hinabkomme, er scheint es für etwas Wesentliches zu halten, daß Er nach Kapernaum reise, um die Genesung herbeizuführen – aber seht, wie inbrünstig, wie eifrig, wie anhaltend ist sein Bitten! Wenn auch seinem Glauben die Weite mangelte, er zeichnete sich um so mehr durch Eifer aus.

Lieber ängstlicher Freund, folge diesem Beispiel nach. Bete, bete wieder, halte an, halte aus! Höre nicht auf, bis der Herr der Liebe dir eine Friedensantwort gibt!

3. Die Glaubensflamme

Der Funke wurde zu einem glimmenden Feuer und jetzt lodert das Feuer zu einer hellen Flamme empor. Der Herr spricht zu dem Bittenden: „Gehe hin, dein Sohn lebt." Der Mensch glaubte dem Wort, das Jesus zu ihm sagte, und ging hin. Beachtet hier, daß er trotz seiner früheren Vorurteile dem Wort Jesu glaubte. Er hatte gemeint, Christus könne nur gesund machen, wenn er hinab nach Kapernaum käme; jetzt aber glaubt er, obwohl Jesus bleibt wo Er ist und nur das Wort spricht.

Freund, willst du in diesem Augenblick Jesus glauben auf Sein bloßes Wort? Willst du Ihm trauen, ohne Ihm irgend welche Vorschriften zu machen, wie Er dich erretten soll? Du hast düstere Überzeugungen, lebhafte Träume, eigentümliche Gefühlsaufwallungen vorgeschrieben; willst du aufhören mit solcher Torheit? Willst du an Jesus Christus glauben, wie Er sich in der Heiligen Schrift geoffenbart hat? Willst du glauben, daß Er dich jetzt erretten kann und will, sobald du Ihm einfältig vertraust? Hast du nicht gehört von Seinem bitteren Leiden, von Seinem Tod am Kreuz für die Schuldigen? Hast du nicht gehört, was geschrieben steht, daß alle Sünde und Ungerechtigkeit vergeben werden soll denen, die an Ihn glauben? Weißt du nicht, daß, wer an Ihn glaubt, das ewige Leben hat? Soll es nun kein Ende haben mit dem Unsinn: „Komm hinab und hilf mir!" oder „Laß mich dies oder das fühlen, so will ich Dir glauben!" Willst du trotz all deiner ehemaligen Gedanken, Ansprüche und Wünsche nicht jetzt an Ihn glauben und einfach sagen: „Ich will meine Seele Christus anvertrauen und glauben, daß Er mich retten kann!" Du sollst so gewiß gerettet werden, wie du Ihm glaubst.

Das nächste, was dieser Mann zum Beweis der Aufrichtigkeit

seines Glaubens tat, war, daß er sofort gehorchte. Jesus sprach zu ihm: „Gehe hin, dein Sohn lebt!" Hätte der Mann nicht dem Wort geglaubt, so würde er gezögert, das Bitten fortgesetzt und nach günstigen Zeichen ausgeschaut haben. Weil er aber geglaubt hat, genügt ihm das Wort des Herrn und er geht ohne ein weiteres Wort. „Dein Sohn lebt" – das ist ihm genug.

Mancher von euch hat gesagt, wenn er das Evangelium predigen hörte: „Du sagst uns, daß wir an Christus glauben sollen, wir wollen aber fortfahren mit Beten." Das ist aber nicht der Vorschrift des Heilands gemäß. Ist dir denn Sein Wort nicht genug? Willst du nicht diesem Wort folgen und deines Weges gehen? Wenn du an Ihn glaubst, wirst du hingehen in Frieden; du wirst glauben, daß Er dich errettet hat und handeln wie einer der weiß, daß es wahr ist. Du wirst dich darüber freuen, daß du gerettet bist, wirst nicht stehenbleiben, um dich mit Streitigkeiten und Fragen aufzuhalten, wirst nicht allerlei Arten religiöser Erfahrungen und Gefühlen nachgehen, sondern dabei bleiben: „Er sagt mir, daß ich glauben soll, und ich will glauben. Er sagt: „Wer an mich glaubt, der hat das ewige Leben" – ich glaube an Ihn und habe ewiges Leben. Mag ich auch keine besonderen Gefühle haben, so habe ich doch ewiges Leben. Mag ich mein Heil erkennen oder nicht – ich bin errettet. Es steht geschrieben: "Wendet euch zu mir und werdet gerettet, alle ihr Enden der Erde" (Jes. 45,22). „Herr, ich habe mich zu Dir gewandt und bin gerettet. Der Grund meines Glaubens ist, daß Du es gesagt hast. Ich habe getan, was Du mir geboten hast und Du wirst Dein Wort halten!" So dürfen wir mit dem Herrn Jesus reden. Er erlaubt uns, daß wir Ihn beim Wort nehmen und Ihm von Herzen vertrauen.

Jetzt ist der Glaube dieses Mannes wirklich zu einer Flamme geworden. Er glaubt nicht an Jesus durch bloßes Hörensagen, sondern auf das Wort des Herrn selbst. Er wartet nicht auf ein Zeichen, sondern hört das Wort und auf dieses Wort setzt er sein Vertrauen. Jesus sagt: „Gehe hin, dein Sohn lebt" und er geht seines Weges, um seinen Sohn lebend zu finden.

O, du suchende Seele, möge Gott, der Heilige Geist, dich jetzt in diesen Stand bringen, daß du sagen könntest: „O, Herr, ich will nicht länger auf irgend ein Gefühl oder Zeichen warten, sondern ich will auf das Wort, das Du mit Deinem Blut versiegelt hast, meine ewige Errettung bauen, denn ich nehme jetzt Deine Verheißungen an und weil ich sie glaube, will ich hingehen in Frieden!"

Ich muß allerdings im Blick auf den Glauben dieses Mannes zu diesem Zeitpunkt sagen, daß er doch eigentlich etwas zurückstand gegenüber dem, was er hätte sein können. Es war etwas Großes, daß er soweit gekommen war, aber er hatte noch weiter zu gehen. Er erwartete weniger, als er hätte erwarten können, denn als er seine Knechte sah, fragte er, wann es besser mit dem Kinde geworden sei. Er war hocherfreut, als sie antworteten: Der Knabe habe nicht angefangen, gesund zu werden, sondern das Fieber habe ihn um die siebte Stunde plötzlich verlassen. Ihr seht, er hatte eine allmähliche Genesung erwartet. Er rechnete mit dem gewöhnlichen Lauf der Natur, hier war aber ein Wunder geschehen. Er erhielt viel mehr, als er erwartet hatte. Wie wenig kennen wir Christus, wie wenig trauen wir Ihm zu, auch wenn wir an Ihn glauben! Wir messen Seine unermeßlichen Schätze nach unserem armseligen Geldbeutel. Der seligmachende Glaube ist nicht immer ein völlig ausgewachsener Glaube. Es ist Raum, um noch mehr von unserem Herrn zu erwarten.

Eins möchte ich noch erwähnen: Der Vater reiste mit der Gemütsruhe des Vertrauens. Die Entfernung von Kana nach Kapernaum betrug fünfundzwanzig bis dreißig englische Meilen und wir können annehmen, daß der Vater, nachdem der Herr zu ihm gesagt hatte: „Gehe hin, dein Sohn lebt", sich sofort auf den Weg gemacht hat. Wir lesen aber, daß seine Knechte ihm begegneten. Haben sie sich aufgemacht, sobald der Knabe gesund geworden war? Sie sagten: „Gestern um die siebte Stunde (nach unserer Zeitrechnung mittags ein Uhr) verließ ihn das Fieber."

Der Tag endet zwar mit Sonnenuntergang, man würde aber schwerlich von gestern sprechen, wenn nicht eine Nacht dazwischen gewesen wäre. Aus allem ist zu schließen, daß dieser Mann die Rückreise in nicht allzu großer Eile gemacht hat. Fünfundzwanzig Meilen waren ja allerdings bei den schlechten Wegen des Morgenlandes schon eine gute Tagesreise, es scheint aber, daß der glückliche Vater mehr mit der Ruhe eines Gläubigen als mit der Spannung eines sehnsuchtsvollen Vaters reiste. Ein königlicher Beamter pflegte sich nur langsam durch die Dörfer zu bewegen, und anscheinend änderte er nicht seinen gewöhnlichen Schritt. Jetzt, nachdem sein Gemüt zur Ruhe gekommen war, scheint er sich gar nicht beeilt zu haben. Er war vollkommen überzeugt, daß mit seinem Sohn alles in Ordnung sei, dadurch hatte das Fieber ängstlicher Sorge ihn verlassen, ebenso wie sein Kind vom Fieber frei geworden war.

Ängstliche Gemüter, auch wenn sie glauben, haben es so eilig, auch zu sehen. Dieser Mann war aber seiner Sache so gewiß, daß sogar seine väterliche Liebe nicht den Anschein hätte geben können, daß auch nur ein Schatten von Zweifel in ihm übriggeblieben war. Das Wort: „Wer glaubt, der eilt nicht" (Jes. 28,16), wurde an ihm buchstäblich erfüllt. Er reiste, wie es sich für einen königlichen Beamten mit einem entsprechenden Gefolge geziemte. Alle konnten also bemerken, daß er hinsichtlich seines Sohnes ganz ruhig war. Ich liebe diese geheiligte Ruhe. Sie entspricht einem festen Glauben. Ich möchte, daß ihr alle, die ihr an Jesus Christus glaubt, einen festen Glauben habt. Gib Ihm keinen halben Glauben, sondern einen ganzen; magst du glauben wegen eines Kindes oder wegen deiner selbst, laß es dir mit deinem Glauben ernst sein. Sage: „Gott aber sei wahrhaftig, jeder Mensch aber Lügner" (Röm. 3,4). Meine Seele ruht auf Seinem Wort. „Vertraue still dem Herrn und harre auf ihn" (Psalm 37,7). Aber wie kann ich das, wenn mein Geist nicht von großer Freude durchdrungen ist? Der Heiland hat gesagt: „Wer an mich glaubt, hat das ewige Leben", deshalb habe ich es. Was ist, wenn ich nicht vor Freude hüpfe und springe? Dann will ich stillsitzen und im Herzen singen, weil Gott Seinen gläubigen Diener besucht hat. Ich will warten, bis große Freude kommt, aber bis dahin will ich „glauben und mich nicht fürchten". Lieber Hörer, hast du mir folgen können? Bist du willig, auf diese Weise ein herzliches Vertrauen zu Jesus zu pflegen?

4. Die Feuersbrunst

Auf dem Heimweg begegneten ihm seine Knechte mit guter Nachricht. In seiner Glaubensruhe war er hocherfreut, als sie sagten: „Dein Sohn lebt!" Waren ihm doch diese Worte wie ein Echo der Worte Jesu. Gestern um die siebte Stunde hatte der Herr Jesus dieselben Worte gesagt, mit welchen seine Knechte ihn jetzt begrüßten. Wie mag er sich über die Wiederholung gewundert haben! Ich habe manchmal gehört, wie das gepredigte Wort diesen oder jenen getroffen hat. Man hat mir gesagt: „Du hast genau dasselbe gesagt, was wir unterwegs besprochen haben. Du hast Fälle, ja sogar unsere Gedanken beschrieben, ja, sogar gewisse Ausdrücke gebraucht, die wir in unserer Unterredung benutzt hatten − sicher hat Gott durch dich geredet." Ja, so geschieht es häufig. Des Herrn eigenes Wort findet viele Echos aus dem Munde Seiner beauftragten Diener. Der Herr lenkt sowohl unsere Worte als unser Tun und läßt, ohne daß wir selbst es wissen, uns gerade das rechte Wort sagen. Gott ist mit Seiner Gnade so allgegenwärtig, daß auf Seinen Wink alles Ihn offenbart.

Der Glaube des königlichen Beamten wird durch die Gebetserhörung bestätigt. Jetzt kommt Erfahrung zur Stärkung seines Glaubens. Er glaubt jetzt zuversichtlicher als zuvor. Er hat erkannt, wie sich die Wahrheit des Wortes des Herrn bewährt hat, deshalb weiß er und ist überzeugt, daß Er Herr und Gott ist. Der Glaube des Sünders, der zum Heiland kommt, ist eine Sache, der Glaube eines zu Christus gekommenen Menschen, der den Segen empfangen hat, ist eine andere, stärkere Sache. Ersterer ist der einfache Glaube, der errettet und selig macht; der andere ist der Glaube, der Trost, Freude und Kraft in das Herz bringt.

„Mein Gebet ist erhört", mag er zu sich selbst gesagt und darauf zu den Knechten geredet haben und nach näherer Erkundigung wurde sein Glaube durch jede Einzelheit gestärkt. „Sagt mir alles, wann war es?" rief er. Und als sie erwiderten: „Gestern um die siebte Stunde verließ ihn das Fieber", erinnerte er sich dessen, daß in demselben Augenblick jenseits des Gebirges in Kana der Herr Jesus Christus zu ihm gesagt hatte: „Gehe hin, dein Sohn lebt!" Je mehr er über alles nachdachte, desto wunderbarer kam es ihm vor. Die Einzelheiten waren besonders geeignet, sein Vertrauen zu bestätigen und dadurch wurde sein Glaube sehr gestärkt.

Brüder, wieviele Bestätigungen und Glaubensstärkungen haben manche von uns erlebt! Zweifler versuchen zwar mit uns über die Einfältigkeit des Evangeliums zu streiten und möchten gern von ihrem spekulativen Standpunkt aus mit uns kämpfen. Das wäre aber keineswegs in Ordnung. Unser Standpunkt ist ja ein ganz anderer. Wir sind keineswegs in Glaubenssachen unerfahren und man sollte doch in etwa unserer persönlichen Erfahrung von der Treue des Herrn, unseres Gottes, Rechnung tragen. Haben wir doch einen Schatz von tausend Erinnerungen an glückliche Einzelheiten, die wir euch Streitern nicht mitteilen könnten. Wenn wir euch auch nicht Schweine nennen, so dürfen wir euch doch nicht unsere Perlen vorwerfen. Wir haben eine Menge davon zurückgelegt, sie sind uns aber zu heilig, um sie auszusprechen und deshalb sind wir nicht imstande, die Beweise anzuwenden, die unsere eigenen Herzen überzeugt haben. Wir haben andere Beweisgründe als die, welche wir auf offenem Felde benutzen möchten.

Wundert euch nicht, daß wir anscheinend so widerspenstig sind, denn ihr wißt doch nicht, wie unaussprechlich gewiß wir unserer Sache sind. Ihr seid nicht imstande, uns aus unserer Sicherheit zu vertreiben und könnt ebenso versuchen, uns die Augen aus ihren Höhlen wegzustreiten. Wir sind in unserem Glauben fest und sicher, denn wir haben das gute Wort Gottes gesehen und gehört, geschmeckt und erfahren. Gewisse Dinge sind so sehr mit unserem Leben verbunden, daß sie uns wie ein Anker sind. „Zufall!" sagt ihr. Nun, sagt, was ihr wollt, uns sind sie etwas anderes. Wie oft haben wir ausrufen müssen: „Das ist Gottes Finger!" Wer aus großer Not errettet worden ist, kann seinen Retter nicht vergessen. Sagt ihr: „Freue dich, daß du von derselben befreit wurdest," – nun so sage ich, daß das eine sehr kaltblütige Bemerkung ist.

Wäret ihr gewesen, wo ich gewesen bin und hättet erfahren, was ich erfahren habe, so würdet ihr erkennen, daß der Herr Seine Hand ausgestreckt und Seinen Diener errettet hat. Ihr würdet mit mir derselben festen Überzeugung sein, daß Gott auf dem Plan war und Sein Heil schaffte. Ich weiß, daß ich euch durch meine Geschichte nicht zu dieser Überzeugung bringen kann. Wenn ihr euch vorgenommen habt, nicht zu glauben, so werdet ihr mein Zeugnis nicht annehmen, sondern mich für einen Betrogenen halten. Ob ihr aber glauben wollt oder nicht – ich bin nicht so unentschlossen, sondern bin sozusagen gezwungen zu glauben. Je genauer ich mein Leben prüfe, desto mehr komme ich zu der Überzeugung, daß Gott an mir und für mich tätig gewesen ist.

In demselben Augenblick, als Christus sagte: „Dein Sohn lebt!" lebte der Sohn des Beamten. Dasselbe Wort, das Jesus zu dem Vater sagte, wurde auch von den Knechten gebraucht, die meilenweit davon entfernt waren, daher fühlte der Vater, daß ihm mehr als etwas Menschliches geschehen war. Wundert ihr euch darüber? Zudem war ja sein Sohn, den er gesund vorfand, ein ständiger Beweis. Man hätte dem glücklichen Vater den Glauben nicht streitig machen können, der ihm solche Freude gebracht hatte. Das Kind war am Rande des Todes, bis der

Glaube das Wort des Herrn Jesus annahm – dann floh das Fieber. Der Vater mußte also glauben; möchtest du, daß er gezweifelt hätte?

Durch Erfahrung im Glauben gestärkt, sieht der gute Mann jetzt das Wort erfüllt und er glaubt an Jesus im vollsten Sinne und traut Ihm in jeder Hinsicht für Leib und Seele, im Blick auf alles, was er ist und hat. Von diesem Tag an wird er ein Jünger des Herrn. Er folgt Ihm, nicht nur als seinem Arzt, nicht nur als einem Propheten und Heiland, sondern als seinem Herrn und seinem Gott. Seine Hoffnung, sein Vertrauen, seine Zuversicht, alles ist auf Jesus, den wahren Messias, gerichtet.

Was folgt, ist so natürlich und doch so erfreulich, daß ich bete, es möge von euch allen gesagt werden können: „Er glaubte, er und sein ganzes Haus."

Als er nach Hause kommt, begegnet ihm seine Frau. O, welche Freude leuchtet aus ihren Augen! „Dem Jungen geht es gut!" ruft sie freudestrahlend dem Heimkehrenden zu. Er hat nicht wochenlang im Bett zu liegen brauchen, um nach dem angreifenden Fieber wieder zu Kräften zu kommen; das Fieber ist verschwunden, der Knabe ist wohlauf. „O, mein lieber Mann, was für ein wunderbares Wesen muß der sein, der dein Gebet erhört und aus so weiter Entfernung durch ein Wort unser Kind gesund gemacht hat! Ich glaube an Ihn!" In ähnlicher Weise mag die glückliche Mutter geredet haben.

Und da kommt der Sohn, so glücklich und heiter. Der Vater erzählt ihm von seinem Fieber, von dem großen Arzt, zu dem er gegangen war und wie dieser gesagt hatte: „Dein Sohn lebt!" „Vater, ich glaube an Jesus, Er ist der Sohn Gottes!" ruft der Junge.

Niemand zieht den Glauben des Jungen in Zweifel. So wie der Junge nicht zu klein war, um geheilt zu werden, so war er auch nicht zu jung, um zu glauben. Er hatte eine besondere Erfahrung durchgemacht, persönlicher noch als selbst Vater und Mutter. Er hatte die Kraft Jesu gespürt, kein Wunder also, daß er glaubt. Inzwischen freut sich der Vater, daß er nicht als einzelner Gläubiger dasteht. Haben nicht Frau und Kind sich ihm angeschlossen? Aber damit ist es noch nicht zu Ende. Auch die umstehenden Knechte rufen aus: „Meister, auch wir können nicht anders, als an Jesus zu glauben. Wir haben das Kind bewacht und seine Genesung gesehen; die Macht, durch welche es gesund wurde, muß göttlich sein."

Alle glauben an den Herrn Jesus. „Ich saß am Krankenlager des Jungen", sagt die alte Wärterin. „Ich wollte nicht schlafengehen, weil ich fürchtete, ich könnte ihn beim Erwachen tot finden. Ich wachte bei ihm. Gerade um die siebte Stunde sah ich eine wunderbare Veränderung über ihn kommen, das Fieber war verschwunden." „Ehre sei dem Herrn Jesus!" jubelte die Alte. „Nie habe ich so etwas gesehen oder gehört, das ist Gottes Finger!" Alle Hausgenossen waren derselben Meinung. Glücklicher Haushalt!

Nicht lange dauerte es, da bekannten alle ihren Glauben an Jesus. Nicht nur der Sohn war geheilt, sondern auch das ganze Haus. Als der Vater zu dem Herrn Jesus gegangen war, um für sein krankes Kind zu bitten, wußte er nicht, wie sehr er selbst der Genesung bedurfte; ebenso hat wahrscheinlich auch die Mutter nur an ihren Sohn gedacht. Jetzt aber ist dem ganzen Haus Heil widerfahren. Mit dem anderen Fieber ist auch das Fieber der Sünde und des Unglaubens verschwunden.

Möge der Herr in allen unseren Häusern ein solches Wunder wirken! Wenn jemand unter uns seufzt unter einer Schmerzenslast, so hoffe ich, daß er sich erleichtert fühlen wird bei dem Gedanken, daß, wenn er seiner Frau von der erfahrenen Hilfe erzählt, auch sie an Jesus glauben wird. Möge das euch anvertraute Kind an den Heiland glauben lernen, während es noch ein Kind ist. Mögen alle, die eurem häuslichen Kreis angehören, auch dem göttlichen Herrn zu Hausgenossen werden! Gewähre, o Herr Jesus, Deines Dieners Bitten um Deines Namens willen! Amen.

BARTIMÄUS

*„Und als er hörte, daß es Jesus, der Nazarener, sei, fing er an zu
schreien und zu sagen: O Sohn Davids, Jesu, erbarme dich meiner!
Und viele bedrohten ihn, daß er schweigen solle; er aber schrie um
so mehr: Sohn Davids, erbarme dich meiner!"*
(Markus 10,47.48)

Wo der Herr Jesus auch erscheint, ist Seine Gegenwart mächtig.
Wenn Jesus abwesend war, waren die Jünger wie eine Herde
ohne Hirten, sie wurden überwunden und erlitten Niederlagen.
Sobald unser Heiland aber wieder unter ihnen erschien, kehrten
sie zu ihrer gewohnten Stärke zurück. Wenn ein tapferer General
plötzlich zur Rettung seiner weichenden Truppen eilt, macht der
Hufschlag seines Pferdes den Zitternden mutig und der Ton
seiner Stimme macht den Feigling zum Helden. Möge der ruhm-
reiche Anführer unserer Errettung sich in der Mitte unserer
Gemeinden zeigen und es wird ein freudiger Zuruf durch unsere
Scharen dringen. Du wirst nicht nötig haben, eine bessere Klasse
von Christen zu wünschen; dieselben Offiziere, dieselben Soldaten werden genügen, glänzende Siege zu gewinnen. Wenn
Jesus gegenwärtig ist, werden die Menschen so verändert sein,
daß du sie kaum erkennen wirst. Sie werden mit Kraft aus der
Höhe erfüllt sein und in Seinem Namen und durch Seine Kraft
große Taten tun.
    Auch beschränkt sich die göttliche Macht Seiner Gegenwart
nicht auf diejenigen, die schon Jünger des Heilands sind,

sondern Fremde, Nachbarn, Wanderer und selbst blinde Bettler verspüren die Wirkung Seiner Nähe. Dieser blinde Bettler hört die frohe Botschaft, daß Jesus von Nazareth vorübergeht und sofort beginnt er zu beten.

Meine Brüder, es wird kein Mangel an betenden Herzen sein, wo der Heiland gegenwärtig ist. Wenn keine Bekehrungen in der Versammlung stattfinden, muß es daran liegen, daß Christus dort nicht durch Seinen Geist wohnt. Ihr habt Ihn betrübt und Er ist weggegangen. Ihr habt Ihn vergessen und Er hat euch verlassen, damit ihr eure eigene Schwäche erkennt und es lernt, in Zukunft Seine Macht zu verherrlichen. Wenn der Herr gnädig zu Seiner Gemeinde zurückkehrt, werden die Bitten der Reumütigen gehört werden und die Loblieder derjenigen, die Frieden gefunden haben in jubelnden Chören gen Himmel steigen.

O, möchte der Herr Jesus unter den Gemeinden unserer Zeit erscheinen! Wir haben über vieles zu trauern. Der Unglaube setzt sich kühn auf den Lehrstuhl. Der Romanismus verzehrt im Geheimen die Lebenskraft unseres Glaubens. Freigeisterei wirkt auf die Lehre der Gnade wie eine Motte. Gottloser Lebenswandel entehrt das Bekenntnis der praktischen Gottseligkeit. O Herr, wie lange, wie lange! Wenn der Herr Jesus durch Seinen Geist gnädig unter uns wirkt, werden wir unsere erschlaffenden Gemeinden bald wiederbelebt sehen. Irrtümer werden fliehen wie die Fledermäuse und Eulen sich verbergen, wenn die Sonne aufgeht, und die lieblichen Blumen der Gnade werden ihren herrlichen Wohlgeruch unter dem belebenden Einfluß Seiner himmlischen Strahlen ausströmen.

Ich danke Gott, daß Jesus hier anwesend war. Wir haben oft sagen können: „Jesus von Nazareth geht vorbei." Er ist noch hier. Gläubige Herzen, welche Seine Gegenwart erkennen und klagen, wenn Er abwesend ist, sagen uns, daß Er sich ihnen hier oft geoffenbart hat im Predigen, im Brotbrechen, in der Gemeinschaft und im Gebet. Er ist jetzt hier, aber ach, wie wünschen wir, Seine Gegenwart völliger zu erkennen! Wir wünschen, den göttlichen Einfluß zu sehen wie Ströme vom Libanon, die alle unsere Gärten befruchten. Wir wünschen Jesus mit mehr Kraft wirken zu sehen.

Die göttliche Führung wirkt immer mit der Gnade zusammen in der Errettung des erwählten Volkes. Ihr habt hier ein Beispiel. Es war die göttliche Führung, welche den Blinden dahin brachte, wohin die Gnade Jesus führte. Der Herr hätte vorübergehen können, wenn der Blinde aber nicht in Jericho gewohnt oder wenn er in diesem Augenblick nicht gebettelt hätte, so hätte er nie gehört, daß Jesus vorüberging und hätte Ihn nicht anrufen und die notwendige Heilung nicht erlangen können. Die Führung bringt die Sünder unter den Schall des Wortes und bewegt den Prediger, Themen zu wählen, die auf ihren Zustand passen. Die Führung bereitet sie wie der Pflug den Acker, die Gnade leitet des Predigers Geist wie eine Hand zu handeln, die den Weizen über das ganze Feld wirft.

Ich bin dankbar, daß ihr an diesem Morgen hier seid, denn ich weiß, „daß Jesus vorübergeht", und obwohl es sein mag, daß ihr noch ohne himmlisches Licht seid, ist es ein Umstand, für den ihr Gott zu danken habt, daß hier viele das Augenlicht von dem Herrn Jesus empfangen haben.

Es mag ein besonderes Mittel der göttlichen Führung sein, welches euch bewogen hat, überhaupt hierher zu kommen. Ich bete, daß es das weiße Pferd sein möge, auf welchem Christus reitet als Sieger zum Siege, damit Er jetzt einen Sieg in eurer Seele gewinnt.

Erlaubt mir jedoch, euch daran zu erinnern, daß ein solcher Umstand Verantwortung einschließt. Jesus geht vorüber, der Blinde sitzt am Weg und wenn er jetzt nicht ruft, wird seine Blindheit in Zukunft selbstverschuldet sein und zu all ihrer Not kommt noch der Gedanke, daß er das eine Mittel, welches in seinem Bereich war, nicht benutzt hat, nämlich das Anrufen des Arztes um Heilung.

Denke an deine Verantwortung, erweckter Sünder, und bitte

Gott, dir Gnade zu geben, die fliehende Stunde zu nutzen. Möge Sein Heiliger Geist dich leiten, den Blinden nachzuahmen und zu rufen: „O Sohn Davids, erbarme dich meiner!"

1. Der Ernst des Blinden

Es war eine sehr kurze Predigt, die er gehört hatte. Er hörte, daß Jesus von Nazareth vorüberging. Er hörte nichts mehr. Ich weiß nicht, ob er viel von den Lehren verstand, ob er genau wußte, weshalb Jesus Christus in die Welt gekommen ist. Er hätte das System der Theologie nicht erklären können. Es war ihm nie ein klarer und bestimmter Bericht von der Gnade gegeben worden. Alles, was er gehört hatte, war, daß Jesus von Nazareth vorüberging. Aber diese kurze Predigt hat ihn zum Beten geführt.

Geliebte, welch ein Gegensatz zwischen ihm und einigen von euch! Euch ist so viel gepredigt worden, daß ihr beinah predigtmüde seid. Ihr habt die Wahrheit gehört und niemand ist in der Theorie besser unterrichtet als ihr. Ihr kennt die köstlichen Lehren der Wahrheit, was den Buchstaben betrifft, aber ihr seid nie zum Gebet geführt worden, oder wenn ihr gebetet habt, so ist es nie der ernste, in den Himmel dringende Ruf gewesen, der nicht unerhört bleibt. „O Sohn Davids, erbarme dich meiner", ist nicht das ernste Gebet deines Geistes gewesen.

Wie viele sind da, die mich so oft gehört haben, daß ich fürchte, nie das Werkzeug Gottes zu ihrer Errettung zu werden. Es ist so leicht für euch, sich an eine Stimme zu gewöhnen, daß sie, obwohl zuerst so grell wie der Ton einer Trompete, zum Summen einer Biene in eurem Ohr wird. Ihr ermüdet darunter. Ihr schlaft dabei, wie der Müller schläft, wenn die Mühle geht, weil sie kein Geräusch macht, das er nicht gewohnt ist. Meine Bilder und Erklärungen habt ihr gehört, meine Redeweise kennt ihr, meine Ermahnungen könnt ihr vielleicht auswendig hersagen und manche von euch sind in zwölf Jahren ernster Arbeit nicht mehr gerührt worden, wie der Mamor verändert wird, wenn zwölf Jahre Öl über seine harte Oberfläche gegossen worden ist.

Es ist eine traurige Sache, daß viele, anstatt aufgrund der Predigt zu beten, sich damit belustigen. Das, was uns manches Gebet und manche Tränen kostet, ist ihnen nicht mehr wert, als eine Gelegenheit, ihre kritisierenden Fähigkeiten zu zeigen.

Ich habe über keine harte Kritik von euch zu klagen, ihr nehmt meine ärmsten Anstrengungen freundlich auf und nehmt meine schwachen Worte an. Ich wünsche fast, daß einige von euch das nicht täten. O, wenn ihr nur gegen die Wahrheit sprechen würdet! Ich hätte dann etwas Hoffnung für euch. Aber diese Gleichgültigkeit, mit welcher ihr den Stil lobt und sagt, daß ihr dankbar seid, daß der Prediger kühn und ehrlich zu euch ist und die Sache damit endet, daß ihr mir geschmeichelt habt, ohne die Gunst meines Herrn gesucht zu haben. O, meine Zuhörer, ihr habt etwas anderes zu suchen als eure guten Worte. Wenn ihr uns haßtet, würden wir es nicht bedauern, wenn ihr nur eure eigene Seele lieben würdet. Aber wenn ihr uns liebt, unsere Stimme achtet, aber dennoch den abwärts führenden Weg wählt und zu eurem eigenen Verderben darauf weiter wandelt, wie kann der Prediger zufrieden sein? Kann er zur Ruhe gehen und daran denken, daß Hunderte von euch im ewigen Feuer wohnen werden? Kann er zur Ruhe gehen und sagen: „Es macht nichts, sie sind mit mir zufrieden und ich bin unter ihnen wie einer, der einen lieblichen Ton auf seinem Instrument spielt?"

O, ich wünsche, daß ihr stattdessen wie dieser Blinde dahin geführt würdet, vom Hören zum Beten, zu der Gemeinschaft mit Gott und dem Suchen Seiner Gnade zu kommen.

Ihr werdet sagen, daß ihr wohl kaum zu dieser Klasse gerechnet werden könnt, denn unter der Predigt des Wortes seid ihr gelegentlich zum Beten angeregt worden. Ja, und ich erinnere mich sehr wohl, als ich selbst durch das Wort dahin geführt wurde zu beten.

Aber wie war es? Die Gebete des Sonntags wurden in den Sünden des Montags vergessen und die Angst am Sonntag wurde durch die Vergnügungen der Woche ertränkt. So ist es mit einigen von euch. Ihr betet, wenn eine Predigt besonders ernst gewesen ist. Wenn die Pfeile Gottes euch verwunden, weint ihr und versprecht Besserung und träumt selbst davon, zu Christus zu fliehen und die Hörner des blutbesprengten Altars anzurühren und doch ist es noch nie geschehen. Ihr habt Entschlüsse genug gefaßt, den Weg zur Hölle damit zu pflastern; ihr habt genug aufgehäuft von euren eigenen Bekenntnissen, euch zu einem ewigen Bankrott zu verurteilen für nicht bezahlte Rechnungen und Schulden. Möchten diese Dinge euch durchs Herz gehen und solche Wunden zurücklassen, die niemand anders heilen kann als Jesus durch die Wirkung des Heiligen Geistes! Was ist der Wert einer Morgenwolke, die vor dem Wind flieht oder was nutzt der Rauch des Schornsteins, der beim ersten Windstoß verschwindet? Für die Ewigkeit habt ihr etwas Dauerhafteres nötig als den Morgentau und etwas Festeres als den Rauch eines Schornsteins. O, möge der Geist Gottes euch mit eigener Hand auf diesen guten Grund bauen, auf den Glauben an den Herrn Jesus Christus. Der blinde Bettler, der nur eine und zwar eine sehr kurze Predigt gehört hatte, rief und bat solange, bis Christus seinen Wunsch erfüllte.

Der arme Mensch fing an, für sich selbst zu schreien: „O Sohn Davids, erbarme dich meiner." Wir können die Menschen nicht dahin bringen, für sich selbst zu hören. Sie werden sagen: „Ich hoffe, daß die Predigt, die für meinen Freund passend war, einen guten Einfluß auf ihn haben wird." Ihr pflegt an diejenigen auf der Galerie gegenüber zu denken und euer Herz erinnert sich an einige, die unten sitzen.

O, denkt an euch selbst, an euch selbst! Die Errettung des anderen ist natürlich wünschenswert, aber was nützt es dir, wenn er in Abrahams Schoß sitzt, du dich aber mit dem reichen Mann in den Flammen befindest? Deine eigene Seele ist es, auf die du zuerst zu achten hast. Die Selbsterhaltung ist ein Naturgesetz, seid ihm nicht ungehorsam. Möge die Gnade eine solche Macht auf das Wort legen, daß du heute sagst: „O Sohn Davids, erbarme dich meiner!"

Ich bekenne euch, daß ich diese Schriftstelle nicht lesen konnte, ohne tief beeindruckt zu sein, daß der kurze Bericht dem Mann so zum Segen gereichte, und daß wir jahrelang lange Predigten über Jesus Christus gehalten haben und doch von vielen von euch sagen müssen: „Aber wer hat unserer Verkündigung geglaubt und wem ist der Arm des Herrn geoffenbart worden?" Ich hoffe, daß dieses mir mehr zu Herzen geht und besonders, daß es euch mehr zu Herzen geht, denn schließlich geht es euch mehr an als mich, ob ihr errettet werdet oder nicht. Der Prediger ist verantwortlich für die Treue seiner Botschaft, aber die Hörer sind auch verantwortlich für den Ernst ihres Hörens.

2. Der dringende Wunsch des Blinden

Es gibt viele Entschuldigungen, welche die Menschen vorbringen, warum sie ihre Errettung jetzt nicht suchen. Eine sehr häufige ist: „Ich bin ein sehr armer Mensch. Der Glaube ist für feine Leute, für Leute, welche Zeit übrig haben, aber nicht für einen Arbeiter."

Dieser Mensch war ein Bettler. Seine Lebensstellung war nicht so ehrenhaft wie eure, aber trotzdem wünschte er, daß seine Augen geöffnet würden. Und ihr, die ihr höher im Leben steht, solltet nicht eure niedrige Stellung als Entschuldigung benutzen, die Errettung eurer Seele nicht zu suchen. Woher kommt die Lüge, daß der Glaube an Christus nicht für die Armen ist? Kommt sie daher, daß so viele unserer Gotteshäuser so prachtvoll gebaut sind? Kommt es daher, daß es Sitte ist, am Sonntag die besten Kleider anzuziehen? Und denkt der Arbeiter, daß er nicht willkommen ist, weil er gerade ohne Arbeit ist und keinen Sonntagsanzug besitzt? Dann laßt uns um alles in der

Welt dieses Vorurteil zerstören und dem Arbeiter zeigen, daß er hier willkommen ist. Ich habe oft gesehen, daß ihr einem Seemann oder einem Arbeiter in einem abgetragenen Anzug einen Sitzplatz angeboten habt, während ihr Personen von Respekt in den Gängen habt stehenlassen und ich tadle euch deshalb nicht. Gutgekleidete Leute mögen nicht so ermüdet sein, wie diejenigen, welche die ganze Woche gearbeitet haben. Ich bewundere und schätze die Wahl, die ihr trefft, weil ich hoffe, daß der Arbeiter dadurch sieht, daß er kein gesprenkelter Vogel unter uns ist. Es ist übrigens ein Unsinn anzunehmen, daß gut und anständig gekleidete Versammlungsbesucher notwendig zu den oberen Klassen gehören müssen.

Ein gewisser Prediger sagte einmal zu mir: „Sie predigen den Reichen, ich predige den Armen." Es kam daher, weil er es nicht besser wußte. Wir haben einige Reiche unter uns, deren fürstliche Gaben uns befähigen, viel für das Werk des Herrn zu tun und ich freue mich dessen, aber doch gehören die meisten von uns zu der arbeitenden Klasse. Es ist keine singende und wimmernde Schar, die umhergeht und jeden anbettelt und sich deswegen schäbig kleidet. Nein, es sind nüchterne, sparsame Leute, die sich zum größten Teil aus dem Sumpf der tiefen Armut zur männlichen Unabhängigkeit erhoben haben. Das Evangelium Christi sollte nicht für die Armen sein? Diese haben es ja vor allem nötig und während die Botschaft sich an alle Rangstufen wendet, so ist doch der Ruhm des Evangeliums, wenn irgend jemand vorgezogen wird, daß es den Armen gepredigt wird. Ist jemand hier, der so gesprochen und gesagt hat: „Es ist alles sehr gut für feine Leute und so weiter?" Sage das nicht wieder, denn du weißt, daß es nicht wahr ist. Wir können dir tausend Beispiele nennen, wo das Evangelium Jesu die Hütte ebenso gesegnet hat wie jeden Palast und dem armen Arbeiter, der vom Morgen bis zum Abend schaffen muß, ebenso nützlich gewesen ist wie der Dame, die so gut wie nichts zu tun hat.

Dieser Bettler hätte sagen können: „Ich muß mich an meine

Beschäftigung halten." Seine Beschäftigung war das Betteln und obwohl Jesus Christus vorüberging, hätte er sehr vernünftig sagen können: „Ich habe wirklich keine Zeit, auf diesen Herrn zu achten, wer es auch sein mag. Seine Predigt mag sehr gut sein, aber ich muß mit dem Betteln fortfahren, denn wenn ich heimgehe, ist doch zu wenig in meinem Hut. Ich habe wirklich keine Zeit, diesen Herrn zu beachten."

Das ist, was viele Menschen sagen: „Unser Geschäft nimmt wirklich unsere ganze Zeit in Anspruch. Von Sonnenaufgang bis zum späten Abend müssen wir uns daran halten und dann sind wir zu müde, um noch ein Buch zu lesen oder zu beten." Aber ihr seht, daß dieser Mensch sein Betteln aufgab, um sein Augenlicht zu suchen und ihr könntet wohl euer Geschäft vergessen, damit euer geistliches Auge geöffnet wird. Wenn es wert war, das Betteln aufzugeben, um das Augenlicht zu erhalten, so wäre es nicht zuviel, wenn es nötig wäre, das Geschäft zu vernachlässigen, wenn ihr nur Christus finden würdet. Dennoch glaube ich nicht, daß jemand seinen Beruf wegen seines Glaubens zu vernachlässigen hat.

Bartimäus hätte sagen können: „Ich kann Jesus Christus nicht beachten, denn es ist eine gute Geschäftszeit." Die Geschäftszeit eines Bettlers ist immer dann, wenn viele Leute anwesend sind und weil Jesus von einer Volksmenge begleitet wurde, hätte er wohl sagen können: „Wenn ich jetzt nicht bettele, so nützt es mir zu anderen Zeiten auch nichts. Ich muß zu anderen Zeiten an meine Augen denken, wenn sie überhaupt geöffnet werden können. Jetzt muß ich ‚das Heu machen', weil die Sonne scheint."

Das ist eure Redeweise: „Ich bin jetzt so sehr beschäftigt. Die Vorsehung hat mir viel Arbeit in den Weg gelegt und ich muß mich daran halten. Es kann nicht erwartet werden, daß ich an Wochenabenden Predigten höre oder Zeit zum Beten übrig habe. Ich habe jeden Augenblick nötig, um Geld zu verdienen, denn jetzt ist meine Zeit. Wenn ich alt geworden bin und vielleicht ein Häuschen auf dem Land besitzen werde, dann kann ich ruhen und göttliche Dinge betrachten."

Ach, du einfältiger Mensch! Hier ist ein Mann, der die goldene Gelegenheit, Geld von der Menge zu erhalten, drangibt, um sein Augenlicht zu suchen und du bist ein solcher Narr, daß du deine Gewinne nicht lassen willst, um an deinen ewigen Zustand zu denken!

Er hätte auch noch eine andere Entschuldigung vorbringen können. Er hätte zum Beispiel sagen können: „Wenn ich mein Augenlicht erhalten würde, wäre ich für mein Geschäft nicht mehr so geeignet wie jetzt", denn ein blinder Bettler erhält doppelt soviel wie ein sehender und es ist für einen Bettler ein guter Umstand, nicht sehen zu können. Einige von euch haben den Eindruck: „Wenn meine Seele errettet würde, könnte ich nicht so handeln wie jetzt. Ich weiß, ich müßte das Wirtshaus schließen. Ich könnte keinen Alkohol verkaufen und mich gleichzeitig einen Christen nennen." „Ich konnte nicht in der Schenke stehen", sagte mir ein junges Mädchen, die in einer Wirtschaft gedient hatte. „Der Herr war mir begegnet. Ich habe noch einige Abende bedient, aber ich konnte es nicht aushalten. Ich konnte nicht Bier und Branntwein schenken und dann zum Abendmahl gehen. Das paßt nicht zusammen."

Es gibt einige Menschen, die sich fürchten, an das Evangelium zu denken, weil dasselbe sie für ihr Geschäft untüchtig machen würde. Eine gesegnete Untüchtigkeit! Der Herr wolle Tausende für das verfluchte Werk untüchtig machen! Aber ach, wenn dieser Mann seine armselige Bettelei aufgeben konnte, um für seine Augen zu beten, könntest du wohl dein böses Geschäft aufgeben, damit deine Seele in den Himmel eingehen kann. Wenn ihr die ganze Welt verlieren würdet, habt ihr nichts verloren, wenn ihr die Ewigkeit dafür gewonnen habt.

Mich wundert, daß dieser Mann nicht die wohlbekannte Entschuldigung hervorgebracht hat: „Ich weiß nicht, ob es mir bestimmt ist, daß meine Augen geöffnet werden sollen, denn wenn es geschehen soll, so werden sie geöffnet und wenn sie nicht geöffnet werden sollen, so wird es nicht geschehen. Ich werde also sitzenbleiben, meinen Hut hinhalten und betteln. Es ist jetzt die Hauptsache, daß ich an mein Geschäft denke." Ich meine, daß jeder, der diese Entschuldigung vorbringt, selbst weiß, daß er Unsinn redet. Ich kann nicht glauben, daß ein vernünftiger Mensch aufrichtig sagen kann: „Wenn ich errettet werden soll, werde ich errettet werden und deswegen werde ich nicht beten." Ich glaube, daß ein solcher Mensch ein Schleicher ist, er versucht, daß zu glauben, von dem er weiß, daß es nicht wahr ist. Er weiß sehr gut, daß er so etwas im Geschäft nicht sagen wird: „Wenn ich hundert Mark verdienen soll, werde ich sie verdienen, deshalb werde ich meinen Laden nicht öffnen. Wenn ich eine Ernte haben soll, werde ich eine haben und deshalb werde ich dieses Jahr nicht pflügen." Er macht es niemals so im gewöhnlichen Leben und doch gibt er vor, ein solch einfältiger Mensch zu sein, daß er seine Seele wegwirft wegen der Lehre der Erwählung.

Brüder, wenn sich jemand erhängen will, wird er immer ein Tauende finden und wenn jemand sich selbst verdammen will, kann er immer eine Entschuldigung finden und diese Entschuldigung mit der Gnadenwahl ist eine, zu welcher diejenigen greifen, die größere Toren oder Schurken als gewöhnlich sind. Dieser Mann brachte keine Entschuldigung vor, weder wegen seiner Familie, noch seines Geschäftes oder der Vorbestimmung, sondern er rief mit aller Dringlichkeit: „O Sohn Davids, erbarme dich meiner!"

3. Der Eifer des Blinden

Es scheint nach dem Grundtext, daß dieser Mann eine gute Stimme hatte oder wenigstens, daß er guten Gebrauch davon machte. Er blieb nicht sitzen und flüsterte: „O Sohn Davids, erbarme dich meiner", sondern er schrie laut und da der Widerstand zunahm, wurde sein Ruf immer lauter: „O Sohn Davids, erbarme dich meiner!" Er war eifrig und ausdauernd in seinem Gebet. Er war blind und er kannte das Elend der Blindheit. Es ist ein unaussprechliches Weh damit verbunden und es bedarf viel Gnade, einen Menschen zufrieden zu stellen, wenn er nicht sehen kann. Diese arme Seele konnte nicht zufrieden sein, während eine Gelegenheit zur Heilung da war.

Aber du, Sünder, bist geistlich blind. Die Blindheit, in welcher du dich selbst oder deinen Heiland nicht sehen kannst, die Blindheit, welche dir alle geistlichen Freuden verschließt und dich verdammt, ewig hoffnungslos in der Finsternis zu wandeln. Wie ernst deine Gebete auch sein mögen, sie können nie zu ernst sein. Er war ein Bettler und hatte ohne Zweifel die Schwächen der Menschen kennengelernt. Er war oft erfolglos heimgekehrt, wenn er erwartet hatte, daß sein Beutel voll wäre. Und auch du bist ein Bettler. Du hast deine eigenen Werke versucht, du hast vor der Tür der Zeremonien gebettelt und hast sie als leeren Schein erkannt, du hast dich zuerst auf eine und dann auf eine andere menschliche Erfindung verlassen, aber nach all deiner Bettelei bedarfst du noch eines himmlischen Almosen, dich reich zu machen. Du bist elend, arm, nackt und bloß.

Bartimäus wußte auch, daß Jesus Christus nah war und wenn Jesus Christus nah ist, ist viel Grund zum ernsten Gebet. Wenn Jesus nicht hören wollte, wenn es keine Zeit der Gnade wäre, wenn die Gnade sich nicht herrlich offenbaren würde, könnte man deine Gebetslosigkeit entschuldigen. Aber wenn es eine Zeit der Erweckung ist, wenn du da bist, wo Jesus Seelen segnet, wenn du auf die Verkündigung des Wortes, welches von Gott kommt, hörst, dann laß dein Ruf heftiger sein, als er je gewesen ist. Dieser arme Mensch wußte, daß es „jetzt oder nie" bei ihm hieß. Wenn seine Augen an diesem Tage nicht geöffnet würden, würden sie nie geöffnet werden. Christus ging vorüber und er mochte hier vielleicht nie wieder vorübergehen.

O Sünder, es mag auch bei dir „jetzt oder nie" heißen. Ich

weiß, daß Gott Menschen zur elften Stunde errettet, aber ich weiß auch, daß es viele gibt, die nicht in der elften Stunde errettet werden und daß viele, nachdem eine bestimmte Stunde geschlagen hat, der Herzenshärtigkeit hingegeben worden sind, um ihre eigenen Verderber zu sein und das könnte dein Fall sein.

Das Ticken der Uhr ruft den Menschen, die es verstehen, immer zu: „Jetzt oder nie! Jetzt oder nie! Heute auf der Erde, morgen in der Ewigkeit!" Wenn du Christus haben willst, so ist es heute Zeit, Ihn zu suchen. „Heute, wenn ihr seine Stimme höret, verhärtet eure Herzen nicht." „Jetzt ist die angenehme Zeit; jetzt ist der Tag des Heils."

Das fühlte der Bettler und darum wurde sein Ruf lauter und lauter: „O Sohn Davids, erbarme dich meiner!"

Er vermutete wenigstens etwas vom Werte des Augenlichts. Er hatte gehört, was andere ihm gesagt hatten von der Freude, die Landschaft, die Felder, das Wasser und den Himmel zu sehen. Er hatte ein Verlangen, den Freunden ins Angesicht zu sehen und seine eigenen Eltern oder sein Kind zu erkennen. Sünder, du hast wenigstens eine Vermutung von dem Glück der Vergebung. Du hast wenigstens eine Vorstellung von der Rechtfertigung. Du weißt, denn es ist dir oft gesagt worden, daß das ewige Leben des Suchens wert ist.

O Mensch, möge der Heilige Geist dein Herz an diesem Morgen ansprechen, daß du den Ruf nicht länger zurückhalten kannst: „Jesu, Sohn Davids, erbarme dich meiner!" Wenn ihr an die Traurigkeit seines Zustandes, an die Hoffnung denkt, welche die Gegenwart Christi ihm gab, und an den Segen, welchen er von dem hergestellten Augenlicht erhoffte, so werdet ihr zugeben, daß er gute Gründe hatte, eifrig zu sein.

Und Sünder, wenn du an den Zorn Gottes denkst, der noch über dir ist, an die Zukunft mit all ihren Schrecken, an die Macht Christi zu erretten, und an den ewigen Segen, von Ihm errettet zu werden und auch an die Kürze der Zeit und die Not deiner Situation, so sollte es dich bewegen, mehr und mehr allen

Ernstes zu rufen: „O Sohn Davids, erbarme dich meiner!"

4. Die Hindernisse des Bettlers

John Bunyan erzählt, daß dicht bei der engen Pforte der Teufel ein Schloß habe und daß er von diesem Schloß aus auf alle zu schießen pflegt, die dort Einlaß suchen. Und daß er auch einen großen Hund halte, der stets bellt und heult und jeden zu zerreißen sucht, der an die Tür der Gnade klopft. Ich bin gewiß, daß es wahr ist. Wenn ein Sünder zum Gnadenthron kommt und beginnt anzuklopfen, so wird dieses Geräusch in der Hölle gehört und sofort versucht der Teufel, den armen Menschen vom Tor der Hoffnung zu vertreiben.

In den alten Zeiten, wenn die nordafrikanischen Seeräuber viele christliche Gefangene hatten, ketteten sie dieselben an die Ruder ihrer Galeeren, um ihre Herren zu rudern. Wenn sich christliche Kriegsschiffe zeigten, wußten die Gefangenen, daß Hoffnung zu ihrer Befreiung vorhanden sei, aber ihre Herren kamen auf Deck und schrien: „Rudert um euer Leben" und mit der Peitsche angetrieben, mußten diese armen Gefangenen selbst ihrer Rettung entfliehen.

Das ist es, was der Teufel tut. Er stellt die Sünder ans Ruder und wenn Christus mit seiner blutroten Flagge der Freiheit gesehen wird, strengt der Sünder sich aufs äußerste an, Christus aus dem Weg zu gehen. Wenn das nicht genügt, nimmt der Teufel manchmal böse Menschen oder auch gute Menschen, um den Sünder aufzuhalten, den Heiland zu suchen. Ihr kennt die Weise, wie die Welt es versucht, einen schreienden Sünder zu beruhigen. Die Welt wird ihm sagen, daß keine Ursache zum Beten vorhanden sei, da die Bibel nicht wahr ist, daß es keinen Gott, keinen Himmel, keine Hölle und kein Jenseits gäbe. Aber wenn Gott dich zum Rufen gebracht hat, Sünder, so weiß ich, daß du dadurch nicht aufgehalten wirst. Du wirst nur noch dringender rufen: „O Sohn Davids, erbarme dich meiner!"

Dann versucht es die Welt mit Vergnügungen. Du wirst ins Theater eingeladen, du wirst von einem Ball zum anderen gezogen. Aber wenn der Herr dir den Ruf in den Mund gelegt hat, so wird die tiefe Angst deines Geistes nicht durch Musik und Freudengesang verschwinden. Vielleicht wird die Welt dich einen Narren nennen, daß du dich über solche Sachen betrübst, du wirst für schwermütig gehalten werden. Sie werden dir sagen, daß du dahin kommen wirst, wohin schon so viele gekommen sind, in die Irrenanstalt. Aber wenn Gott dich einmal zum Rufen gebracht hat, wirst du nicht durch das Lachen eines Narren aufgehalten werden. Das flehende Gebet wird im Verborgenen aufsteigen: „Erbarme dich meiner!"

Vielleicht versucht die Welt es dann mit Sorgen. Du wirst mehr im Geschäft zu tun haben. Du wirst eine günstige Arbeit erhalten, welche deiner Seele nicht günstig ist, und so wird der Satan hoffen, daß du Christus in dem Wohlstand und in wachsenden Sorgen vergessen wirst. Aber wenn es ein solcher Ruf ist, bekümmerter Sünder, wirst du dadurch nicht aufgehalten.

Auch wird die Welt mit Mitleid auf dich blicken. „Ach, armes Geschöpf, du wirst irregeleitet, wenn du zu Christus in den Himmel geführt wirst." Man wird sagen, daß du der Betrogene einiger Schwärmer geworden bist, während du in Wahrheit jetzt zum Nachdenken kommst und die geistlichen Dinge nach ihrem wahren Wert schätzt.

Aber ach, das Schlimmste ist, daß selbst die Jünger Christi handeln werden wie in dieser Geschichte, sie werden dich auffordern zu schweigen. Einige Namenschristen haben kein Mitleid mit bekümmerten Seelen. Viel Unheil wird durch die leichte und nichtige Unterhaltung der „christlichen" Menschen angerichtet, besonders am Sonntag. Wie oft werden die Predigten durch einen Geist der Kritik abgestumpft!

Ich habe von einer Frau gehört, die ernstlich um die Bekehrung ihres Mannes gebetet hatte und eines Tages nach dem Gottesdienst auf dem Heimweg mit einer Freundin sprach und die Predigt heruntermachte, da die Lehre nicht ganz nach ihrem Geschmack war. Ihr Mann sah sie verwundert an, denn die Predigt hatte sein Herz gebrochen und doch tadelte die Frau gerade die Wahrheit, welche Gott gesegnet hatte, ihren Herzenswunsch zu erfüllen. Ich zweifle nicht daran, daß viele Leute durch ihr unnützes Kritisieren über den Dienst, den Gott gesegnet hat, das gute Werk verderben und Werkzeuge in der Hand des Satans sein können, Sünder dahin zu bringen, ihr Beten aufzugeben.

Aber, arme Seele, laß weder einen Heiligen noch einen Sünder dich aufhalten. Wenn du angefangen hast zu beten, selbst wenn du schon Monate gefleht hast, ohne eine tröstliche Antwort der Gnade erhalten zu haben, rufe noch lauter! O, sei noch ernster! Bearbeite die Tore des Himmels mit solcher Heftigkeit, als wenn du sie mit Pfosten und Riegel wegreißen müßtest. Stehe an der Gnadentür und weiche nicht. Klopfe immer wieder an, als wolltest du den Himmel erschüttern, um eine Antwort auf deinen Ruf zu erhalten. Kalte Gebete gewinnen Gottes Ohren nie. Spanne deinen Bogen mit voller Kraft, wenn du deine Pfeile in den hohen Himmel senden willst. Wen Gott zu dem Entschluß gebracht hat, errettet zu werden, wird errettet werden. Derjenige, welcher die Verdammnis nicht als sein Los empfangen will, sondern erkennt, daß er Christus haben muß, ist schon unter der göttlichen Wirksamkeit des ewigen Geistes. Ein solcher Mensch trägt das Zeichen der göttlichen Erwählung an seiner Stirn und wird und muß die ewige Seligkeit erlangen.

5. Die Hindernisse wurden dem Blinden zum Ansporn

„Er aber schrie um so mehr." Er nahm ihnen die Waffen aus der Hand und benutzte sie für sich. Was meint ihr, welche Vorwände sie benutzten, um ihn zum Schweigen zu bewegen? Sagte nicht einer von ihnen: „Schweig still, du lumpiger, schmutziger

Bettler?" „Das ist gerade, weshalb ich nicht schweigen will", sagt er. „Ich bin ein solch armer, ekelhafter Mensch, daß ich nötig habe zu rufen. Ihr Herren, die ihr besser daran seid, habt nicht nötig zu bitten, aber je schlechter ihr mich beurteilt, um so mehr bedarf ich des Meisters Hilfe und darum werde ich um so mehr rufen."

Der Teufel sagt zu dir: „Bete nicht, du bist ein zu großer Sünder." Sage dem Teufel, daß das die Ursache ist, warum du beten willst, und daß du so schwarz und schmutzig und ekelhaft bist, sind die Beweise, daß du vor allen anderen Menschen laut rufen mußt: „Jesu, erbarme dich meiner!"

Dann sagten sie: „Du hast nichts, was dich empfiehlt, Jesus Christus hat dich nicht eingeladen. Er hat nie mit einem liebenden Auge auf dich geblickt. Er hat dich nicht gerufen." „Dann ist dieses gerade ein Grund", sagte er, „weshalb ich Ihn rufen sollte. Wenn ich kein Liebeszeichen habe, ist es um so schlimmer für mich und noch mehr Ursache, nicht glücklich zu sein, bis ich eins erhalte. Wenn Er mich nicht eingeladen hat, will ich Ihn um eine Einladung bitten."

Du siehst, je mehr du beweisen kannst, daß der Fall des Sünders hoffnungslos und schlecht ist, hast du nur bewiesen, daß der Sünder mehr Ursache zum Beten hat. Wenn ich am weitesten von der Hoffnung entfernt bin, muß ich laut rufen, um gehört zu werden. Wer noch entfernter ist, muß noch lauter rufen und wer am entferntesten ist, muß am lautesten rufen. Wenn ich der Entfernteste von Gott und von der Hoffnung bin, will ich mit um so größerer Zudringlichkeit bitten, bis ich durchdringe.

„Aber", sagt ein anderer, „du machst solchen Lärm. Sei still, du störst die ganze Nachbarschaft." „Ach", sagt er, „das ist gut, denn nun wird Er mich hören." Ich denke, wenn er das Gleichnis von der bittenden Witwe gehört hat, deren fortwährendes Kommen den Richter zuletzt ermüdete, so muß er gesagt haben: „Mache ich Lärm? Um so besser. Dann will ich noch mehr Lärm machen, denn ich sehe, daß ich euch unangenehm bin, vielleicht werde ich Ihn ermüden. Ich will dabei bleiben, bis der Richter durch mein Lärmen bewogen wird, meine Bitte zu erfüllen."

Einige Leute sagen dir, daß du nicht so ernst sein mußt, weil du dadurch die Freunde störst. Du bist so bekümmert wegen deiner Seele, daß deine Freunde wegen deines Verstandes bekümmert sind. Sage ihnen, daß dich dieses freut und daß du noch ernster sein wirst, denn wenn du schon hartherzige Menschen bewegt hast, so hoffst du, auch Gott zu bewegen und willst zu Ihm schreien Tag und Nacht, bis dir deines Herzens Wunsch gewährt wird.

Dann haben sie wohl zu ihm gesagt: „Störe den Heiland nicht. Er ist beschäftigt, denn Er hat viel zu tun. Er spricht mit Seinen Jüngern und predigt." „Ach", sagt er, „wenn Er so viel Gutes tut, so habe ich um so mehr Ursache zu bitten, daß Er auch an mir Gutes tut." Es nützt nichts, einen Menschen um etwas zu bitten, der nie etwas gibt, aber der Mensch, der immer gibt, wird auch jetzt geben so fand er in Christi vielen Werken einen Grund, weshalb er bitten sollte. Segnet Er andere, warum nicht auch ihn?

Lieber Zuhörer, wenn du von einem gnädigen Regen hörst, so bitte, daß auch einige Tropfen auf dich fallen und wenn du weißt, daß Christus so viele errettet, muß es ein Grund sein zu glauben, daß Er auch dich erretten wird.

Dann sagten sie: „Er ist auf der Reise und geht nach Jerusalem. Er kann nicht von jedem Bettler aufgehalten werden. Schweige still. Wohin würde Er kommen, wenn Er sich zu jedem Bittenden, der Seine Hilfe begehrt, wenden sollte!" „Auf der Reise befindet Er sich?" sagte er, „dann will ich Ihn jetzt aufhalten, denn wenn ich Ihn jetzt gehen lasse, weiß ich nicht, wann ich Ihn wiederhaben werde. Er geht nach Jerusalem, um dort zu sterben? Dann ist meine Hoffnung aus. Jetzt habe ich Ihn und will Ihn nicht vorüber gehen lassen." Und lauter schreit er: „O Sohn Davids, erbarme dich meiner."

Wenn der Teufel dir sagt, daß es zu spät sei, dann sage: „Ich will sofort gehen und nicht zögern. Wenn so viele Jahre über mein Haupt gegangen sind, ohne meinen Heiland zu finden, dann soll ein jedes davon ein Ansporn sei, mich fliegen zu lassen."

Es ist auch sehr wahrscheinlich, daß sie zu ihm gesagt haben: „Wie kannst du es wagen, eine solche Person wie Jesus Christus zu unterbrechen? Er wird im Triumph durch Jerusalem ziehen, Er wird im feierlichen Aufzug durch die Straßen reiten. Wie kannst du daran denken, eine Zusammenkunft mit Ihm zu haben?" „Ein Großer ist Er!" ruft der Mann aus, „Ein Großer! Einen Großen brauche ich, denn ein Kleiner kann mir nicht helfen. Es muß ein Großer sein, der meine Augen öffnen kann und je größer er ist, desto mehr Grund habe ich, ihn anzurufen."

Wenn du wegen des Ruhmes und der Größe Jesu Christi beunruhigt wirst, so laß dich deswegen nicht zurückhalten, sondern sage vielmehr: „Ist Er mächtig? Dann kann Er mich erretten. Ist Er ein großer Heiland? Dann ist Er gerade ein Heiland, wie ich Ihn brauche. Ich will nicht ruhen, ich will nicht aufhören, bis Er zu meiner Seele sagt: Ich bin dein Heil!"

Ich habe Gott dringend gebeten, daß Er an diesem Morgen in einigen Sündern den Wunsch erweckt zu beten, und daß das Wort durch den Heiligen Geist gesegnet wird, ihn anhaltend im Gebet zu machen. O, möge Er meine Bitte erhören!

Denk daran, daß dieses Beten und Warten zum Ende kommt, wenn der Blick auf Jesus allein gerichtet ist. Wenn du deine Augen von dir selbst, von deinen Gefühlen und deinen Gebeten abwendest und auf das vollendete Werk Jesu richtest und Ihm vertraust, wirst du sofort Frieden haben. Die Seele hat Frieden, die auf Jesus allein blickt.

Wenn ich euch zum Beten aufgefordert habe und es gern noch ernstlicher getan hätte, so wünsche ich doch nicht, daß ihr das Gebet an die Stelle des Glaubens setzt. Wenn du bis jetzt Christus noch nicht so verstehen kannst, um in Ihm zu ruhen, wenn du dich jetzt noch nicht auf Ihn werfen kannst, dann bitte um Erleuchtung, bitte, daß dir der Glaube gegeben wird. Möge Gott dir die Kraft und den Willen geben, einen lebendigen Glauben an den Gekreuzigten zu üben, denn wenn du glaubensvoll auf den Gekreuzigten blickst, ist ewiges Leben dein Teil. Amen.

DIE WIEDERGEBURT UND DIE VERANTWORTUNG DER CHRISTEN

„Jesus spricht: Nehmet den Stein weg... Löset ihn auf und laßt ihn gehen."
(Johannes 11,39.44)

Da lag Lazarus im Grab, tot. Seine Rückkehr ins Leben war nach dem gewöhnlichen Lauf der Dinge völlig hoffnungslos. Natürlich konnte Lazarus sich selbst nicht auferwecken, ebensowenig vermochten weder die liebenden Schwestern mit all ihren Tränen ihn zum Leben zu erwecken, noch die Jünger die abgeschiedene Seele zurückzurufen. Es war ein hoffnungsloser Fall. Wer hätte wohl einen Toten erwecken können, der noch dazu so lange im Grab gelegen hatte, daß der Verwesungsgeruch wahrzunehmen war.

Nun, dieser Fall ist dem Zustand jedes unbekehrten Sünders ähnlich. Er ist tot in Übertretungen und Sünden. Nicht etwa ein wenig krank oder ein bißchen verwundet, sondern der geistliche Tod herrscht über ihn. Nimmermehr kann der Sünder sich selbst Leben geben. Das ist undenkbar.

Es gibt Leute, die glauben, daß die Seele des Menschen sich zuweilen dem Guten zuneigt, diese schmeichelhafte Vermutung ist aber leider weit von der Wirklichkeit entfernt. Der Herr Jesus hat gesagt: „Ihr wollt nicht zu mir kommen, auf daß ihr Leben habet" (Joh. 5,39) und man will jetzt ebensowenig kommen wie damals.

Bis wir Tote aus sich selbst auferstehen sehen, erwarten wir nicht, Sünder zu sehen, die sich aus sich selbst ohne göttlichen Beistand der Gerechtigkeit zuwenden. Ebensowenig können Freunde und Verwandte die Seele erneuern, für welche sie sich interessieren, noch kann der ernsteste Prediger das neue Leben geben. Die, welche Gott in einigen Fällen gesegnet haben mag, sind in anderen Fällen völlig machtlos, bis sich aufs neue dieselbe Kraft an ihnen erweisen wird.

Der Tod ist ein schreckliches Bild von unserem natürlichen Zustand. Die ganze Welt liegt vor uns wie ein Feld mit Totengebeinen, wie Hesekiel sie im Gesicht sah und wenn je die Totengebeine zum Leben kommen, wird es weder durch eine in ihnen wohnende Kraft, noch durch eine in den eifrigsten Menschen wohnende Kraft, noch durch irgend eine Macht geschehen, welche ohne Gott sogar ein Prophet nicht ausüben könnte. Bildung vermag nicht, den Tod in Leben zu verwandeln, Überredung vermag nicht, Leben zu schaffen, Vorstellungen können es nicht einflößen − der göttliche Arm muß offenbar werden, sonst ist der Fall hoffnungslos.

Jesus muß an das Grab des Lazarus treten, Seine Stimme muß rufen: „Lazarus, komm heraus!" sonst wird die Leiche leblos bleiben und die Verwesung zunehmen. Alles mag getan werden, was sterbliche Menschen zu tun vermögen, es wird aber wirkungslos sein, wenn nicht der Herr Jesus, Er, der „die Auferstehung und das Leben ist", das belebende Wort sprechen wird. Die Macht liegt in der Stimme Seiner Allmacht, aber auch nur dort.

Nun, laßt uns dies annehmen als einfachen Tatbestand unseres Glaubens in bezug auf das Heil der Menschen und es unbedingt ohne jede Vermischung oder Zutat annehmen. Wir glauben, daß in jedem Fall das Heilswerk ganz und gar das Werk des Herrn ist. Die Wiedergeburt ist ein übernatürliches Werk. Der Mensch muß von Gott wiedergeboren werden, die Neugeburt ist ebenso voll und ganz das Werk Gottes wie die natürliche Geburt.

Nach dieser Feststellung wollen wir weitergehen und davon zeugen, daß das, was wir tun können, von uns getan werden sollte, denn der Herr Jesus wird nichts tun, was von Menschen getan werden kann. Es ist die Regel unseres Herrn, daß Er niemals unnötigerweise Wunder verrichtet. Er beginnt erst mit Seinen Wundern, wenn die gewöhnlichen Mittel nicht weiterreichen. Bei der Speisung von Tausenden benutzt Er die wenigen Gerstenbrote und Fische, die vorhanden sind; Er vermehrt sie und läßt sie weiterreichen. Wären weder Brote noch Fische vorhanden gewesen, so hätte Er ohne Zweifel sofort eine Schöpfungstat verrichtet, da aber einige Brote und Fische vorhanden waren, benutzte Er sie gleichsam zur Vervielfältigung. Was der Mensch selbst tun kann, wird Gott nicht für ihn tun. Was Christen für Sünder tun können, müssen sie nicht von Gott erwarten. Sie müssen vielmehr selbst nach der ihnen von Gott gegebenen Fähigkeit ihr möglichstes tun und dürfen dann nach der göttlichen Hilfe auschauen.

Beachtet, daß vor dem Eingang zu dem Grab Lazarus ein Stein lag. Hätte nicht der Herr den Stein mit einem Wort hinwegschaffen können? Hätte Er nicht sagen können: „Wälze dich dorthin, o Stein!" und es wäre geschehen? Er hätte mit einem Blick den Stein zermalmen können, wenn Er es gewollt hätte. Er wollte es aber nicht, weil die Zuschauer fähig waren, den Stein wegzuheben, deshalb sagte Er zu ihnen: „Nehmt den Stein weg!"

Und als Lazarus auferweckt war, als er hervorkam aus der Erde, in welche Freunde ihn gelegt hatten, war er gebunden mit Grabtüchern und sein Angesicht war verhüllt mit einem Schweißtuch. Jesus nahm dieses alles nicht durch ein Wunder hinweg. Menschlich gesprochen wäre dies ein kleineres Wunder gewesen, als durch ein Wort die Bande des Todes zu lösen, da es aber ohne ein Wunder geschehen konnte, sollte es eben ohne ein solches getan werden.

Jesus spricht also zu den Zuschauern: „Löset ihn auf und laßt ihn gehen." Daraus ist zu lernen, daß es manches gibt, was wir für Unbekehrte tun könnten und wir sind verpflichtet, dieses zu tun. Es gibt auch gewisse Dinge, in welchen wir den Neubekehrten behilflich sein können und wir sollten uns beeilen, es zu tun. Während wir allein zu dem Herrn aufblicken, der Seelen zum Leben zu erwecken vermag, legen wir nicht gleichgültig die Hände in den Schoß oder entschuldigen unsere Untätigkeit, wir sehen uns vielmehr um, wo wir als Werkzeuge dienen können und sind jederzeit bereit, uns so viel wie möglich nützlich zu machen. Wir vermögen nicht, Totengebeine lebendig zu machen, wir können aber über sie weissagen, das heißt, ihnen das Wort Gottes nahebringen und werden dadurch vielleicht das Mittel, daß die Toten lebendig werden. Die Verantwortung menschlicher Fähigkeit in Verbindung mit der Wiedergeburt soll an diesem Morgen Gegenstand unserer Betrachtung sein.

1. Es gibt manches, was wir für Unbekehrte tun können

Ich bin überzeugt, wenn es recht mit uns steht, sind wir eifrig darauf bedacht zu tun, was wir nur können. Jesus Christus ist unser Vorbild. Seht, wie Er tätig war, die Menschenkinder zu segnen. Hier hatte Er eine lange Reise gemacht, Er weinte, Er war im Geist erschüttert. Er betete und rief dann mit lauter Stimme.

Ein rechtes Bild von dem, was jeder Christ und besonders jeder Prediger sein sollte! Wir sollten den Seelen nachgehen, sollten weinen und seufzen über ihren verlorenen Zustand, sollten ohne Unterlaß für sie beten, und wenn Gott durch uns zu den zum Leben Erweckten redet, sollte es zwar mit Ernst und Eifer geschehen, aber auch mit zarter Liebesstimme. Wir sollen in dieser Hinsicht Christus ähnlich sein, sollten von ganzem Herzen das gesegnete Werk betreiben, welches wir in Seinem

Namen tun dürfen.

Brüder, ein jeder von uns kann für die Gott Entfremdeten tun, was die Schwestern für ihren Bruder taten. Maria und Martha sandten einen Boten zu dem Herrn mit der Nachricht, daß ihr Bruder krank sei. Wußten sie doch, daß sie in der ganzen Welt keinen Freund finden konnten, der teilnehmender und mächtiger war als der Herr, den sie liebhatten. So sollten wir, ihr und ich, für alle Unbekehrten, die uns auf dem Herzen liegen, den Heiland zur Hilfe rufen. Laßt uns Ihm eine Botschaft über sie zusenden. Ihr mögt diese ungefähr in folgende Worte fassen: „O Herr, mit Schmerzen muß ich dir sagen, daß mein Kind noch nicht bekehrt ist!" oder: „Herr, du weißt, daß das Herz deines Dieners brechen will, weil seine Frau noch nicht bekehrt ist!" oder: „Du weißt, daß die Kinder meiner Sonntagschule noch nicht zu dir gebracht worden sind!" - oder ich darf Ihm die Botschaft senden: „Mein Gott, du weißt, daß ich jahrelang diesen Leuten gepredigt habe und doch sind sie kalt und ihrem Gott fremd geblieben!"

Wir müssen ernstlich Fürbitte einlegen für die Seelen, die uns anvertraut sind. Jesus ist der Wundertäter. Er ist die Auferstehung und das Leben und wir sollen Seine Kraft in Anspruch nehmen und Ihn bitten, Seine rettende Macht zu offenbaren.

Weiter müssen wir glauben, daß Er die geistlich Toten erwecken kann. Wir dürfen nie an jemand verzweifeln; ist doch die Sache in den Händen eines allmächtigen Heilandes. Mag auch jetzt der Sünder unmoralisch geworden sein, es ist doch nicht zu spät, den Herrn Jesus zu bitten, an ihm zu wirken. Wir sollten nie von jemand sagen: "Es würde vergeblich sein, uns um seine Bekehrung zu bemühen. Er ist so lasterhaft, daß er unfähig ist, die Gnade zu empfangen." Es steht uns nicht zu, eines Menschen Verdammnis festzulegen, wir sollten vielmehr nach dem Befehl des Herrn aller Kreatur das Evangelium verkündigen. Ist doch das Evangelium unbegrenzt, wenn es heißt: „Wer da glaubt und getauft wird, der wird errettet werden."

Geliebte, habt Glauben an den Herrn Jesus. Sagt es Ihm, wie verzweifelt die Sache für euch ist, fügt aber hinzu: „Herr, Dir ist es nicht unmöglich!" Sagt Ihm, daß, obwohl ihr in euch selbst kraftlos seid, ein Wort von Ihm alles wirken kann, was euer Herz begehrt.

Nun, dies kann jeder Gläubige tun. Er kann seine Zuflucht zum Herrn Jesus nehmen. Unser erster Vers zeigt uns unsere Verantwortung noch klarer. Jesus trug den Anwesenden auf, den Stein hinwegzuheben. Du kannst den Toten nicht wieder lebendig machen, du kannst aber den Stein von dem Grab heben. Laßt uns jetzt von verschiedenen Steinen reden, die wir mit allem Fleiß hinwegnehmen sollten.

Der erste ist der Stein der Unwissenheit. Dieser schwere Stein liegt heutzutage an der Tür vieler geistlicher Gräber. Ich bin überzeugt, daß viele Predigten so gehalten werden, als verstünden die Zuhörer den Erlösungsplan vollständig, würde der Prediger jedoch seine Leute besser kennen, so müßte er entdecken, daß sogar in den Elementarlehren des Evangeliums viele in beklagenswerter Unwissenheit sind. Ich fürchte, daß die Elementarwahrheiten des Evangeliums nicht oft genug gepredigt werden, weil man zu viel für selbstverständlich hält. Es ist zu befürchten, daß das Alphabeth des Evangeliums Tausenden unbekannt ist, deren Lehrer sie in der klassischen Theologie unterrichten wollten – eine verschwendete Mühe und ein gefährliches Experiment.

In dieser großen Stadt fehlt es nicht an solchen, die, obwohl sie sich fleißig am protestantischen Gottesdienst beteiligen, dennoch glauben, durch den Verdienst ihrer Werke selig zu werden und entsetzt sind über die Lehre der Rechtfertigung durch den Glauben. Wer sich unter die Massen begibt, wird eine erschreckende Gleichgültigkeit gegen das Heil und das Heilswerk finden, eine Gleichgültigkeit, die zum großen Teil ihren Grund in der Unwissenheit hat. „Das Heil, das Heilswerk?" nun, Tausende wissen nicht, was damit gesagt werden soll und in dieser Zeit des Fortschritts bedeckt tiefe Finsternis einen großen Teil unserer Landsleute.

Brüder, die Zeit ist noch nicht gekommen, wo ihr mit dem Verteilen der einfachsten Traktate aufhören sollt. Die Zeit ist noch nicht da, daß ihr an den Straßenecken schweigen sollt von den ernsten Grundregeln des Glaubens, von der einfachen Lehre der Rechtfertigung durch den Glauben. Es ist nicht unmöglich, daß ein Zeitalter kommen wird, wo wir in die tieferen göttlichen Dinge eindringen dürfen, wie aber jetzt die Sachen stehen, sollen wir unsere Kraft daran wenden, die Grundwahrheit, daß Jesus Christus in die Welt gekommen ist, um Sünder zu erretten, auszusprechen. In unseren Predigten müssen wir unzählige Male die Geschichte vom Kreuz wiederholen. Die am meisten gesungenen Lieder sollten denselben Grundton haben. So einfache Worte wie: „Ich glaube – ich will glauben, daß Jesus für mich gestorben ist!" tun uns not. In diesem Punkt werden die Massen, unter denen wir wohnen, von Unwissenheit und Unglauben umwölkt. Laßt nicht wegen Mangel an Erkenntnis die Leute verlorengehen. Laßt keinen zur Hölle fahren, weil er nichts von dem Heiland weiß.

Laßt es mich hier aussprechen, daß sogar bei solchen, denen das Evangelium treu gepredigt wird, die Unwissenheit noch bleiben kann.

So war es bei mir selbst der Fall. Ich glaube, wenn ich gewußt hätte, daß alles, was ich zu tun hatte, um zu leben, darin bestehen würde, auf Christus zu schauen, wenn ich wirklich verstanden hätte, daß nichts für mich zu fühlen oder zu tun sei, als nur zu ruhen in dem vollbrachten Werk und von Gottes Barmherzigkeit zu nehmen, was der Herr Jesus vollbracht hat – ich denke, wenn ich diese Wahrheit erkannt hätte, so würde ich früher Frieden mit Gott gefunden haben. Aber ich verstand das Evangelium eben nicht und blieb deshalb so lange unter dem Druck.

Sagt also jedermann von Jesus. Sagt es, daß der Sohn Gottes Mensch geworden ist, sprecht ganz einfach von der Stellvertretung. Sprecht es aus, wo ihr es könnt, daß, wer an den Sohn Gottes glaubt, nicht verdammt wird und daß glauben vertrauen bedeutet. Ihr könnt das Evangelium nicht zu einfach verkündigen, aber legt es den Leuten vor und hebt auf diese Weise den Stein vom Grab.

Leider ist häufig ein anderer Stein vorhanden, nämlich der des völligen Irrtums. Ohne Erkenntnis zu sein, ist nicht gut, denn wo nicht Weizen gesät wird, wird sicherlich Unkraut aufwachsen. Wer in Unwissenheit über die Gerechtigkeit Gottes ist, sucht stets auf die eine oder andere Weise seine eigene Gerechtigkeit aufzurichten. Tausende glauben, wenn sie nüchtern, ehrlich, aufrichtig und so weiter sind, hätten sie alles getan, was von ihnen verlangt werden kann. Natürlich wird es zur Vollendung des Gebäudes, das sie sich selbst aufgerichtet haben, genügen, auf dem Sterbebett einen Prediger rufen zu lassen, damit er mit ihnen bete oder Gebete vorlese.

Brüder, dieser schwere Stein bedeckt das Grab vieler Leute, versucht, ihn hinwegzuwälzen. Protestiert gegen die Ansicht, daß dem Gesetz Gottes je durch einen unvollkommenen Gehorsam Genüge geschehen kann. Zeugt davon, daß Gottes Gesetz außerordentlich umfassend ist, daß es nicht nur das äußere Tun des Menschen betrifft, sondern sich auch mit den Neigungen des Herzens beschäftigt. Wenn andere das erkennen, werden sie vielleicht die Unmöglichkeit einsehen, je das Gesetz Gottes halten zu können und den Versuch aufgeben, sich durch eigenen Gehorsam die Seligkeit zu erwirken. Zeigt ihnen einfach, liebevoll, aber in aller Aufrichtigkeit, daß durch die Werke des Gesetzes kein Fleisch gerecht werden kann.

Ihr wißt, meine Brüder, daß beständig Versuche gemacht werden, einen großen Stein vor die Seele der Menschen zu rollen, auch im Blick auf die Sakramente.

Die Wiedergeburt — wozu erniedrigt man sie? Man macht sie zu einer Zeremonie, bei welcher wenige Tropfen Wasser Wunder wirken sollen. Sich nähren mit Christus — was ist das bei diesen?

Nichts als der Genuß von Brot und Wein. An die Stelle geistlicher Wahrheiten setzt man nichtige Zeremonien; sie rauben die Substanz und geben uns nicht einmal als Ersatz einen Schatten wie der zu Moses Zeiten, sondern nur Rauch, einen Schatten vom Schatten, der eher blendend für die Augen, als anregend für die Seele ist. Und doch sind Millionen unserer Mitmenschen zufrieden damit und meinen, in den äußeren Riten sei eine geheimnisvolle Wirkung enthalten. Sagt ihnen, wie die Gnade nottut und wie nutzlos das Äußere ist. Ihr werdet einen guten Dienst verrichtet haben, wenn ihr diesen großen hinderlichen Stein hinwegwälzt.

Sehr häufig ist die Tür der menschlichen Seele verschlossen durch den Stein des Vorurteils. Mag man auch in Wirklichkeit nichts Fehlerhaftes an Jesus Christus oder in Seinem Evangelium finden, so stolpert man doch über diesen Stein des Anstoßes. Man erfindet Gründe, die Einladung des Evangeliums abzuweisen. Sie verdächtigen die göttlichen Offenbarungen und reden sich ein, daß sie nicht wert sind, angenommen zu werden. Sie verschließen die Augen und behaupten dann widerspenstig, es sei kein Licht da. Wie verbreitet ist zum Beispiel die Ansicht, daß Glaube mit Trübsinn verbunden ist! In allen Kreisen sind viele zu finden, die sich scheu vom Christentum abwenden, weil sie meinen, es sei die Mutter geistlichen Jammers. Sie pflegen auf solche zu zeigen, die wahnsinnig geworden sind, nachdem sie sich mit der Bibel beschäftigten oder auf einen, der bei all seiner Frömmigkeit trübsinnig ist. Sie behaupten, Frömmigkeit sei die Kunst, lange Gesichter zu machen, die Kunst, traurig zu sein. Deshalb scheuen sie sich, durch solche Frömmigkeit zu versauern und den düsteren, melancholischen Puritanern zu gleichen. Wahrlich, ein merkwürdiger Irrtum in bezug auf die Puritaner! Gibt es doch Beweise in Hülle und Fülle, daß gerade sie glückliche Menschen und im Besitz einer Freude waren, gegen welche alle laute Fröhlichkeit der Kavaliere wie Schaum war!

Wer in diesem Augenblick den Wunsch hat, glückliche Leute zu sehen, dem möchte ich raten, unter wirklichen Christen nach solchen zu suchen. Es wäre doch sonderbar, daß es einen unglücklich machen könnte, wenn man Vergebung seiner Sünden erlangt hat. Es wäre doch merkwürdig, wenn es einen Mitmenschen elend macht, Frieden mit Gott zu haben; wenn der Besitz der Hoffnung auf den Himmel die Quelle von Traurigkeit in der Seele sein könnte. Aber das ist nicht der Fall.

Brüder, hebt durch eure beständige Fröhlichkeit und Heiterkeit diesen Stein hinweg, besonders von den Seelen der Jungen. Laßt sie aus eurem freudigen Angesicht die praktische Antwort auf das allgemein verbreitete Vorurteil lesen. Überzeugt sie, daß ihr eine innere Freude habt, von welcher sie keine Ahnung haben. Lockt sie sozusagen zu Christus, indem ihr ihnen von der Herrlichkeit erzählt, die ihr bei Ihm gefunden habt.

Manche sind der Ansicht, daß wahres Christentum einen Menschen unmännlich und weichlich macht. Manche Bekenner haben durch ein geziertes Wesen und Mangel an gesundem Menschenverstand diesem Vorwurf eine gewisse Berechtigung verliehen. Gewisse Christen stehen immer bei dem „Nicht-dürfen" des Glaubens, als ob die Gottseligkeit ein mit lauter Verneinungen, ein von Dornen umschlossener Garten wäre. Das Erfinden neuer Gebote und Satzungen ist für manche eine anziehende Beschäftigung. „Du mußt dies nicht tun und das nicht, noch etwas anderes", heißt es stets, bis man sich wie ein kleines Kind fühlt.

Ich finde, zehn Gebote sind schon mehr, als ich ohne viel Gnade halten kann und ich bin nicht willens, auf irgend eins darüber hinaus die geringste Rücksicht zu nehmen. Freiheit ist der Geist unseres Glaubens und wir haben nicht vor, sie um der Achtung moderner Pharisäer willen zu verschleudern. Diese sagen: „Du sollst am Sonntag nicht lachen. Du sollst nie im Hause Gottes ein Lächeln hervorrufen. Du sollst den Weg zum Gotteshaus gehen, als ob du ausgepeitscht werden solltest und wenn du predigst, sollst du dich bemühen, die Predigt so trübe wie möglich zu machen."

Wir achten nicht auf diese Vorschriften. Alles, was von Gott ist, ehren wir, aber wir haben keine Achtung vor diesen widerlichen Verordnungen. Wir sind Menschen und keine Sklaven. Unser Menschsein ist durch die Gnade nicht vernichtet. Wir denken, reden und handeln selbständig und sind nicht die Sklaven von Sitte und Mode. Ich möchte allen jungen Leuten den Rat geben: „Tretet auf als Männer, laßt nicht von eurem Glauben gesagt werden, daß er euch weich macht und daß eure Sprache affektiert ist. Verzuckert nicht jede Person, von welcher ihr sprecht mit „der oder die liebe Soundso", denn das riecht sehr nach Heuchelei. Sprecht nicht in weinerlichem Ton, verdreht nicht die Augen und tut nicht, als ob ihr sehr fromm wäret. Seid heilig ohne Schein, wahr, aber nicht auffallend und geziert. Seid Männer, seid männlich, seid Christen, Christus ähnlich. Der Herr Jesus war das höchste Bild eines Menschen, ihr seht aber nie etwas Geziertes oder Unnatürliches an Ihm. Er ist immer derselbe, durchsichtig, gerade, mutig, aufrichtig, wahr und männlich. Befreit die Frömmigkeit von dem Vorwurf des „auf Stelzengehens" und hebt dadurch einen von den Steinen von der Grabestür.

Manche vertreten die Ansicht, das Christentum sei nur eine Gefühlssache, die darin bestehe, ergriffen über ihre verstorbenen Kinder und Eltern im Himmel zu sein und über Auftritte an Sterbebetten zu weinen, kurz, daß es am besten zu sehen sei in aufgeregten Versammlungen und den durch diese hervorgerufenen Gefühlsausbrüchen.

Die Weltkinder halten Frömmigkeit für ein Gefühl, ohne Wahrheit, ohne Tatsachen, ohne Philosophie im Rücken zu haben. Sie irren sich aber sehr. Mag auch unser Christentum nie eine Träne in unsere Augen gebracht, nie das Gefühl freudiger Bewegung in unserer Seele gezeigt haben, so sind wir doch wohl imstande, einen guten Grund der Hoffnung zu geben, die in uns ist. Ich wage zu behaupten, daß unser Glaube nicht weniger auf Tatsachen beruht, als Astronomie oder Geologie, ich meine, auf nicht zu bestreitenden Tatsachen. Ich behaupte, daß die Lehren der Offenbarung Wahrheiten sind, so gewiß, wie die Beweisgründe der Mathematik. Das Evangelium offenbart Wirklichkeiten und diese sind der Betrachtung von Menschen mit der ausgeprägtesten Erkenntnis wert. Unser Evangelium ist weder flach noch kindliches Gerede, es hat vielmehr eine Tiefe, die kein menschlicher Verstand zu ergründen vermag. Der Geist eines Newton und eines Locke beklagte sich nicht über Mangel an Raum in den wunderbaren Wahrheiten Gottes; diese waren vielmehr für sie Wasser, worin sie schwimmen konnten. Sie bieten aller hohen Bildung, allem Denken, aller Wissenschaft und Gelehrsamkeit Raum. Alles kann nur stehen am Ufer des großen Ozeans der göttlichen Wahrheit und rufen: „O Tiefe des Reichtums, sowohl der Weisheit als auch der Erkenntnis Gottes!" (Römer 11,33)

Laßt uns fleißig die großen Tatsachen des Evangeliums verkündigen und dadurch den Stein fortschaffen helfen, der vielen ein erdrückendes Hindernis geworden ist.

Gewöhnlich liegt über dem Grab der arbeitenden Klassen ein anderer Stein, nämlich die Meinung, das Evangelium sei nicht für sie und ihresgleichen. Ich habe sie häufig sagen hören, für Damen und Herren, Leute mit Geld und freier Zeit möge es passen, fromm zu sein, dagegen für einen Mann, der hart arbeiten muß, sei solches außer Frage. „Nun", sagen sie, „was haben Hafenarbeiter, Mietkutscher und Trödler mit dem Glauben zu tun?"

Von allen bestehenden Vorurteilen ist dieses das merkwürdigste. Denn ist es nicht seit undenkbaren Zeiten der Ruhm des Evangeliums, daß es „den Armen" gepredigt wird? Gäbe es eine Volksklasse, für welche das Evangelium eine frohere Botschaft wäre als für eine andere, so wäre es die, welche aus Mühseligen und Beladenen besteht. Meine lieben Freunde, wenn euch wenig von den Gütern dieser Welt beschieden ist, so habt ihr umsomehr Ursache, die unendlichen Schätze des zukünftigen Lebens zu suchen. Habt ihr hier viel Mühe und Schmerz, so ist das um so mehr Grund, den Herrn Jesus als Balsam für eure Wunden, als das Mittel gegen eure Sorgen zu suchen. Der Herr Jesus berief Seine Jünger aus den arbeitenden Klassen und hat aus ihnen zahllose Märtyrer gesammelt. Mag auch der Herr in den oberen Kreisen einige finden, so ist es doch wahr, daß nicht viele Edle nach dem Fleisch, nicht viele Große und Mächtige dieser Welt erwählt sind. Die größte Zahl der christlichen Jüngerschaft ist den Armen und den Arbeitern entnommen. Christus ist der Christus des Volkes. Welch ein großartiger Ausspruch ist das Wort des Psalms: „Ich habe einen Auserwählten erhöht aus dem Volk" (Psalm 89,19). Jesus war von Gott bestimmt, der Führer und Befehlshaber des Volkes zu sein. Christus ist gerade ein solcher Freund, wie das Volk ihn braucht. Sagt das den Leuten, besonders ihr, die ihr dem Volk angehört und das wißt. Macht eure Häuser für eure Mitarbeiter zu Gotteshäusern und euren Wandel zu einer beständigen Predigt darüber, wie das Evangelium Jesu Christi ihren Bedürfnissen entspricht. Dann sei es genug über den Stein dieses Vorurteils, wir müssen jetzt weitergehen.

Häufig liegt über den Gräbern geistlich Toter ein Stein der Vereinsamung. Es ist ihnen, als ob sich keiner um ihre Seele kümmert. Ich habe das in diesem Tabernakel erfahren. Es sind monatelang Leute hergekommen, Fremde, und niemand hat je ein Wort mit ihnen gewechselt. Daher kam es, daß ihnen das Evangelium nicht ins Herz drang; sie sagten: „Die Gemeinde Gottes kümmert sich nicht um uns, wir sind unbekannt und ungeschätzt." Ein Wort aus dem Mund eines freundlichen Christen oder einer Christin in ihrer Nähe hat sie völlig zerschmolzen und die nächste Predigt, die sie hörten, ist das Mittel geworden, sie zu Christus zu bringen.

In dieser großen Stadt kann sich jemand wirklich leichter verlieren als in der Wüste Sahara. Ihr mögt in eine unserer Straßen gehen oder in einer Fabrik arbeiten, ohne daß ein Mensch sich um euch kümmert. Während glücklicherweise wenige sich in die Angelegenheiten ihrer Nachbarn drängen, haben unglücklicherweise wenige ein Herz für den Kummer ihrer Mitmenschen. Um uns her mögen immerhin Herzen brechen, während wir so heiter sind wie das Maiwetter.

Kinder Gottes, im Namen des lebendigen Heilandes fordere ich euch auf, laßt nicht diesen Stein zwei Sonntage über auf dem Grab eines einzigen Besuchers unseres Gotteshauses liegen, sondern zeigt denen, die neben euch sitzen, daß ihr ein liebendes Herz für ihr Seelenheil habt.

Ein anderer Stein, der hinweggerollt werden kann, ist der der Verworfenheit. Manche bringen sich durch die Sünden in das Grab. Sie übertreten die Regeln des gesellschaftlichen Lebens, werden gefährlich und schließlich als Verstoßene behandelt. Wie wenig Hoffnung fühlt so ein Verstoßener, daß er sich je wieder erheben könnte! Manche versinken durch Laster und Verschwendung in Armut, Tausende erniedrigen sich durch abscheuliche Trunksucht. Die christliche Gemeinde tut wohl daran, wenn sie ihre äußerste Kraft aufbietet, um den Trunkenbold von seinem schrecklichen Laster zu befreien.

Enthaltsamkeit mag ja keineswegs die Gottseligkeit ersetzen, sie kann aber die Menschen unter den Einfluß des Evangeliums bringen. Gott verhüte, daß wir irgendwelche Reformen gering schätzen! Können diese doch den Stein von der Grabestür wälzen. Laßt keinen Stein bleiben. Mancher ist zuerst von der Trunksucht befreit worden und danach wurde sein Ohr geöffnet, um auf die Stimme der Wahrheit zu hören. Wie oft ist es vorgekommen, daß eine arme, liederliche Person, nachdem christliche Liebe sie aufgesucht und von dem himmlischen Vater geredet hat, der auf ihre Rückkehr wartet, ihre Verworfenheit überwunden und den Heiland um Gnade angerufen hat.

Brüder, für uns ist niemand ein Verworfener. Wenn die Welt

zu dem Gefallenen sagt: „Geh, du bist uns nicht gut genug!" so laßt die Gemeinde Gottes die Tür umso weiter aufmachen und sie nötigen hereinzukommen. Die Gemeinde ist das wahre Hospital für Unheilbare, unter denen Jesus so gern tätig ist. Es ist unsere Freude, denen, die von der Welt als Aussätzige angesehen und verächtlich fortgetrieben werden, wieder aufzuhelfen. Zögert nicht! Um euch und solche zu erretten ist der Heiland gekommen. Mögen auch die Pharisäer sich darüber ärgern, Er nimmt die Sünder an und ißt mit ihnen.

Wir wollen noch einen Stein erwähnen, den der Verzweiflung. Manche sind nicht nur geistlich tot, sondern auch tief in Verzweiflung begraben. Sie haben ihren eigenen Totenschein unterzeichnet, obwohl der Herr ihn noch nicht ausgeschrieben hat. Ihr Kinder Gottes, schaut euch um nach solchen, die keine Hoffnung mehr haben und wenn ihr sie trefft, widerlegt ihnen den Punkt. Sagt ihnen, daß ihr früher in derselben Not gewesen seid und zeigt ihnen, was die Gnade an euch getan hat. Zeigt ihnen die Verheißungen Gottes, welche ihrer Lage so angemessen sind, vor allem erzählt ihnen von dem teuren Heiland, der den glimmenden Docht nicht auslöschen will und der völlig erretten kann, die durch Ihn zu Gott kommen. Ihr habt einen guten Dienst getan, wenn ihr in irgend einem Fall diesen Stein der Verzweiflung entfernt habt. Ich bitte euch, meine lieben Mitarbeiter in Christus, nachdem ihr selbst gerettet seid, tut alles, was in eurer Macht steht, um jeden hindernden Stein von der Seele des Sünders zu heben und dann bittet den Herrn, das belebende Wort zu sprechen.

2. Es gibt vieles für uns zu tun, nachdem ein Mensch sich bekehrt hat

Nachdem ein Mensch bekehrt ist, hat er noch mit vielen Schwierigkeiten zu kämpfen, deshalb soll ihm christliche Liebe beistehen. Wenn Lämmer geboren werden, sorgt der gute Hirte für sie. Der Herr Jesus aber spricht: „Weide meine Lämmer!" Wenn Pflanzen in die Erde gebracht werden, muß man sie bewässern. Es ist nicht genug, daß das Kind geboren wird, es bedarf auch der Pflege.

„Nimm dieses Kind, pflege es für mich und ich will dir deinen Lohn geben", spricht Gott zu Seinem Volk, sooft der Gemeinde ein Neubekehrter hinzugetan wird. Lazarus lebt zwar, er ist aber in Grabtücher gehüllt und es ist die Aufgabe seiner Freunde, die Leinentücher zu lösen und ihn gehen zu lassen.

Neubekehrte haben es nötig, befreit zu werden, weil es für ihr Wohlbefinden wichtig ist. Es war sehr unbequem für Lazarus, mit Grabtüchern umwunden zu sein. Um seiner eigenen Bequemlichkeit willen mußten sie hinweggetan werden.

Ein Geretteter begreift nicht gleich alles, was in dem Heilswerk eingeschlossen ist. Er denkt vielleicht: „Ich bin wohl ein Christ, kann aber wieder aus der Gnade fallen." Löse sofort dieses Band und laß ihn wissen, daß der Herr die Seinen nicht verstößt, die Er vorher errettet hat. Der junge Christ glaubt wohl, daß er Vergebung hat, meint aber, daß noch irgendeine Sünde auf ihm bleiben wird. Löse dieses Grabtuch, laß ihn wissen, daß „das Blut Jesu Christi, des Sohnes Gottes, rein macht von aller Sünde." Wenn er einen inneren Kampf fühlt, bildet er sich vielleicht ein, daß er kein Kind Gottes ist. Reiß diese Binde ab und sage ihm, daß alle Kinder Gottes einen inneren Kampf durchmachen und einen Kampf zwischen Tod und Leben in ihrem Inneren fühlen. Ihr werdet feststellen, daß junge Bekehrte leicht geneigt sind, Opfer von Zweifeln und Furcht zu werden, daß sie einmal über dieses, dann über jenes in Verlegenheit sind und sich grämen. Ihr, die ihr in dem Glauben unterwiesen seid, müßt euch also bemühen, sie zu lösen und gehen zu lassen.

Sie haben auch nötig, gelöst zu werden um ihrer eigenen Freiheit willen. Ein Mensch mag bekehrt sein, ist aber weit davon entfernt, die volle Freiheit der Kinder Gottes zu genießen. Vielleicht ist der Gerettete gefesselt durch böse Gewohnheiten, ohne daß er es weiß, daß sie böse sind. Mache ihn in aller Sanftmut darauf aufmerksam, laß ihn wissen, daß solche Dinge nicht mit dem Christentum übereinstimmen können.

Ich kenne wirklich ernste Christen, die mit Reliquien ihrer Grabtücher einhergehen. Ja, diese Grabtücher hängen mehr oder weniger an allen von uns und ich denke, das Lösen wird fortgesetzt werden müssen, bis wir den Himmel erreicht haben. Laßt uns aber den Brüdern durch Beispiel und Lehre dabei behilflich sein, laßt uns von ihnen wegnehmen, was sie an der Freiheit der Kinder Gottes hindert.

Außerdem brauchte Lazarus das Lösen um der Gemeinschaft willen. Er konnte nicht mit Martha und Maria reden, denn er hatte ein Schweißtuch um das Haupt; er war kaum imstande, zu sprechen und sich zu bewegen.

So viele von unseren lieben Bekehrten scheuen es noch, sich der Gemeinde anzuschließen. Sie sagen, sie seien noch nicht vollkommen. Arme Seelen! Wären sie es, wir würden sie nicht in unserer Gemeinschaft begehren. Da wir alle selbst unvollkommen sind, wären sie als Vollkommene nicht am Platz, wenn sie sich uns anschlössen. Sie geben vor, sie seien nicht passend und bilden sich ein, etwas Anstand tue neben dem Glauben an Christus not, als ob nicht das, was der Herr Jesus in dem Evangelium des Heils niedergelegt hat, eine genügende Grundlage für die Gemeinschaft der Heiligen auf Erden sei. Und doch ziehen die Schüchternen sich zurück und scheuen sich, anderen mitzuteilen, was der Herr an ihnen getan hat. Ermutige sie, nötige sie hereinzukommen, laß sie nicht in Einsamkeit wandern, sondern bringe sie in Gemeinschaft mit anderen Christen.

Es sind uns Fälle bekannt, wo die Freiheit nötig war, um die Betreffenden fähig zu machen, Zeugnis abzulegen.

Lazarus konnte nicht einmal sagen: „Ich lebe, gelobt sei

227

Gott!", denn sein Angesicht war verhüllt mit dem Schweißtuch. Es mußte gelöst werden, damit er erzählen konnte, was Gott an ihm getan hatte. O, welche lieblichen Zeugnisse würde die Gemeinde hören, wenn nur die Christen ermutigt würden, sie auszusprechen. Es gibt aber so viele, welche die Grabtücher und das Schweißtuch mit sich herumtragen! Ja, sobald ein junger Christ über Christus redet, versucht man ihn zum Schweigen zu bringen, weil er nicht genau orthodox spricht.

Laßt es unter uns nie so sein. Laßt uns vielmehr die Jungen ermutigen, damit sie nach und nach besser sprechen lernen. Wenn es vielleicht anfangs nur ein Geplauder ist, sie werden schon lernen, die Sprache des Reiches Gottes richtig zu reden.

Wie zum Zeugnis, so tut auch zum Dienen Hilfe not. Paulus wurde bekehrt auf dem Weg nach Damaskus, er wußte aber nicht, was Gott mit ihm vorhatte, bis er von Ananias unterrichtet wurde. Ähnlich war es mit Apollos. Er war ja ein wahrer Christ, er bedurfte aber der Anleitung, dazu wurden Aquilla und Priscilla als göttliche Werkzeuge gebraucht. Dort ist der Kämmerer auf seinem Rückweg nach Äthiopien, es war nötig für ihn, mehr über die Heilige Schrift zu lernen, den Sinn der Worte des Propheten Jesaja zu verstehen und nach dem Bekenntnis seines Glaubens an den Herrn Jesus getauft zu werden. Laßt keinen von den zum Leben Erweckten deshalb gefangen und gebunden bleiben, weil wir so wenig brüderliche Liebe haben, daß wir uns scheuen, die erforderlichen Dienste himmlischer Barmherzigkeit an ihnen zu tun. Der Herr helfe uns, Brüder, es ernst damit zu nehmen!

Noch einmal, nachdem Lazarus von seinen Grabtüchern befreit war, lesen wir bald darauf, daß er mit Jesus zu Tische lag. Er hatte also des Lösens bedurft um der Freude der Gemeinschaft mit Jesus willen. Der zagende junge Christ hält sich selbst für unberechtigt, sich an den näheren, köstlichen Freuden zu beteiligen, welche die Person Christi umringen. Er meint, diese seien nur alten Christen zugänglich, nur solchen, die den guten

Kampf gekämpft und fast den Lauf vollendet haben – aber, wahrlich, er irrt sich und beraubt sich selbst der Freude. Die Lieder Zions sind sowohl für den frühen Morgen als für die Abendschatten. Geht, sagt das den jungen Christen, ermuntert sie, Gemeinschaft mit Jesus zu pflegen. Sagt ihnen, daß Er all die Seinen mit gleicher Liebe liebt und bereit ist, sich ihnen zu offenbaren, wie Er sich der Welt nicht offenbart. In dieser Beziehung werdet ihr tun nach dem Wort: „Löset sie auf und laßt sie gehen!"

Ich möchte meine Rede mit zwei Fragen schließen, die ich euch einfach vorlegen möchte. Die erste ist: Liebe Brüder, ich habe euch gesagt, was für Sünder vor ihrer Bekehrung getan werden kann und was später für sie geschehen sollte und möchte euch nun fragen, wie viele von euch das eine oder das andere tun. Denn, merkt es euch, es ist nutzlos, nur über unsere Pflichten zu reden, sondern es kommt darauf an, daß wir sie täglich und beständig tun. Die Zeit eilt dahin, die Menschen sterben, die Hölle wird gefüllt, des Herrn Name wird entehrt. Der Tag hat nur zwölf Stunden. Handeln wir, während wir das Licht haben? Wirken wir für Gott, während uns Gelegenheit dazu gegeben wird?

Es wird uns gut tun, wenn jeder von uns diese Frage aufrichtig beantwortet, selbst wenn wir bekennen müssen, daß wir faule Knechte und Mägde gewesen sind. Das kann dahin führen, daß wir uns schämen und beten und eifriger tun, was uns zu tun befohlen ist.

Vieles, was heutzutage als christliches Leben gilt, ist ein Leben, dessen man sich schämen sollte – es ist kalt, schwach, engherzig, schüchtern. Überall sieht man Begeisterung, nur nicht in der Gemeinde. Im Geschäft sieht man Leben und Streben und Eifer. Ich sehe die Welt dienstbereit, damit die Menschen mit Blitzesschnelle die Handelsnachrichten verbreiten können, während die Botschaft des Evangeliums langsam hinterherkommt. Man sieht, wie Berge durchbohrt werden, und man würde sich nicht wundern, wenn demnächst auch durch das tiefe Meeresbett ein Tunnel gemacht würde. Für Irdisches kann die Welt alles mögliche tun − aber wie wenig wird für den Himmel ausgerichtet! Möge Gott uns beleben, damit wir ein lebendiges, ernstes Volk sind!

Die andere Frage ist diese: Inwiefern wirkt der Herr Jesus in unseren Häusern und unter unseren Verwandten und Bekannten, was die Auferweckung der geistlich Toten betrifft? Sind deine Kinder gerettet? Sind deine Angestellten wiedergeboren? Sind deine Geschwister bekehrt? Hat Gott den Mann und die Frau schon erweckt? Kommt, laßt uns Umschau halten.

Der Engel sprach zu Lot: „Hast du noch irgend jemand hier?" Eine wichtige Frage! O, Gott gebe, daß wir Noah gleich wären, der all seine Söhne und die Frauen seiner Söhne und seine eigene Frau bei sich in der Arche hatte! Laßt uns nicht ablassen mit Beten, ehe das der Fall ist! Wenn auch nur ein Unbekehrter in unserer Verwandtschaft ist − laßt uns Tag und Nacht beten, bis diese Seele gerettet ist und dann laßt uns unsere Nachbarschaft aufs Herz nehmen und die Menschen der Straße, in welcher wir wohnen. O, möge Gott diese unsere große Stadt in Gnaden heimsuchen! Ich glaube, Er wird es tun, wenn Er uns willig findet, den Stein abzuwälzen und die Grabtücher zu lösen. Gott wird uns keine Kinder zusenden, wenn wir sie nicht pflegen können. Er wird uns keine Lämmer zuführen, wenn wir sie nicht weiden. Gott ist nicht so unfreundlich gegen neugeborene Seelen, daß Er sie unter ein Volk sendet, welches sich nicht um sie kümmert. Wir sollen sie also liebevoll behandeln, sorgsam pflegen und für den Herrn erziehen. O, geliebte Gemeinde, ich bitte dich, diene dem Herrn Jesus mit Fleiß in dem göttlichen Dienst, den Menschenkindern Gutes zu tun. Gott segne euch, Geliebte, um Christi willen! Amen.

JESUS WANDELND AUF DEM SEE

„Und als die Jünger ihn auf dem See wandeln sahen, wurden sie bestürzt und sprachen: Es ist ein Gespenst! Und sie schrieen vor Furcht."
(Matthäus 14,26)

Manche der reichsten Tröstungen der Schrift gehen uns verloren aus Mangel an klarer Erkenntnis. Welcher Trost hätte den Jüngern auf dem sturmbewegten Meer willkommener sein können, als zu wissen, daß der Meister gegenwärtig ist und sich als der Herr des Meeres offenbart! Jedoch, weil sie Ihn nicht deutlich erkannten, fehlte ihnen dieser unvergleichliche Trost.

Noch schlimmer ist, daß die Unklarheit unserer Begriffe selbst den besten Trost zu einer Quelle der Furcht macht. Jesus ist gekommen und in Seinem Kommen ist den Jüngern die Sonne ihrer Freude aufgegangen, aber sie begreifen es nicht, daß es Jesus ist und sie denken deshalb, es wäre ein Gespenst. Sie werden beunruhigt und schreien vor Furcht. Vor dem, der ihr bester Freund war, fürchteten sie sich jetzt, als sei Er ihr Erzfeind. Daß Christus auf den Wogen ging, hätte alle Furcht verscheuchen sollen, aber stattdessen halten sie Ihn für ein Gespenst, welches im Sturm erscheint und noch größeres Übel ankündigt. Sie wurden mit Furcht erfüllt durch das, worüber sie hätten jubeln können.

Welche Wohltat ist die himmlische Augensalbe, durch welche das Auge klar wird! Möge der Heilige Geist unsere Augen damit salben! O, die Köstlichkeit des Glaubens, welcher uns Christus nahe bringt und uns Ihn sehen läßt, wie Er ist! O, wie lieblich ist es, in Gemeinschaft mit Christus zu wandeln und Ihn zu erkennen! Das würde uns Trost geben, den wir jetzt vermissen und die Verlegenheit von uns nehmen, die uns heute unnötig anficht.

1. Es ist ein verbreiteter Irrtum, Jesus für ein Gespenst zu halten

Es gibt einige Menschen, die aus einer geisterhaften Erscheinung einen Christus machen. Ich meine, daß sie etwas als ihren Heiland ansehen, was nur Täuschung ist. Sie haben geträumt, sie haben sich selbst überredet und machen ihr erregtes Gefühl oder ihre Einbildung zu ihrem Christus. Sie sind nicht errettet, aber sie glauben, daß sie es sind. Jesus ist ihnen nicht bekannt, sie sind nicht Seine Schafe, sie sind nicht Seine Jünger und doch haben sie etwas vor ihre Geistesaugen gestellt, welches sie für Christus halten und ihre Idee von Christus, die nur eine Erscheinung ist, ist ihnen Christus. Ein schrecklicher Irrtum! Möge Gott uns davor bewahren und uns durch die Belehrung Seines Geistes dahin bringen, Christus in der Tat und in der Wahrheit zu erkennen. Aber ein ebenso und wahrscheinlich noch verbreiteterer Irrtum ist, Christus zu einem Gespenst zu machen. Mehr oder weniger haben wir alle in dieser Richtung geirrt. Laßt mich euch dieses deutlich machen.

Wie oft haben wir in bezug auf die Sünde so gedacht. Unsere Sünde schien uns, als wir davon überzeugt waren, sehr real. Unsere Vergehungen gegen Gott sind keine eingebildeten Dinge, wir haben Ihn wirklich zum Zorn gereizt. Die Befleckung der Sünde ist nicht nur auf der Oberfläche, sondern der Aussatz liegt tief im Innern. Die Sünde ist ein schreckliches Übel und wenn unser Geist dahin kommt, die Wirklichkeit und Abscheulichkeit der Sünde zu sehen, so wird er niedergebeugt. Aber wie herrlich ist es, wenn wir mit gleicher Lebendigkeit die wirkliche Reinigung von der Sünde, welche Christus auf alle Seine Gläubigen durch Sein kostbares Blut überträgt, sehen können! Es ist ein großer Segen, wenn Gott die Sünde als eine schwere Schuld erkennen läßt, so daß du sie fühlst, aber es ist ein noch größerer Segen, wenn das versöhnende Blut ebenso lebendig wirksam wird und du den Tod des Erlösers auf Golgatha und die unnennbaren Schmerzen, durch welche die Schuld völlig ausgetilgt wurde, vor dem ewigen Thron siehst.

Meine Brüder, wenn wir in Seelennot sind, wenn die Sünde mächtig auf unseren Geist drückt, ist unsere Furcht, unser Schreck, unsere Unruhe real genug, und niemand darf uns sagen, daß wir in einer Nervenaufreibung befangen sind wegen einer Einbildung. Unsere Gefahr ist dann gerade vor uns, so deutlich wie die Flammen vor einer armen Person, die sich in einem brennenden Haus befindet. Wir sind der Gefahr gewiß, wir sehen sie, wir erkennen sie, wir fühlen sie in dem Innersten unseres Wesens. Aber es ist eine Rettung vorgesehen. Jesus nahm unsere Sünde auf sich, Er litt die Strafe dafür und hat sie hinweggetan. Wenn wir an Ihn glauben, ist unsere Sünde fort. Wir haben ein Recht zum Frieden, wir sind völlig gerechtfertigt, vor Gott zu stehen und zu sagen: „Wer will die Auserwählten Gottes anklagen?"

Was wir benötigen, ist nicht, an dieses als an eine traumhafte Sache zu denken, die wahr sein kann oder nicht, sondern sie als ebenso gewiß und sicher zu sehen, wie unsere Not und die Sünde, welche sie verursacht hat. Wir haben nicht durch den Sturm auf den Heiland zu blicken und Ihn anzusehen, als sei Er ein Gespenst, eine geisterhafte Erscheinung, während der Sturm, der uns umgibt, wirklich ist, sondern wir haben Ihn zu sehen als einen wirklichen Heiland für wirkliche Sünder, um uns einer wirklichen Vergebung zu erfreuen, einer Vergebung, die alle unsere Sünden getilgt hat; einer wirklichen Errettung, einer Errettung, die unseren Fuß auf den Felsen gestellt hat jenseits des Bereiches der Gefahr.

Brüder, wenn wir zu dieser Überzeugung in bezug auf die Sünde kämen, würden wir weniger zu seufzen haben. Wir jammern über die Sünde und wir tun wohl daran. Ich hoffe, daß wir es tun werden, bis wir das Tor des Himmels erreichen. Die Sünde kann nie zuviel bejammert oder bereut werden, jedoch sollten wir nicht so über die Sünde trauern, daß wir darüber vergessen, daß Jesus gestorben ist und dadurch alle unsere Schuld hinweggetan hat. Nein, mit jeder Note des Jammers erhebe die freudigen Töne des Triumphs, denn die Übertretung ist gesühnt. Christus hat der Sünde eine Ende gemacht, wer an Ihn glaubt wird in alle Ewigkeit nicht verdammt werden.

Dieselben Gedanken wendet in bezug auf unsere Annahme bei Gott nach der Vergebung an. Liebe Brüder und Schwestern, ich spreche gewiß für euch alle, wenn ich sage, daß unsere mangelhafte Pflichterfüllung unsere Seelen oft schmerzlich berührt. Wir können keine Predigt halten, kein Gebet verrichten, kein Almosen geben oder dem Herrn in irgend einer Weise dienen, ohne zu fühlen, wenn alles geschehen ist, daß wir unnütze Knechte sind. Die Fehler und Unvollkommenheiten unseres Dienstes starren uns an und es gibt keinen Tag, an dem wir nicht genötigt sind zu sagen, daß wir weit hinter dem zurückgeblieben sind, was ein Christ sein sollte.

Ja wir kommen manchmal zu der Frage, ob wir wirklich Christen sind und werden mit Recht ängstlich. Wenn wir zum Tisch des Herrn kommen und uns prüfen, finden wir viele Ursachen der Unruhe und viel Grund zum Zittern. Wenn wir den ganzen Lauf unseres christlichen Lebens überschauen, muß uns die Scham ins Gesicht steigen und wir haben guten Grund zu sagen: „Nicht uns, Herr, nicht uns sei Ehre." Wir können uns nicht als ruhmwürdig ansehen. Unser Leben ist so unrühmlich, so verdienstlos, so voller Flecken gewesen. Und es gibt Christen, welche diesen Zustand der Dinge sehr, sehr tief und schmerzlich fühlen. Sie sehen viel nach innen und ihr inneres Verderben und die äußere Erscheinung desselben verursacht ihnen fortwährend Unruhe. Meine Brüder, es ist so viel Gutes in dieser Gesinnung, daß niemand sie verurteilen kann, aber zu gleicher Zeit muß das heilige Gleichgewicht der Seele erhalten bleiben.

Sind meine Mängel echt? Ebenso wirklich ist die vollkommene Gerechtigkeit Jesu Christi, in welcher alle Gläubigen stehen. Sind meine Gebete unvollkommen? Ja, aber ebenso vollkommen und wirksam sind die Gebete und Fürsprachen meines großen Vertreters vor dem Thron. Bin ich mit Sünden befleckt und darum wert, verworfen zu werden? Ist das wahr? Ja! Ebenso wahr ist es aber, daß in Ihm keine Sünde ist und Seine ewigen Verdienste haben ein Gewicht bei dem gelobten Vater. Mein Stellvertreter und Bürge steht vor dem Thron. Ich bin wohl in mir selbst unwürdig, aber ich bin angenehm gemacht in dem Geliebten. „Ich bin schwarz", sagt der Gläubige. Ja, es ist so, füge aber den nächsten Satz hinzu: „...aber ganz anmutig." Es ist gewiß, daß wir anmutig sind; ja, vor Gottes Angesicht sind wir ohne Flecken und Runzeln. Weil Gott uns in Christus Jesus sieht, so sieht Er keine Ungerechtigkeit in uns. Christus hat unsere Schande hinweggenommen und uns anmutig gemacht; Er sieht alles, was anmutig in uns ist. Christus hat Seine eigene Schönheit auf uns übertragen, denn Er ist uns an diesem Tag von Gott gemacht zur Weisheit, zur Gerechtigkeit, zur Heiligkeit und zur Erlösung.

Alles, was wir bedürfen, ist in Christus Jesus zu finden. Unser Stand ist sicher in Ihm und die Liebe des Vaters gegen uns kommt jeden Tag ohne Abstriche zu uns, trotz unserer Mängel und Gebrechen, durch die vollzogene Annahme in dem Geliebten. Nun verdunkle diese Tatsache nicht. Blicke nicht auf den Herrn, deine Gerechtigkeit, als auf ein Gespenst. Schreie nicht, als ob du dächtest, Sein Werk sei ein unfühlbares Etwas, welches andere tröstet, dich aber nicht trösten kann. Das Werk Jesu ist die großartigste aller Tatsachen. O, Herr, gib Glauben, es zu ergreifen und sich darauf zu verlassen!

Dieser Grundsatz findet weiter seine Anwendung auf die Sache der Heiligung. Sehr wirklich und nah, meine Brüder, ist das Fleisch. Täglich seufzen wir unter seiner Bürde. Sehr bekannt ist uns unsere Verderbtheit; dieser Feind belästigt uns so viel, daß wir ihn nicht vergessen können. Sehr bewußt sind uns auch unsere Versuchungen; sie lauern von allen Seiten auf uns. Und der innere Kampf, welcher aus unserer gefallenen Natur kommt und die Versuchungen des Satans und der Welt, dies alles ist auch sehr real. Wir können unsere Kämpfe nicht bezweifeln, wie ein verwundeter Soldat die blutige Schlacht. Diese Dinge sind uns ein steter Kummer vor unseren Augen. Aber ich fürchte, daß auch hier Jesus uns oft nur ein Gespenst ist und nicht ein wirklicher Teilnehmer an unseren geistlichen Kämpfen.

Wißt ihr nicht, Geliebte, daß Jesus Christus das innigste Mitgefühl für euch in euren Versuchungen hat? Versteht ihr es nicht, daß Er Vorkehrungen für euch in all euren Kämpfen bereitet hat und daß ihr gewiß den Sieg erlangen werdet? Erwartet ihr nicht gerade jetzt zu sagen: „Ich habe überwunden durch des Lammes Blut"? Wollt ihr nicht in dieser Stunde schon in den Siegesruf einstimmen: „Gott aber sei Dank, der uns den Sieg gegeben hat durch unseren Herrn Jesus Christus"? Ihr habt das Verderben in euch, das ist eine Tatsache, aber Christus in euch bildet die Hoffnung der Herrlichkeit, das ist eine ebenso wirkliche Tatsache. Es ist etwas in dir, was dich verderben würde, es ist dir aber auch etwas eingepflanzt, was nicht verderben kann; das ist ebenso wahr. Wie du im ersten Adam das Bild des Irdischen trägst, so fängst du schon an, im zweiten Adam das Bild des Himmlischen zu tragen und wirst es in kurzer Zeit vollkommen tragen. Kannst du das nicht ergreifen?

Ach, wir kommen nicht dahin mit dem Apostel Johannes zu sagen: „Was von Anfang war, was wir gehört, was wir mit unseren

Augen gesehen, was wir angeschaut und unsere Hände betastet haben" (1. Johannes 1,1). Dies ist uns zu sehr eine Lehre, die anzunehmen ist, eine Sache, die angenommen werden muß, weil einige andere Personen sie erfahren haben, aber es ist zu wenig ein Gegenstand der inneren lebendigen Erfahrung. Durch gesegnete Verwirklichung zu wissen, das es so ist, daß der Heilige Geist, der vom Vater gesandt worden ist, in uns ist, und daß Christus die Sünden in uns durch die Macht des reinigenden Wassers, welches mit dem Blut aus Seiner Seite floß, überwinden wird, daß Er uns sowohl von der Macht der Sünde befreien wird, wie Er uns von der Schuld befreit hat, das ist wirklich himmlische Erfahrung.

Wir dürfen nicht vergessen, diesen Zustand des Geistes auch durch das Verhalten von Gläubigen, wenn sie in Prüfungen sind, zu erklären. Wie oft, wenn der Sturm wütet und unser Schifflein mit Wellen bedeckt wird, ist uns alles wirklich, nur nicht, was uns wirklich sein sollte. Es geht uns wie den Jüngern auf dem Galiläischen Meer. Das Schiff ist ein wirkliches Schiff. Wie krachen die Planken! Die See ist wirklich, wie erheben sich die hungrigen Wellen, sie zu verschlingen! Der Wind ist wirklich, sieh, wie die Segel zerreißen und der Mast sich beugt! Ihre Beschwerden sind wirklich, kalt und bis auf die Haut durchnäßt sind sie alle. Ihre Gefahr ist wirklich, das Schiff wird mit Mann und Maus untergehen! Alles ist wirklich, nur nicht der Meister, der auf den Wellen wandelt.

Und doch, Geliebte, war nichts so wirklich in dem Sturm wie der Meister. Alles andere konnte ihnen eine Sache der Täuschung sein, aber Er war wirklich und wahrhaftig. Alles andere veränderte sich, ging vorüber, Ruhe folgte, aber Er blieb derselbe.

Nun beachtet, wie oft wir in einer ähnlichen Lage sind. Unsere unglückliche Lage, der leere Brotschrank, unsere körperliche Schwäche, der Verlust eines lieben Kindes oder des Vaters, Verlegenheiten, die uns erwarten, die Furcht vor dem Mangel, alles dies scheint wirklich, aber das Wort: „Ich bin bei dir" scheint unter solchen Umständen wohl eine Sache des Glaubens, aber nicht der Wirklichkeit zu sein; die Verheißung, daß denen, die Gott lieben, alle Dinge zum Besten dienen, wagen wir wohl nicht zu leugnen, aber wir werden doch nicht so dadurch getröstet, wie es sein sollte, weil wir sie nicht ergreifen, nicht festhalten, nicht erkennen. Die drei Männer im Feuer wußten, daß sie im Feuer waren, aber sie waren sicher, weil sie mit derselben Sicherheit wußten, daß des Menschen Sohn mit ihnen dort war. Und so wißt ihr im Schmelzofen, daß die Prüfung, wenn sie da ist, uns nicht Freude sondern Traurigkeit zu sein scheint, aber ihr wißt auch, daß dort, wo Jesus ist, die Prüfung ein Segen ist und die Anfechtung eine Lieblichkeit in sich birgt, die den Umstehenden unbekannt ist.

Ich werde dies noch auf zwei andere Gegenstände beziehen. Meine lieben Brüder, was den Tod betrifft, so weiß ich nicht, ob ihr alle ohne einen Schauder an ihn denken könnt. Ich fürchte, daß es nur wenige von uns können. Es ist sehr leicht, wenn wir hier mit all unseren Brüdern vereint sind, zu singen:

> „Hier stoß ich ab vom Strande,
> geb mich in Gottes Hand,
> und siehe da, ich lande
> in meinem Vaterland."

Aber ich fürchte, ich fürchte, daß wir lieber leben als sterben. Ein Missionar hat mir von einer alten Negerin in Jamaica erzählt, die fortwährend zu singen pflegte: „Engel Gabriel, komm und hole die alte Tante Betsy heim in die Herrlichkeit." Als aber einmal ein boshafter Bube in der Nacht an ihre Tür klopfte und sagte, der Engel Gabriel sei gekommen um die Tante Betsy in die Herrlichkeit zu geleiten, sagte sie: „Sie wohnt im nächsten Haus."

Ich fürchte, daß es auch möglicherweise so mit uns ist; daß wir, obwohl wir denken, die Wogen des Jordans zu teilen, um am anderen Ufer zu landen, am diesseitigen Ufer zitternd zögern.

So ist es. Wir fürchten uns, die warme Wohnung in diesem Haus von Staub zu verlassen und werfen manchen zögernden, sehnsüchtigen Blick zurück. Aber warum ist es so? Es kommt daher, daß wir das Sterbebett, den Todesschweiß, die Schmerzen, die brechenden Augen vor uns haben, ja, oft etwas sehen, was nie zu einer Wirklichkeit wird, aber nicht verwirklichen, was gewiß zur Wirklichkeit werden wird, nämlich die am Bett wartenden Engel, die bereit sind, unseren Geist hinauf zu tragen. Wir sehen nicht die Gegenwart des Heilandes, der die Heiligen an Sein Herz nimmt, damit sie dort ruhen bis die Posaune des Erzengels ertönt. Wir ergreifen die Auferstehung nicht als etwas Wirkliches. Wenn das der Fall wäre, würden unsere Lieder über das Sterben wahrer sein und unsere Bereitwilligkeit, abzuscheiden, bleibender. Denn was ist der Tod? Er ist schlimmstenfalls ein Nadelstich, oft kaum das; ein Schließen der Augen auf Erden und das Öffnen derselben im Himmel. So schnell ist das Abscheiden der Heiligen, die Bewegung der Seele vom Körper hier zu der Gegenwart des Herrn droben, daß der Tod kaum etwas ist; er ist verschlungen in Sieg. O, wenn wir den Sieg Jesu realisieren, hat der Tod den Stachel verloren.

Und noch etwas, und das ist die letzte Erklärung, die ich über diesen Punkt weitergeben will. Ich fürchte, daß wir im christlichen Wirken sehr oft in dieselbe Weise des Zweifelns fallen. Hier ist eine Aufgabe und sofort sehen wir die Schwierigkeiten, beim Nachdenken darüber übertreiben wir die Schwierigkeiten und schließen daraus, daß wir mit unseren geringen Mitteln nie imstande sein werden, die Arbeit zu tun.

Aber woher kommt es, daß wir so selten an den lebendigen, gegenwärtigen Heiland denken, der das Haupt der Gemeinde ist? Berechne die Kraft der Gemeinde, wenn du es willst, aber vergiß nicht das Wichtigste von allem, die Allmacht des Herrn, ihres Königs. Rechne, wenn du willst, die Schwäche ihrer Prediger, Lehrer, Evangelisten und Glieder, aber wenn du das getan hast, so bilde dir nicht ein, daß du alle ihre Hilfsquellen berechnet hast. Du hast nur die Fransen davon beachtet. Der wahre Körper und die Stärke der Gemeinde liegt in der Fülle der Gottheit, welche in der Person Jesu Christi wohnt. Soll das Heidentum, soll der Pfaffentrug, soll der Romanismus Wirklichkeit sein? Soll die Verdorbenheit des menschlichen Herzens und die Feindschaft des menschlichen Willens real sein? Und soll nicht auch gleicherweise die Allmacht Christi im Reich des Geistes und die unwiderstehliche Macht des Heiligen Geistes, der die Menschen von der Finsternis zum Licht und von der Macht des Satans zu Gott bringen kann, verwirklicht werden?

Laßt Christus Seiner Gemeinde kein Gespenst sein. In ihren schlimmsten Stunden, obwohl wie ein Schiff im Sturm hin und her geworfen, laßt ihren Herrn, wie Er auf den Wogen wandelt, ihr Wirklichkeit sein und sie wird tapfer vorwärts dringen und die Folgen werden herrlich sein.

2. Wir halten Christus oft dann für ein Gespenst, wenn Er sich als Sohn Gottes offenbart

Beachtet, meine lieben Brüder, daß keiner der Jünger, als unser Herr Jesus Christus am Seeufer wandelte, sagte, daß Er ein Gespenst sei, aber sie sahen Seine Gottheit nicht, als Er am Ufer auf festem Boden wandelte. Sie sahen Seine Menschheit, das war alles. Es war nicht mehr von Christus zu sehen, als Er dort ging, wie von jedem einfachen Menschen zu sehen ist. Keine Gottheit wurde offenbart. Als Christus aber auf den Wellen wandelte, war mehr von Christus sichtbar als auf dem Lande. Sie sahen Seine Menschheit, aber auch Seine Gottheit, durch welche Er auf den trügerischen Wellen gehen konnte. Es war am meisten von Christus zu sehen und doch sahen sie am wenigsten. Ist das nicht sonderbar? Wo Er am meisten aufdeckt, sehen wir am wenigsten; wo Er sich am deutlichsten offenbart, ist unser ungläubiges Auge am wenigsten imstande zu sehen.

Doch merkt es, Christus ist nie so wirklich Christus, als wenn

Er jenseits der natürlichen Gesetze wirkt. Er ist Christus, wenn Er ein kleines Kind auf die Knie nimmt und es segnet, aber es wird mehr von Christus gesehen, wenn Er Seine Hand auf das Mädchen legt und es von den Toten auferweckt oder wenn Er Lazarus aus dem Grabe ruft. Er ist der Christus, wenn Er ein sanftes Wort zu einer besorgten Seele spricht, aber welch ein Christus ist Er, wenn Er den Wind bedroht und zu dem Meere spricht: „Schweig und verstumme!" Dann wird Seine Herrlichkeit den gestärkten Glaubensaugen geoffenbart.

Er ist am meisten der Christus, wenn Er am meisten über anderen steht, wenn Seine Gedanken so viel höher sind als unsere Gedanken und Seine Wege als unsere Wege, wie der Himmel höher ist als die Erde. Brüder, wir haben Christum nie gesehen, wenn wir Ihn nicht weit über allen anderen handeln gesehen haben, außerhalb der Grenzen unserer Erwartung und unseres Verständnisses. Christus ist halb verborgen, wenn Er handelt wie ein anderer Mensch. Der ganze Christus erscheint nicht im Lauf unserer gewöhnlichen Angelegenheiten; es geschieht in den außerordentlichen, den ungewöhnlichen, den unerwarteten Dingen, daß wir die Herrlichkeit Christi und Ihn selbst völlig sehen. Es ist so, daß wir am meisten davon entfernt sind Ihn zu erkennen und zu verherrlichen, wenn Er am deutlichsten dargestellt wird.

Laßt es mich deutlich machen. Ich sage, wenn Christus auf dem Meer wandelt, ist dort am meisten von Christus geoffenbart und doch erkennen Seine Jünger Ihn nicht und so seht auch ihr in der Vergebung sehr großer Sünden am meisten von Christus und doch, wenn ein Mensch in eine große Sünde gefallen ist, dann sagt er: „Ach, nun kann mir nicht vergeben werden."

Törichter Mensch, Jesus ist am wahrsten Jesus, wenn Er die boshaftesten Sünden vergibt. Das Fortnehmen deiner kleinen Übertretungen, wie du sie angesehen hast, meinst du, daß das alles ist, weshalb Er auf die Erde kam? Ist Er ein Heiland für solche, die ein wenig gefallen sind und ein wenig übertreten haben, ein kleiner Heiland für kleine Sünden, um ein wenig verehrt zu werden?

Dann ist Er Christus in der Tat und in der Wahrheit, wenn blutige Mordtaten, schwarze Ehebrüche, scharlachrote Lästerungen, blutrote Vergehungen durch Sein Blut abgewaschen werden. Dann sehen wir Ihn als einen großen Heiland, der völlig erretten kann. Woher kommt es, daß wir Ihn nicht erkennen wollen, wenn Er reichlich vergibt? Nun, meine Brüder, ehren wir Ihn, wenn Er geehrt werden sollte, wenn wir denken, daß nur die Empfindung von der Sünde von Ihm fortgenommen wird? Wenn wir aber zugeben, daß die Wirklichkeit, die Unflätigkeit, die Verdammungswürdigkeit der Sünde von Jesus weggenommen wird und Ihm vertrauen, wenn unsere Sünden am schwärzesten, am schmutzigsten und abscheulichsten scheinen, dann ehren wir Ihn und sehen Ihn, daß Er der Christus ist.

Es gefällt Gott oft, daß nach der Bekehrung die großen Tiefen der Verdorbenheit aufbrechen und wir sie fühlen wie nie zuvor. Wir hatten das nicht erwartet und waren überwältigt von Schrecken, uns so zu erkennen. Zur gleichen Zeit hat der Satan dann das Herz mit heftigen Versuchungen und teuflischen Einflüsterungen überfallen und unser argwöhnischer Geist hat sich eingebildet, daß Jesus selbst uns in solcher Lage nicht helfen kann. Aber, Mensch, das gerade ist die Zeit für die göttliche Offenbarung. Nun sollt ihr Christus sehen. Denkt ihr, daß der Herr Jesus nur kommt, denen Frieden zuzusprechen, die schon Frieden haben oder denen Frieden zu geben, die ein wenig im Geist betrübt sind? Denkst du, daß Jesus überflüssig ist? Oder bildest du dir ein, daß Er nur für kleine Angelegenheiten ein Heiland ist? Schäme dich solcher Gedanken, denn Er regiert hoch über den Stürmen; Er regiert die mächtigen Wogen und die brausenden Fluten. Wenn unsere ganze Natur aufs tiefste bekümmert ist, wenn wir keine Hoffnung mehr haben und die Verzweiflung obenauf ist, in dem Aufruhr eines solchen Sturmes sagt Er: „Schweig und verstumme!"

Glaube an den Christus, der dich erretten kann, wenn deine Versuchungen dich zu verschlingen drohen. Denke nicht, daß Er nur fähig ist, dich zu erretten, wenn es noch nicht mit dir bis zum Äußersten gekommen ist, sondern glaube, daß Er am besten zu sehen ist, wenn deine äußerste Niederlage nahe ist.

Ich könnte noch viele andere Fälle wählen, dieses zu erklären, aber ich will nur noch schnell zwei oder drei nennen. Wir haben vielleicht eine ungewöhnlich ernste Prüfung durchzumachen und brauchen mehr Unterstützung als gewöhnlich, aber wir sagen ängstlich: „Ich kann nicht erwarten, in dieser Anfechtung unterstützt zu werden." Ach, dein Christus ist also ein Gespenst. Würdest du Ihn sehen, so würdest du erkennen, daß Ihm nichts zu schwer ist, daß die Speisung deiner Seele, wenn sie daran ist zu verhungern, leicht für den göttlichen Tröster ist und du würdest dich gläubig auf Ihn werfen, anstatt gegen Ihn zu handeln, wie du es jetzt tust. Ja, aber du benötigst große Mittel für die gegenwärtige Zeit der Not. Deine Umstände sind äußerst betrübend. Mache nicht jetzt, da du große Mittel benötigst, Christus arm in deiner Schätzung, sondern sage vielmehr wie Abraham: „Gott wird sich ersehen das Schaf zum Brandopfer." Abraham erfährt, als es zum Äußersten gekommen und er im Begriff war, seinen Sohn auf Gottes Befehl zu schlachten, daß Gott dazwischen tritt und der Widder zum Brandopfer wird gefunden. In deiner schlimmsten Armut wird Christus dazwischen treten; Jesus wird sich erweisen als der Herr des Himmels und der Erde. Du wirst sehen, daß in Ihm alle Fülle wohnt.

Kannst du dich nur in kleinen und gewöhnlichen Schwierigkeiten auf Jesum verlassen? Ich weiß, es ist gut, in solchen Zeiten zu Ihm zu eilen, aber ist Er nur ein gewöhnlicher ‚Gutwetterfreund', der dich nur bei sanftem Regen schützt und nur mit dir wandelt, wenn ein leichter Wind weht? Wird Er sich weigern, in stürmischem Wetter bei dir zu sein oder dich auf das brausende Meer zu begleiten?

O, vergeistige den Heiland nicht so sehr. Halte den Erlöser

nicht für ein Gespenst, wenn du Ihn wirklich brauchst. Du erlebst wirkliche Armut, ein wirkliches Kreuz und wirkliche Schwierigkeiten, nur bei der ‚Bank' des Herrn wird es gesehen werden, daß Er Seinem Worte treu ist und Sein Name: „Herr, der unsere Gerechtigkeit ist" wird mit feurigen Buchstaben über die Dunkelheit deiner Bedürfnisse geschrieben werden.

Auch in Zeiten großer Gefahr sprechen wir manchmal traurig: „Jetzt werden wir nicht bewahrt bleiben. Christus hat uns bis jetzt bewahrt und wir glauben auch, daß Er es tun würde, wenn die Umstände heute nicht schlechter wären, als in den vergangenen Tagen. Jetzt aber werden wir aufs äußerste versucht, jetzt werden wir heftig angegriffen, unsere Sorgen mehren sich. Wird Er uns jetzt helfen?"

Wagst du zu fragen, ob Er helfen wird, während du weißt, daß Er sich nicht ändert? Wagst du zu fragen, ob Er es kann? Ist dem Herrn etwas zu schwer? Bist du im Begriff, deinen Heiland zu einer bloßen Erscheinung zu machen? Er ist ein wirklicher Heiland, stütze dich auf Ihn und Er wird dich sicher hindurchbringen. Bedecke dich mit Seinem Schild und halte die feurigen Pfeile von dir, Er wird dich nicht verlassen noch versäumen!

Große Erlösungen! Ach, wir bilden uns ein, daß solche nie vorkommen. Jesus wird solche nicht wirken, bilden wir uns ein, und wenn sie gewirkt werden, sind wir wie Petrus, der seine Befreiung aus dem Gefängnis nicht als Wirklichkeit erfassen konnte. Er wußte, daß die Heiligen für ihn beteten, aber als er aus dem Gefängnis befreit war, und sich auf der Straße befand, konnte er sich nicht denken, daß es eine Tatsache sei. „Er wußte nicht, daß es Wirklichkeit war, was durch den Engel geschah; er meinte aber ein Gesicht zu sehen."

Oft haben wir gesagt, ehe Gott uns befreit hat, daß es nicht geschehen könne − unser „Christus" war nur ein „Geist" − und wenn Er uns befreit hat, haben wir gesagt: „Ich verstehe es nicht, es erfüllt mich mit Erstaunen." Die Tatsache ist, daß wir Christus nicht so ergriffen haben, wie es sein sollte, um gewiß zu sein, daß Er wirklich gegenwärtig und mächtig ist, denn wenn es der Fall wäre, würden wir selbst Seine größte Erlösung als natürliches Beispiel Seiner Gottheit und Größe annehmen, wie der Glaube gerechtfertigt ist, sie zu erwarten.

„Ist es nicht überraschend", sagt jemand, „daß Gott meine Gebete erhört und so gnädig für mich gesorgt hat?" „Nein", sagt eine alte Heilige, deren lange Erfahrung sie mehr vom Herrn gelehrt hat, „es überrascht mich nicht. Es ist Ihm gerade ähnlich, es ist so Seine Weise mit Seinem Volk." O, zu fühlen, daß große Gnade Ihm ähnlich ist! Zu fühlen, daß Er alles hat, was wir von Gott erwarten sollten, daß Er aus den größten Übeln erlösen kann, daß Er auf den Wassern unseres Kummers wandelt und ihnen befiehlt, ihre Wut aufzugeben! Es ist ein gesegneter Glaube, der uns befähigt, Jesus auf dem Wasser zu erkennen und zu sagen: „Ich weiß, daß es Jesus ist, denn niemand als Jesus könnte so wunderbar handeln. Ich hätte Ihn nicht erkannt, wenn ich Ihn in der gewöhnlichen Weise hätte wirken sehen, aber in außerordentlichen Zeiten erwarte ich Seine Hilfe. Wenn ich Ihn nie vorher gesehen hätte, so erwartete ich Ihn hier zu sehen, und nun sehe ich Ihn. Ich bin nicht überrascht, obwohl ich entzückt bin. Ich blickte nach Ihm aus und wußte, daß, wenn Er am nötigsten ist, Sein Kommen gewiß ist. Wenn der Glaube das Auge der Hoffnung mit dem Strahl der Erwartung leuchten läßt, so ist die Freude nicht fern.

Ich will nur hinzufügen, daß, wenn wir Christus nur in Seiner Wirklichkeit erfassen könnten, die großen Erfahrungen, die sich sicher einstellen werden – der Sieg über geistliche Feinde im Innern und über Schwierigkeiten von außen – unfehlbare Beweise Seiner Wirklichkeit sein werden, aber wahrscheinlich halten wir Ihn nicht für fähig, uns solche großen Erfahrungen zu geben und mühen uns verzweifelt ab, während wir uns im Herrn freuen sollten.

Und was endlich unsere Zukunft betrifft, so haben wir oft gedacht, daß es schwer sein wird zu sterben. Wir haben gezittert bei dem Gedanken an den Richterstuhl. Wir haben vom Gerichtstag gelesen und haben gedacht: „Wie werden wir ihn ertragen?" weil wir vergessen haben, daß wir unseren Herrn im Tod besser erkennen als vorher, und in der Auferstehung und der darauf folgenden Herrlichkeit werden wir Ihn klarer offenbart sehen als jetzt, und darum sollten wir höher von Ihm denken und uns auf Ihn stützen in all den großen Angelegenheiten der Ewigkeit mit einem großen, vertrauenden, kindlichen Glauben.

3. Unsere größten Probleme kommen daher, daß wir nicht mit dem Herrn rechnen

Dadurch, daß wir unseren Herrn gering achten und vergeistigen und zu einer ungewissen Erscheinung machen, anstatt Ihn mit festem, praktischem, wirksamem Glauben zu ergreifen, haben wir viele Beschwerden zu erleiden. Brüder, es ist traurig, einen Heiland zu haben, der die Sünden nicht wirklich vergeben kann, wenn es sich um große Sünden handelt; einen Heiland, der uns nur eine schwache, unbestimmte Hoffnung bezüglich unserer Schuld gibt, aber sie nicht buchstäblich wegnimmt. Dies ist das Samenbeet aller bösen Unkräuter und ich wundere mich nicht, daß ihr mit Zweifel und Furcht geplagt seid, wenn ihr Christus nicht wirklich habt.

Hütet euch davor, meine Brüder, mit etwas anderem zufrieden zu sein, als mit dem Glauben an einen wirklichen, lebendigen Mittler, denn nichts anderes als ein solcher wird euch von Nutzen sein. Natürlich werdet ihr mit wirklichen Sünden und in wirklichen Gebundenheiten bei einer geisterhaften Erscheinung keinen Trost finden. Von welchem Nutzen ist der Schein von Brot und die Ähnlichkeit des Wassers dem hungernden und dürstenden Pilger in der Wüste? Wenn du einen Scheinhelfer für wirkliche Nöte hast, so bist du übel dran. Wenn dein Heiland dich nicht tatsächlich und praktisch stützt in Zeiten der Not, deine Bedürfnisse befriedigt und dich in der Niedergeschlagenheit tröstet, in welcher Hinsicht hast du es dann besser als derjenige, der gar keinen Helfer hat?

Jesus ist wirklich ein Freund. Seine Gnade, Liebe und Gegenwart sind keine Einbildung. Wir brauchen wirklich Kraft und Mut bei unserem Helfer und das sieht der Glaube alles in Jesus, seinem Herrn, aber ihr werdet bald sehen, wie sich die Sorgen mehren, wo Jesus gering geschätzt wird.

Außerdem ist Christus einigen nicht nur ein unfühlbarer Geist, sondern auch ein gleichgültiger, gefühlloser Geist. Den Jüngern auf dem Meer schien es, als würde Jesus an ihnen vorübergehen, sie ihrem Schicksal überlassen, und wir träumen oft, daß unser gnädiger Herr nicht an uns denkt. Es kam dir nicht in den Sinn, als du in der vorigen Woche so arm warst, daß Jesus es wußte und wegen deiner Anfechtung betrübt war. Du vergaßest, lieber Bruder, als du zittertest beim Betreten der Kanzel, daß Jesus um dein Zittern wußte und dich während deiner Verkündigung stärken würde. Wir denken zu selten daran, daß Er jeden Schmerz, der das Herz zerreißt, mitfühlt.

Ach, guter Mann, du weißt, daß deine Frau dich bedauerte und du hast ihre Tränen gesehen, als sie deinen Kummer spürte. Ach, liebes Kind, du weißt, daß deine Mutter um dich besorgt ist. Aber wenn du Christus recht erkennen würdest, so wüßtest du auch, daß Er dir nie unnötigen Schmerz auferlegt und dich nie mit einer unnötigen Prüfung versucht. Es war alles notwendig und Er hat in allem Mitleid mit dir.

Mancher arme Sünder bildet sich sogar ein, daß Jesus ein zorniger Geist ist und schreit vor Furcht. Er bildet sich ein, daß Jesus ergrimmt ist und ihn im Zorn verwerfen wird.

Ach, du kennst meinen Heiland nicht wirklich, wenn du denkst, daß Er irgend jemand, der bittend zu Ihm kommt, abweist. Welch ein Seelenarzt war Er doch, als Er auf Erden wandelte! Er verkehrte mit Zöllnern und Sündern. Er sprach nicht von ihnen als Menschen, denen man nachgehen sollte, sondern

Er ging ihnen tatsächlich nach und ließ sich von einer Sünderin die Füße mit ihren Tränen waschen und sie mit den Haaren ihres Hauptes trocknen.

Er war gewohnt, kranke Sünder anzurühren und sie zu heilen. Er war kein angeblicher Heiland, Er kam nicht in die Welt, um uns von vermuteten Sünden und eingebildeten Schwierigkeiten zu erlösen. Es gibt nichts, was mehr übersehen wird, was aber besonders beachtet werden sollte, als Sein praktisches, vernünftiges Handeln. Er ist völlig frei von weichlichem Gefühl und Schein. Er ist stets in der Geschichte des Evangeliums so wirklich wie Seine Vergebung wirklich ist und wird dich nie in irgend einer Weise täuschen.

Mögen wir alle fühlen, daß Er uns wirklich ein liebender, praktischer Heiland ist! Möget ihr Ihn erkennen, dann werden eure Sorgen entweder zu Ende sein oder mit Dank angenommen werden!

4. Viele Segnungen würden folgen, wenn wir den Herrn Jesus Christus höher einschätzen würden

Die erste Reaktion war, beachtet es wohl, daß die Jünger, als sie Christus erkannten und Er zu ihnen ins Schiff gekommen war, sagten: „Wahrhaftig, du bist Gottes Sohn!"

Wenn du Christus einmal erfährst, dann wirst du Ihn in Seiner Person erkennen, wie du Ihn nie erkennen würdest durch alles, was ich dir von Ihm sagen kann oder was du über Ihn lesen kannst.

Du hast von einem Menschen gelesen, hast auch sein Bild gesehen und die Leute von ihm sprechen hören, aber zuletzt bist du mit ihm zusammengekommen und du sagst: „Nun kenne ich den Mann, vorher kannte ich ihn nicht."

O, wenn du Ihm im Glauben nahe kommen kannst, dann fühlst du, daß du beginnst, Ihn in der Wahrheit zu erkennen. Die Jünger sagten: „Wahrhaftig, du bist Gottes Sohn." Du warst überzeugt, daß Er Gottes Sohn ist, durch das, was du in der Schrift gefunden hast, aber als du dahin kamst, Ihn zu sehen, da bedurfte die Lehre von Seiner Gottheit keinen Beweis mehr. Die Wahrheit, daß Jesus Christus der Herr ist, ist mit deinem Dasein verbunden. Er ist dir der Sohn Gottes, wenn auch keinem anderen. Was taten die Jünger als sie sahen, daß es wirklich Jesus war, der auf dem Meer wandelte? Es wird hinzugefügt: „Sie fielen vor Ihm nieder." Du wirst nie eine Erscheinung, eine Einbildung, ein Gespenst anbeten. Sobald du Jesus als wirklich erkennst, wirst du sofort vor Ihm niederfallen.

Hochgelobter Gott, hochgelobter Menschensohn, der für mich vom Himmel herabgekommen ist, für mich geblutet hat und jetzt in der Herrlichkeit für mich betet, ich habe an Dich gedacht und von Dir gehört, aber nun, da ich Dich im Glauben sehe, was kann ich anderes tun, als Dich anzubeten?

Es ist das Ergreifen Christi, welches Anbetung erzeugt und es ist die Nebelhaftigkeit unserer Gedanken über Ihn, welche die Wurzel unserer Anbetung in unserem Geiste vertrocknet. Gott gebe uns, Christus fest zu ergreifen und wir werden mit Macht getrieben werden, Ihn zu verehren.

Sie beteten Christus nicht nur an, sondern sie dienten Ihm. Ihre Anbetung war, daß sie alles taten, was Er ihnen befahl und das Schiff wurde nach Seinem Willen gesteuert, bis es an das Ufer kam, wo Er es haben wollte.

Diejenigen, die Christus in Wirklichkeit ergreifen, gehorchen Ihm gewiß. Ich kann dem nicht gehorchen, was vor mir fliegt wie eine Wolke, aber wenn ich Jesus, den Sohn Gottes, sehe und weiß, daß Er eine wirkliche Person ist, dann tue ich, was Er mir befiehlt. Mein Gehorsam wird wirklich in dem Verhältnis, wie der Herr, der mir befiehlt, meiner Seele wirklich wird. Dann, meine Freunde, werden wir im Geist gedemütigt. Niemand erlebt die Gegenwart Christi, ohne in Selbsterkenntnis niedergebeugt zu werden. Hiob sagt: „Mit dem Gehör des Ohres habe ich von dir gehört, aber nun hat mein Auge dich gesehen. Darum verabscheue ich mich und bereue in Staub und Asche" (Hiob 42,5.6). Aber mit der Demut kommt eine echte, gründliche Freude und ein tiefer Friede. Wenn wir wissen, daß Christus im Schiff ist, lächeln wir beim Sturm, ob er fortfährt oder sich legt. Wir sind voller Friede, wenn wir verwirklicht haben, daß Christus bei uns ist.

Ich glaube, daß die Erkenntnis ihres Herrn das Wichtigste ist, was die Christen brauchen. Sie benötigen zuerst und vor allen Dingen einen wirklichen Führer, sie müssen Seine Wirklichkeit ergreifen und Seine wirkliche Macht fühlen.

Und ist es nötig, daß Er deshalb hier in Person erscheinen muß? Ich glaube nicht. Wenn Er an diesem Morgen hier auf dieser Plattform erscheinen würde und Sein Diener würde sich verbergen, so würdet ihr sagen: „Seht, welche Herrlichkeit! Dort ist unser Herr."

Ich weiß, euer Haupt würde sich zur Anbetung neigen und dann würdet ihr eure Augen öffnen und Ihn anblicken und eure Seele würde durch den Anblick erquickt werden, und jeder würde sagen: „Was kann ich für Ihn tun?" Und wenn der herabgekommene Meister euch alle eure Gaben zu Seinen Füßen ausbreiten ließ, welche Menge von Schätzen würde gebracht werden! Jeder würde fühlen, daß er nicht so viel bei sich hätte, wie er wünscht, aber er würde sagen: „Nimm alles, was ich habe, mein hochgelobter Herr, denn Du hast mich erlöst mit Deinem Blut."

Ist Er euch nicht jetzt ebenso teuer, obwohl unsichtbar? Ist der Glaube keine so mächtige Fähigkeit wie das Schauen? Ist Er nicht der Beweis der unsichtbaren Dinge? Macht der Glaube uns Jesus nicht so wirklich wie das Schauen? Er sollte es tun. Und dann sieh, wie wahr deine Hingabe sein wird, wie entschieden dein Dienst, wie bereitwillig dein Dank, wie reichlich deine Opfer! Möge Gott euch Gnade geben, in diese wahre Stellung zu gelangen, sowohl ihr, die ihr schon Heilige seid als auch ihr, die ihr noch Sünder seid; denn wenn ihr einen wirklichen Christus habt, habt ihr die Wirklichkeit aller Güter. Gott gebe es um Jesu willen! Amen.

EIN ERSTAUNLICHES WUNDER

„Und sie gingen hinein nach Kapernaum. Und alsbald an dem Sabbath ging er in die Synagoge und lehrte. Und sie erstaunten sehr über seine Lehre; denn er lehrte sie wie einer, der Gewalt hat, und nicht wie die Schriftgelehrten. Und es war in ihrer Synagoge ein Mensch mit einem unreinen Geiste; und er schrie auf und sprach: Laß ab! Was haben wir mit dir zu schaffen, Jesu, Nazarener? Bist du gekommen, uns zu verderben? Ich kenne dich, wer du bist: der Heilige Gottes. Und Jesus bedrohte ihn und sprach: Verstumme und fahre aus von ihm! Und der unreine Geist zerrte ihn und rief mit lauter Stimme und fuhr von ihm aus. Und sie entsetzten sich alle, so daß sie sich untereinander befragten und sprachen: Was ist dies? Was ist dies für eine neue Lehre? Denn mit Gewalt gebietet er selbst den unreinen Geistern, und sie gehorchen ihm. Und alsbald ging das Gerücht von ihm aus in die ganze Umgegend von Galiläa.“
(Markus 1,21-28)

Ihr findet dieses Wunder auch in Lukas 4,31-37. Es wird gut sein, wenn ihr auch diese Stelle lest, aus der ich ein paar Worte anführen werde.

Diese zwei Evangelisten beginnen damit, uns von der besonderen Autorität und Gewalt der Lehre des Heilandes zu erzählen. Von der Autorität, so daß kein Mensch wagte, Seine Lehre in Frage zu stellen und von der Gewalt, so daß jeder die

Kraft der Wahrheit fühlte, die Er aussprach. „Sie entsetzten sich über seine Lehre, denn er lehrte mit Gewalt."

Woher kam es, daß die Lehre des Heilandes so vollmächtig war? Lag das nicht zuerst daran, daß Er die Wahrheit predigte? Es liegt keine Kraft in der Falschheit, aber es liegt große Kraft in der Wahrheit, sie bahnt sich ihren eigenen Weg in die Seele. Solange die Menschen ein Gewissen haben, werden sie es fühlen, wenn ihnen die Wahrheit nahegebracht wird. Selbst wenn sie zornig werden, dann beweist schon ihr Widerstand, daß sie die Stärke des Gesagten anerkennen. Außerdem sprach der Heiland die Wahrheit in einer sehr natürlichen, nicht affektierten Weise. Die Wahrheit war in Ihm und floß frei von Ihm. Es gibt eine Art, die Wahrheit so zu sprechen, daß sie klingt, als ob sie Lüge wäre. Vielleicht wird der Wahrheit kein größerer Schaden zugefügt, als wenn sie in zweifelhafter Weise gesprochen wird, nicht mit dem Ton und Nachdruck der Überzeugung. Unser Heiland sprach wie der Mund Gottes. Er sprach die Wahrheit, wie Wahrheit gesprochen werden sollte, ohne Affekt und natürlich, wie einer, der nicht berufsmäßig predigt, sondern aus der Fülle seines Herzens. Ihr alle wißt, wie Predigten vom Herzen zum Herzen gehen.

Außerdem trug unser großes Vorbild Seine Lehre vor wie einer, der von ganzem Herzen glaubte, was Er sprach und der redete, was Er wußte. Jesus hatte keine Zweifel, keine Bedenken, keine Fragen und Seine Sprechweise war ebenso ruhig und kraftvoll wie Sein Glaube. Die Wahrheit schien von Seinem Antlitz zurückzustrahlen, gerade wie sie von Gott ausstrahlt in ihrer ursprünglichen Reinheit und Herrlichkeit. Er konnte nicht anders sprechen, denn Er sprach, wie Er war, wie Er fühlte und wie Er wußte. Unser Herr sprach wie einer, dessen Leben alles bestätigte, was Er lehrte. Die, welche Ihn kannten, konnten nicht sagen: „Er spricht richtig, aber er handelt anders."

Es war in Seinem ganzen Wandel und Auftreten etwas, was Ihn geeignet machte, die Wahrheit zu verkünden, weil die Wahrheit

Mensch geworden war — verkörpert, dargestellt in Seiner eigenen Person. Er konnte mit großer Sicherheit sprechen, wenn Er sagte: „Wer von euch kann mich einer Sünde zeihen?" Er war selber so rein wie die Wahrheit, die Er predigte. Er war keine Sprechmaschine, aus der etwas ertönt, womit sie keinen lebendigen Zusammenhang hat, sondern aus der Mitte Seines eigenen Herzens flossen Ströme lebendigen Wassers. Seine Lippen flossen von Wahrheit über aus dem tiefen Brunnen Seiner Seele, sie war in Ihm und deshalb kam sie von Ihm. Was Er ausströmte, war Sein eigenes Leben und Er bemühte sich, das Leben anderer damit zu erfüllen. Aus diesen Gründen und noch vielen anderen sprach Jesus wie einer, der Autorität hatte. Sein Ton war gebietend, Seine Lehre war überzeugend.

Auch ruhte der Heilige Geist auf Ihm, der bei Seiner Taufe auf Ihn herabgekommen war und zeugte von Ihm durch Seine göttlichen Einwirkungen auf das Herz und Gewissen der Menschen. Wenn Jesus von Sünde sprach, so war der Heilige Geist da, um die Welt von der Sünde zu überführen. Wenn Er eine glorreiche Gerechtigkeit verkündete, so war der Heilige Geist da, die Welt von der Gerechtigkeit zu überführen und wenn Er von dem zukünftigen Gericht redete, so war der Heilige Geist gegenwärtig, um sie erkenen zu lassen, daß ein Gericht sicherlich kommen würde, vor dem jeder von ihnen erscheinen müsse. Er war mit dem Geist erfüllt, darum sprach unser Herr mit einer Kraft und Autorität, so daß alle, die Ihn hörten, gezwungen waren zu erkennen, daß kein gewöhnlicher Rabbi vor ihnen stand.

Diese Kraft und Autorität trat um so spürbarer hervor im Kontrast zu den Schriftgelehrten, denn diese sprachen unschlüssig, sie führten Autoritäten an und baten um Erlaubnis, eine Meinung äußern zu dürfen. Sie unterstützten ihre Worte durch die Meinung dieser Rabbis, obwohl dieselbe von jenem Rabbi bestritten wurde und sie brachten ihre Zeit damit zu, Knoten vor den Leuten zu knüpfen und aufzulösen und witzelten über

Sachen, die durchaus keine praktische Bedeutung hatten. Sie waren wundervoll klar, wenn es darum ging, den Dill und Kümmel zu verzehnten. Sie verbreiteten sich ausführlich über das Waschen der Becher und Schüsseln, sie redeten tiefsinnig über Denkzettel und Kleidersäume. Sie waren zu Hause in solch unnützen Dingen, die weder eine Seele retten, noch eine Sünde töten, noch eine Tugend einflößen konnten. In der Behandlung der Schrift waren sie Wortkrämer, Buchstabenmenschen, deren Hauptziel es war, ihre eigene Weisheit zu zeigen.

Solche Versuche der Beredsamkeit und Wortklauberei waren von den Reden unseres Herrn so weit entfernt, wie ein Pol vom anderen. Sich selbst zur Schau stellen, kam dem Herrn Jesus nie in den Sinn. Er war so von dem hingenommen, was Er zu lehren hatte, daß Seine Hörer nicht ausriefen: „Was für ein Prediger ist das!" sondern: „Was ist das?" und: "Was ist das für eine neue Lehre?" Das Wort und die Lehre mit der bewunderungswürdigen Autorität und erstaunlichen Kraft bezwang die Geister und Seelen der Menschen durch die Kraft der Wahrheit. Die Menschen erkannten an, daß der große Lehrer sie etwas gelehrt hatte, was des Wissens wert sei und Er hatte es ihnen so eingeprägt, daß sie es nicht abschütteln konnten.

Nun, als sie begannen, diese Autorität in Seinem Wort wahrzunehmen, beschloß unser Herr ihnen zu beweisen, daß wirkliche Kraft hinter Seiner Lehre stand, daß Er ein Recht hatte, diese Autortität zu gebrauchen, denn Er war Jesus Christus, der Sohn Gottes, mit göttlicher Autorität und Kraft bekleidet. Er wollte vor ihren Augen zeigen, daß Gewalt in Ihm wie auch in Seiner Rede war, daß Er mächtig war in Taten, und deshalb tat Er das uns vorliegende Wunder.

Diese erstaunliche Tat der Autorität und der Kraft ist von gewissen Auslegern übergangen worden, als wenn zu wenig daran wäre, um Interesse zu erwecken, während sie sich nach meinem Urteil in mancher Hinsicht über alle anderen Wunder erhebt und sicherlich in der gewaltigen Bezeugung der Autorität und Kraft unseres Herrn von keinem übertroffen wird. Es ist das erste Wunder, das Markus berichtet, es ist das erste Wunder, das Lukas mitteilt. Erinnert euch daran, daß der Zweck des Wunders ist, die Macht und Autorität des Wortes unseres Herrn zu offenbaren und uns durch die Zeichen, die nachfolgen, sehen zu lassen, daß Seine Lehre eine allmächtige Kraft in sich hat.

Diese Wahrheit tut in der Gegenwart sehr not, denn wenn das Evangelium nicht stets „eine Kraft ist, die da errettet alle, die daran glauben", dann sind die Angriffe der Skeptiker nicht leicht zurückzuschlagen. Aber wenn es immer noch Kraft hat über die Gemüter der Menschen, eine Kraft, welche Sünde und Satan überwindet, dann mögen sie sagen, was sie wollen, unsere einzige Antwort soll sein, ihre Zweifel zu beklagen und ihre Verachtung zu verachten.

1. Der Herr erwählt einen sehr Unglücklichen, um Seine Macht zu erweisen

Dieser Mensch war erstens ein Besessener. Ein unreiner Geist wohnte in ihm. Wir können diese Tatsache ebensowenig erklären, wie wir den Wahnsinn erklären können. Viele Dinge, die in der Welt des Geistes geschehen, sind gänzlich unerklärlich, ebenso wie viele Ereignisse in der materiellen Welt. Ein böser Geist war in diesen Menschen hineingefahren, ist das nicht ein furchtbares Bild?

So beachtet: mit dem Mann, den Jesus erwählt, um Seine Macht und Autorität an ihm zu beweisen, war es soweit gekommen, daß der böse Feind seine Seele beherrschte und seinen Körper zu seiner Behausung gemacht hatte.

Ich wüßte gerne, ob jemand, von dem dieser Mann ein Bild ist, heute in diese Versammlung gekommen ist, denn ich habe solche Leute gesehen. Ich habe nicht gewagt, einen Menschen als besessen zu bezeichnen, aber andere haben es getan! Ich habe ungehaltene Freunde und empörte Nachbarn, die der Trun-

kenheit oder der entsetzlichen Unreinheit eines Menschen über-
drüssig waren, sagen hören: „Er scheint kein Mensch zu sein, er
handelt wie der Böse." Oder wenn es eine Frau war, haben sie
gesagt: „Alle Fraulichkeit ist verschwunden, sie scheint ein weib-
licher Teufel zu sein." Gut, wenn solche Leute meine Stimme
hören oder diese Predigt lesen, so mögen sie beachten, daß
Hilfe, Hoffnung und Heilung für sie da ist. Die Macht Jesu kennt
keine Grenzen. An einem, der von dem Teufel in Besitz
genommen war, erwies unser gnadenvoller Herr Seine Autorität
und Kraft im Zusammenhang mit Seiner Lehre des Evangeliums, und Er ist jetzt nicht weniger fähig dazu wie damals.

Dieser Mann war außerdem einer, dessen Persönlichkeit sich
weitgehend mit dem Bösen verschmolzen hatte. „Und es war in
ihrer Synagoge ein Mensch mit einem unreinen Geist." Die
Übersetzung dürfte ebenso genau sein, wenn wir lesen, „ein
Mann in einem unreinen Geist". Nicht nur ein Mensch mit einem
unreinen Geist in sich, sondern ein Mensch in einem unreinen
Geist. Der Ausdruck ist einfach genug. Wir reden von einem
Mann, der in Gedanken vertieft ist. Wir würden bei weitem nicht
so viel ausdrücken, wenn wir sagten, daß die Gedanken in dem
Mann sind. Ein Mensch kann in Wut, in Leidenschaft geraten
und ebenso war dieser Mann in einem bösen Geist. Er war vollständig von dem Bösen beherrscht. Das arme Geschöpf hatte
keine Macht über sich selbst. In allem, was ich von ihm sage,
verdamme ich ihn nicht, sondern ich gebrauche ihn nur als ein
Bild der menschlichen Sünde. Bitte, vergeßt dies nicht.

Soweit es den Bericht betrifft, kommt der Mensch selber kaum
zum Vorschein. Es ist der unreine Geist, der schreit: „Was haben
wir mit dir zu schaffen,…ich kenne dich, wer du bist." Das sind
Worte, die von dem Menschen gesprochen wurden, aber es sind
die Gedanken des Dämons, der die Sprechorgane des Mannes
nach seinem Willen gebrauchte. Der Mann war kaum ein
Mensch mit einem eigenen Wunsch oder Willen. In der Tat, ihr
erkennt ihn nicht, bis ihr ihn mitten in die Synagoge geworfen

seht. Ihr seht den Menschen nur, wenn Jesus ihn vor ihren Augen unbeschädigt und zur Vernunft gekommen aufrichtet. Bis dahin ist der Mensch untergegangen in dem unreinen Geist, der Gewalt über ihn hat. Habt ihr nie solche Menschen gesehen? Ihr sagt manchmal: „Ach, der Elende! Der Alkohol hat die Herrschaft über ihn, er würde niemals so etwas tun, wenn er nicht betrunken wäre." Ihr wollt ihn durch solche Worte nicht entschuldigen, weit entfernt. Oder es kann sein, daß der Mensch ein Spieler ist und ihr sagt: „Er ist ganz betört durch das Spiel; obwohl er Frau und Kind arm macht, ist er doch von diesem Geist so besessen, daß er weder die Lust noch den Willen hat, der Versuchung zu widerstehen." Oder es mag sein, daß ein anderer sich von unreinen Lüsten hat hinreißen lassen und wir sagen: „Wie traurig! Es war etwas an dem Mann, was wir gern mochten; in vielen Bereichen war er vorbildlich, aber er ist verblendet von seinen schlechten Leidenschaften, daß er sich gar nicht mehr zu gleichen scheint." Wir vergessen fast den Menschen und denken nur an den schrecklichen Geist, der ihn bis unter die Tiere erniedrigt hat.

Das Vorbild und Sinnbild eines solchen war der Mann, den unser Herr erwählte als den Gegenstand Seiner Machterweisung. Ich möchte wissen, ob meine Stimme einen dieser Art erreichen wird. Ich hoffe aufrichtig, daß niemand von euch in einem solchen Zustand ist. Aber wenn es sein sollte, so ist doch Hoffnung für dich in Christus Jesus. Er ist imstande, die zu befreien, die von Satan beherrscht werden. Obwohl du der Herrschaft einer schrecklichen Sünde, der du Gehorsam leistest, verfallen bist und völlig aufgegeben scheinst, so kann Jesus doch das eiserne Joch von deinem Nacken brechen und dich in die Freiheit der Heiligkeit bringen. Es wird eine entsetzliche Sache sein, wenn du in deinen Sünden stirbst und du wirst so sterben, wenn du nicht an den Herrn Jesus Christus glaubst . Aber wenn du zu Ihm aufblickst, kann Er dich rein und heilig machen.

Beachtet weiter − denn wir möchten euch zeigen, wie unser

Herr die schlimmsten Fälle auswählt — es war ein Mann, in dem der böse Geist in seiner schlimmsten Gestalt war. Lest Lukas 4,33, da werdet ihr sehen, daß in diesem Mann „der Geist eines unreinen Dämons" war. Denkt daran, der Teufel ist niemals besonders rein; was muß dann ein unreiner Dämon sein. Der Geist, der den Mann beherrschte, war nicht nur ein Dämon, sondern ein unreiner Dämon. Manchmal säubert Satan sich und kommt hell und glänzend zum Vorschein wie ein Engel des Lichts. Täuscht euch aber nicht, er ist immer noch ein Teufel, trotz seiner vorgetäuschten Reinheit. Es gibt glitzernde Sünden und ‚respektable' Sünden und diese werden Seelen ins Verderben bringen; dieser arme Mann aber hatte einen schmutzigen Dämon in sich, einen Geist der faulsten, gröbsten und abscheulichsten Art.

Ich nehme an, daß dieser Geist sein Opfer zu schmutzigen Reden und unzüchtigen Handlungen verleitete. Der Böse hat Freude an Sünden gegen das sechste Gebot. Wenn er Männer und Frauen dazu verführen kann, ihren Leib zu beflecken, so hat er ein besonderes Vergnügen an solchen Verbrechen. Ich bezweifle nicht, daß dieses arme Geschöpf zu der brutalsten Form der Sündigkeit herabgesunken war. Ich kann wohl glauben, daß er in seinem Leib schmutzig war und daß er in seinen Reden, in allen Gedanken, die durch sein Gehirn jagten, und in all seinen Handlungen bis zu einem gewissen Grad von Unreinheit ging, den wir nicht beschreiben möchten.

Wenn wir von einem solchen sagen: „Laßt uns ihm aus dem Weg gehen", wer könnte uns tadeln? Wenn wir uns von derartigen Sündern absonderten, wer könnte uns einen Vorwurf daraus machen? Wir wünschen nicht, dem Satan in irgend einer Gestalt nahe zu kommen, aber am meisten würden wir uns scheuen, wenn er offen und ohne Rückhalt unrein ist. Ihr sagt: „Wir konnten es nicht ertragen, den Mann reden zu hören, schon sein bloßer Anblick ist anstößig." Es gibt so tief gefallene Frauen, daß die Sittsamkeit zittert, in ihrer Gesellschaft gesehen zu werden und das Gefühl, das auch vor ihnen schaudern macht, ist nicht zu verdammen, solange es nicht der Selbstgerechtigkeit entspringt oder zur Verachtung führt. Doch nun seht und staunt, unser teurer Herr und Meister richtete damals Sein Auge auf den Mann, in dem der unreine Geist war und heute richtet Er Sein Auge der Barmherzigkeit auf die niedrigsten und schlechtesten der Menschen, um in ihrer Bekehrung die Macht und die Autorität Seines Wortes zu zeigen.

Herr, tu das in diesem Augenblick. Laß uns heute die Wunder deiner Gnade sehen. Bringe die größten Sünder zur Buße! Richte die auf, die bis zu der niedrigsten Stufe gesunken sind!

In diesem Mann schien nichts vorhanden zu sein, woran der Herr Sein Werk beginnen konnte. Wenn ihr versucht, einen Menschen zum Heiland zu bringen, so beobachtet ihr ihn, um zu sehen, wo ihr ihn anfassen könnt, was in ihm ist, worauf ihr einwirken könnt. Vielleicht ist er ein guter Ehemann, auch wenn er ein Trunkenbold ist, und ihr versucht, die Liebe zu seiner Familie zu benutzen. Wenn irgend ein Punkt in einem Mann ist, auf den ihr euren Hebel stützen könnt, so ist eure Arbeit leicht. Aber einige Leute seht ihr von oben bis unten an und könnt keine Stelle finden, auf der die Hoffnung ruhen kann. Sie scheinen so sehr gesunken, daß weder Vernunft, noch Gewissen, noch Wille in ihnen übrig ist. Von all diesem ist der Besessene in der Synagoge ein treffendes Bild, denn als der Herr in die Synagoge kommt, beginnt der Unglückliche nicht zu beten: „Herr heile mich." Nein, sein erster Schrei ist: „Laß uns in Ruhe!" Er scheint diesem Schrei des bösen Geistes in ihm nicht zu widerstehen, obwohl es zu seinem eigenen Schaden war, sondern er fährt fort zu sagen: „Was haben wir mit dir zu schaffen, Jesus von Nazareth? Bist du gekommen, uns zu verderben? Ich weiß, wer du bist." Der besessene Mann scheint völlig von dem bösen Geist beherrscht zu sein, der sein ganzes Wesen durchdringt. Nun, ich sehe darin doch eine bedeutende Schwierigkeit. Ich kümmere mich nicht darum, wie weit ein Mensch in äußere Sünde gefallen ist. Wenn eine Spur von Ehrlichkeit oder Liebe zu seiner Familie in ihm geblieben ist, so wißt ihr, wo ihr zu beginnen habt und euer Werk ist hoffnungsvoll. Selbst der Leviathan hat irgend eine Spalte zwischen seinen Schuppen, wenn sie auch wie mit einem festen Siegel zusammengeschlossen sind. Es ist eine Fuge in dem Harnisch der meisten Menschen, auch wenn der Panzer sie von Kopf bis Fuß bedecken mag.

Aber in diesen Ausgestoßenen, von denen ich jetzt rede, ist weder ein Raum für die Hoffnung, noch ein Halt für den Fuß des Glaubens und nicht mehr als eine kahle Sandschicht für die Liebe. Wie der Mann in der Synagoge von dem Einfluß des Dämons ringsum eingeschlossen war, so sind einige Menschen von ihrer Sünde umgeben, eingeschlossen durch ihre Verderbtheit. Dennoch kann der große Heiland der Gefallenen diese befreien; Er kann völlig erretten.

Eine andere Sache macht den Fall noch schrecklicher. Er war ein Mann, den religiöse Übungen nicht veränderten, denn er war am Sabbath in der Synagoge und ich nehme an, daß dies ungewöhnlich war. Der schlechteste Mensch von allen ist einer, der die Gnadenmittel gebrauchen kann und doch unter der vollen Macht des Bösen bleibt. Jene armen Sünder da draußen, die nichts von dem Evangelium wissen und nie zum Gottesdienst gehen, für sie bleibt wenigstens die Hoffnung, daß gerade die Aktualität, die das Heilige Wort für sie hat, sie treffen mag. Aber die, welche beständig in unseren Synagogen sind, was soll für sie getan werden, wenn sie in der Sünde bleiben?

Es ist sonderbar aber wahr, daß der Satan an den Ort der Gottesverehrung kommt. „O", sagt ihr, „das wird er sicherlich nie tun!" Er tat es schon zu Zeiten Hiobs. Als die Söhne Gottes kamen und vor den Herrn traten, war der Satan auch unter ihnen. Der böse Geist führte diesen Unglücklichen an jenem Morgen in die Synagoge und es mag sein, daß er es in der Absicht tat, die Rede des Herrn Jesus zu stören.

Ich bin froh, daß er da war und ich wünschte, daß alle Sklaven der Sünde und Satans den Gottesdienst besuchen würden. Sie sind dann innerhalb der Schußweite des Evangeliums und wer kann sagen, wieviele erreicht werden? Doch wie traurig war es, daß der Einfluß der religiösen Übungen nicht imstande war, diesen Mann aus seiner Sklaverei zu befreien. Sie sangen in der Synagoge, aber sie konnten den bösen Geist nicht aus ihm heraussingen. Sie lasen den für den Tag bestimmten Schriftabschnitt, aber sie konnten den faulen Geist nicht aus ihm herauslesen. Sie hielten Reden über Schriftverse, aber sie konnten den unreinen Geist nicht aus ihm herausreden. Vielleicht beteten auch einige der Gottesfürchtigen für ihn, aber sie konnten den Teufel nicht aus ihm herausbeten. Nichts kann den Satan austreiben, als das Wort Jesu selber. Sein eigenes Wort, von Seinen eigenen Lippen, hat Macht und Autorität, aber alles andere fällt machtlos zu Boden. O göttlicher Erlöser, laß Deine Allmacht kundwerden, indem du große Sünder in Bußfertige verwandelst!

Ihr seht also, welch einen furchtbaren Fall der Herr auswählte. Ich habe nicht übertrieben. O, der Trost, der in dem Gedanken liegt, daß Er immer noch Menschen errettet, deren passender Vertreter dieses elende Wesen ist! Ihr Schlechtesten der Schlechten, hier ist Hoffnung!

2. Unser Herr tritt einem fest verschanzten Feind gegenüber

Der böse Geist in diesem Menschen hatte sich gegen den Angriff Christi gerüstet und mit Bollwerken umgeben, denn er hatte den Mann völlig in seiner Gewalt. Er konnte ihn sagen und tun lassen, was ihm gefiel. Er hatte den Mann so sehr in der Gewalt, daß er ihn an diesem Tag in die Synagoge brachte und ihn zwang, den Gottesdienst zu stören. Ruhe und Ordnung sollten in den Versammlungen des Volkes Gottes herrschen, aber diese arme Seele wurde aufgehetzt, zu schreien und furchtbare Töne auszustoßen und so einen großen Aufstand in der Gemeinde zu veranlassen. Die Juden gestatteten den Besessenen so viel Freiheit, wie sie nur konnten, und solange ihr Benehmen erträglich war, wurden sie in den Synagogen geduldet; aber dieser Mann durchbrach die Bande des Anstandes und sein Schrei war ein Schrecken für alle. Aber seht, der Herr Jesus nimmt diesen Friedensstörer in Behandlung, er ist gerade der Mann, an dem Er sich verherrlichen will. So habe auch ich gesehen, wie Er Seinen wütesten Feind bekehrt und den heftigsten Gegner in Seinen Dienst eingereiht hat.

Der Böse zwang sein Opfer, zu bitten, daß es in Ruhe gelassen werde! Während der Herr Jesus lehrte, wurde plötzlich ein furchtbarer Laut gehört. Ein gräßlicher, entsetzlicher Schrei erschreckte alle und man hörte die Worte: „Ach! Was haben wir mit dir zu schaffen?" Es war nicht die Stimme des Flehens, es war deutlich das Gegenteil. Es war kein Gebet um Barmherzigkeit, sondern gegen Barmherzigkeit.

Ist es nicht etwas Entsetzliches, daß Satan die Menschen dahin bringt, zu sagen: „Plagt uns nicht mit eurem Evangelium! Quält uns nicht mit dem Glauben! Kommt nicht hierher mit euren Traktaten! Laßt uns in Ruhe!" Sie beanspruchen das elende Recht, in ihren Sünden umzukommen, die Freiheit, ihre Seelen zugrunde zu richten. Wir wissen, wer herrscht, wenn Menschen so reagieren: Es ist der Fürst der Finsternis, der sie lehrt, das Licht zu hassen.

O, meine Hörer, keiner von euch sage: „Wir wollen nicht mit Gedanken an Tod, Gericht und Ewigkeit geplagt werden, wir wünschen nichts von Buße und Glauben an einen Heiland zu hören. Alles, was wir von frommen Leuten begehren, ist, daß sie uns in Ruhe lassen."

Diese grausame Freundlichkeit können wir ihnen nicht gewähren. Wie können wir dabeistehen und sie umkommen sehen? Doch wie traurig ist der Zustand eines Menschen, der nicht wünscht, gereinigt zu werden! Ihr würdet es für unmöglich halten, daß Jesus etwas mit einem Menschen tun kann, während dieser schreit: „Laß uns in Ruhe!" Aber es war der böse Geist in diesem Mann, dem Jesus entgegentrat und den Er überwand.

Der unreine Geist sprach: „Was haben wir mit dir zu schaffen, Jesus, Nazarener?" Er empfand die Gegenwart des Heilandes bedrängend. Die Stimme scheint Jesus zuzurufen: „Ich habe nichts mit dir zu schaffen. Geh deines Weges und laß mich in Ruhe; ich will dich nicht. Was du auch tun kannst, mich zu retten oder zu segnen, weise ich hiermit zurück. Laß mich in Ruhe!" Nun, wenn ein Mensch bewußt sagt: „Ich will nichts mit eurem Jesus zu tun haben; ich wünsche keine Vergebung, keine Errettung, keinen Himmel", so denke ich, würden die meisten von euch sagen: „Das ist ein hoffnungsloser Fall, wir täten besser daran, anderswohin zu gehen." Doch selbst wenn Satan einen Menschen soweit gebracht hat, kann der Herr ihn austreiben. Er ist mächtig zu erretten. Er kann selbst das härteste Herz ändern.

Der unreine Geist tat noch mehr: Er machte, daß der Mann den Heiland fürchtete und schrie: „Ach! Bist du gekommen, uns zu verderben?" Viele Leute fürchten sich vor dem Evangelium, für sie hat das Christentum ein düsteres Aussehen. Sie wollen nichts davon hören aus Furcht, es könnte sie trübsinnig machen und ihnen ihr Vergnügen rauben. „O", sagen sie, „der Glaube würde mich ins Irrenhaus bringen, er würde mich wahnsinnig machen." So bewirkt Satan durch seine abscheulichen Lügen, daß die Menschen ihren besten Freund fürchten und vor dem zittern, was sie auf ewig glücklich machen würde.

Eine weitere Verschanzung hat Satan aufgerichtet: Er ließ sein Opfer dem Evangelium äußerlich Zustimmung geben. „Ich kenne dich, wer du bist", sagt der Geist, „der Heilige Gottes." Von allen Kunstgriffen Satans ist dieser einer der schlimmsten für den christlichen Arbeiter, wenn die Menschen sagen: „Ja, ja, was Sie sagen ist sehr richtig!" Du kommst zu ihnen und redest von Jesus und sie antworten: „Ja, mein Herr, das ist ganz wahr. Ich bin Ihnen sehr verbunden, mein Herr." Du predigst das Evangelium und sie sagen: „Er hielt eine interessante Rede, er ist ein sehr bedeutender Mann!" Du hältst sie am Knopfloch fest und sprichst von dem Heiland und sie erwidern: „Es ist sehr freundlich von Ihnen, so ernst mit mir zu reden; ich bewundere Ihre Art. Der Eifer ist in unseren Tagen sehr zu loben." Dies ist einer der stärksten Erdwälle, denn die Kanonenkugeln sinken hinein und ihre Kraft ist dahin. Doch der Heiland vertrieb diesen Dämon und bewies darin Seine Macht und Autorität.

Habe ich nicht meine Behauptung bewiesen? Jesus wählte ein sehr unglückliches Individuum aus, um Beweis Seiner Gewalt über die Mächte der Finsternis zu werden. Er wählte einen fest verschanzten Geist aus, um ihn aus dem Menschen zu vertreiben, der seine Festung geworden war.

3. Der Herr gewann auf eine merkwürdige Weise den Sieg

Der Streit begann, sobald der Heiland die Synagoge betrat und unter einem Dach mit dem Teufel war. Jener erste Schrei: „Ach!" oder „Laß uns in Ruhe!" zeigt, daß der böse Geist seinen Überwinder kannte. Jesus hatte nichts zu dem Mann gesagt. Nein, aber die Gegenwart Christi und Seiner Lehre ist der Schrecken der bösen Geister. Wo immer Jesus Christus hereinkommt, weiß der Satan, daß er hinausgehen muß. Jesus ist gekommen, die Werke des Teufels zu zerstören und der Böse kennt sein Verhängnis. Nun, sobald jemand von euch in ein Haus geht mit dem Wunsch, die Bewohner zu Christus zu bringen, so wird es sofort nach dem Abgrund telegraphiert. Unbedeutend, wie du in deiner eigenen Meinung sein magst, bist du doch sehr gefährlich für das Reich Satans, wenn du im Namen Jesu das Evangelium verkündigst.

Der Herr Jesus Christus öffnete das Buch und las in der Synagoge vor und alsbald machte Sein Auftreten und Lehren mit Autorität und Kraft allen bösen Geistern klar, daß ihr Reich erschüttert wurde. „Ich sah", sprach unser Herr zu einer anderen Zeit, „den Satan wie einen Blitz vom Himmel fallen"; und dieser

Fall begann in diesem „Anfang des Evangeliums von Jesus Christus, des Sohnes Gottes". Das erste Zeichen von dem Triumph war die Unruhe, welche den bösen Geist veranlaßte, laut zu schreien.

Das nächste Zeichen war, daß der Teufel begann, Christus Bedingungen anzubieten, und ich nehme an, das war der Grund, weshalb er sprach: „Ich kenne dich, wer du bist, der Heilige Gottes." Er trat unserem Herrn nicht mit dem feindseligen Zweifel entgegen: „Wenn du der Sohn Gottes bist", sondern mit dem gefälligen Kompliment: „Ich kenne dich, wer du bist." „Ja", sagte der böse Geist, „ich will diesem Mann erlauben, sein Glaubensbekenntnis zu sagen und sich als orthodox zu bekennen, und dann werde ich vielleicht in Ruhe gelassen. Der Mann ist rechtgläubig in seinen Ansichten und so kann es im Grunde doch nichts Schlechtes sein, daß ich in ihm lebe. Ich bin willig, alle Ansprüche Jesu einzuräumen, solange Er meine Herrschaft über den Mann nicht einschränkt." Der Böse hatte die Bibel gelesen und deshalb nennt er Ihn „den Heiligen Gottes". „Ich bin willig, das alles einzuräumen", sagt der Teufel, „nur laß mich in dem Mann bleiben; befasse dich nicht mit mir, so sollen die Lippen dieses Mannes die Wahrheit bekennen!"

Ebenso wird, wenn der Geist Gottes wirkt und die Menschen Sein Wort hören, dieser trügerische Vergleich oft vorgeschlagen und versucht. Der Sünder sagt: „Ich glaube das alles. Ich leugne nichts. Ich bin kein Ungläubiger, aber ich denke, meine Sünde zu behalten und ich beabsichtige nicht, Buße zu tun und mit der Sünde zu brechen. Ich will dem Evangelium zustimmen, aber ich will ihm nicht gestatten, mein Leben zu bestimmen."

Nun, dieses Angebot zeigt, daß der gefallene Geist seinen Überwinder kennt. Er möchte gern leicht davonkommen. Er ist willig, sich zu krümmen, zu kriechen, zu schwänzeln und sogar Zeugnis für die Wahrheit abzulegen, wenn ihm nur gestattet wird, in seiner Höhle zu bleiben — in dieser Höhle, einer menschlichen Seele. Als der Lügner, der er ist, muß es ihm sehr zuwider sein, zu sagen: „Ich weiß, wer du bist", doch sagt er das, damit er nur die Herrschaft behalten darf.

So reden die Menschen auch, wenn Jesus ihrer Seele nahekommt: „Wir tun, was du vorschreibst, nur beunruhige nicht unser Gewissen, mische dich nicht in unsere Gewohnheiten und treibe nicht unsere Selbstsucht aus." Die Menschen wollen lieber alles annehmen, als ihrer Sünde, ihrem Stolz, ihrer Trägheit zu entsagen.

Dann begann das Werk unseres Herrn an diesem Mann. Er gab dem bösen Geist einen kurzen und scharfen Befehl: „Verstumme! Fahre aus von ihm!" „Jesus bedrohte ihn." Das Wort zeigt an, daß Er scharf mit ihm sprach. Wie konnte Er anders zu einem sprechen, der boshafterweise einen Menschen quälte? Das griechische Wort kann gelesen werden: „Das Maul werde dir verbunden." Es ist ein hartes Wort, so wie ein unreiner, quälender Geist es verdient. „Verstumme! Fahre aus!" Das ist genau das, was Jesus mit dem Teufel beabsichtigt, wenn Er die Menschen von ihm befreit. Er spricht zu ihm: „Fahre aus von dem Menschen, ich will nicht fromme Reden und orthodoxe Bekenntnisse; schweig still und fahre aus von ihm." Es ist nicht die Sache böser Geister und auch nicht die ungöttlicher Menschen, zu versuchen, Christus durch ihre Worte zu ehren. Verräter bringen denen keine Ehre, die sie loben. Lügner können nicht die Wahrheit bezeugen oder, wenn sie es tun, so schaden sie der Sache.

„Sei still", sagt Jesus, und dann „komm heraus!" Er spricht, wie man einen Hund aus seiner Hütte hervorruft: „Komm heraus!" „O", sagt der unreine Geist, „laß mich bleiben und der Mann soll zur Kirche gehen; er soll sogar zum Sakrament gehen." „Nein", spricht der Herr, „fahre aus von ihm. Du hast kein Recht, in ihm zu sein, er ist mein und nicht dein. Komm heraus aus ihm!"

Ich bete, daß der Meister in diesem Augenblick zu einem armen, betörten Geschöpf deutlich spricht und dem Teufel in ihm befiehlt: „Fahre aus von ihm!" O Sünder, die Sünde muß euch verlassen, sonst wird sie euch auf ewig verderben; wünscht ihr nicht, von ihr frei zu werden?

Nun seht ihr den Sieg Christi über den unreinen Geist. Der Dämon wagt kein anderes Wort zu äußern. „Er schrie laut." Er stieß ein unartikuliertes Geheul aus, als er den Mann verließ. Indem er ausfuhr, versuchte er, seinem Opfer noch weiteren Schaden zuzufügen, aber das schlug fehl. Er riß ihn und warf ihn in die Mitte der Synagoge, aber Lukas fügt hinzu: „Er fuhr von ihm aus, ohne ihn zu beschädigen." Von dem Augenblick an, wo Jesus ihm befahl „Fahre aus von ihm", war seine zerstörerische Macht dahin. Er kam heraus wie ein gepeitschter Hund. Seht, wie Jesus triumphiert!

Wie Er dies buchstäblich mit dem Mann in der Synagoge tat, so tut Er es geistlich in tausenden von Fällen. Die letzte Handlung des Dämons war boshaft, aber fruchtlos. Ich habe ein armes Wesen gesehen, das von dem weichenden Feind in dem Staub der Verzweiflung umhergewälzt wurde, aber es erhob sich bald zu Freude und Frieden. Habt ihr nicht jemand gesehen, der nach dem Gottesdienst in großer Traurigkeit seiner Seele weinte? Aber das hat ihm keinen wirklichen Schaden getan, es ist eine Wohltat für ihn gewesen, indem es ihm ein tieferes Sündengefühl gab und ihn ganz aus sich selbst hinaus zu dem Heiland trieb.

O, was für ein glänzender Triumph ist es für unseren Herrn, wenn aus einem großen Sünder die Macht der Sünde durch das Wort Gottes ausgetrieben wird! Wie tritt unser Meister auf Löwen und auf Ottern. Wie tritt Er den jungen Löwen und den Drachen unter Seine Füße! Wenn der Herr heute deutlich zu irgend einer Seele sprechen will, wie lasterhaft oder verderbt oder betört sie auch sein mag, so werden die Sünden aus ihr herauskommen und der Sünder wird eine Trophäe Seiner unbeschränkten Gnade werden.

4. Der Heiland bewirkte durch dieses Wunder großes Erstaunen

Die Leute, die dies sahen, reagierten erstaunter als auf andere Wunder des Heilands, denn sie sagten: „Was ist das? Was ist das für eine neue Lehre? Er gebietet mit Gewalt den unreinen Geistern und sie gehorchen ihm." Das Wunder lag darin: Es war ein Mensch in seiner tiefsten Erniedrigung, es konnte nicht schlimmer sein. Ich habe euch die Unmöglichkeit gezeigt, daß jemand schlimmer sein konnte als dieser Mann, denn wie ich schon vorher angedeutet habe, ist er das lehrreiche Bild des wirklich schlechtesten Menschen, völlig vom Satan besessen und durch die Macht des Bösen bis auf das äußerste fortgerissen.

Nun, unter der Predigt des Evangeliums kann der schlechteste Mensch gerettet werden. Während er dem Evangelium zuhört, wirkt eine Macht, die das härteste Herz berühren kann, den stolzesten Willen bezwingen, die verderbtesten Neigungen ändern und den widerstrebensten Geist zu Jesu Füßen bringen kann.

Ich spreche jetzt, was ich weiß, weil ich es in dutzenden und hunderten von Fällen gesehen habe, daß die Personen, von denen es am unwahrscheinlichsten war, in denen nichts schien, was dem Gnadenwerk Beistand leistete oder darauf vorbereitete, dennoch von der Macht des Satans zu Gott bekehrt wurden. Solche sind von der Predigt des Evangeliums niedergeworfen worden und der Teufel hat von ihnen ausfahren müssen und sie sind neue Kreaturen in Christus Jesus geworden. Dieses erzeugt eine große Verwunderung und verursacht große Betroffenheit unter den Ungläubigen: Sie können es nicht verstehen, aber sie fragen: „Was ist das? Was ist das für eine neue Lehre?" Dies ist ein überzeugendes Zeichen, das den härtesten Ungläubigen an seinem Unglauben zweifeln läßt.

Beachtet bei diesem Fall, daß Jesus ganz und gar allein wirkte. Bei den meisten Seiner anderen Wunder forderte Er Glauben. Für das Heil ist der Glaube nötig, aber das vor uns liegende Wunder ist nicht so sehr ein Gleichnis von der Erfahrung des

Menschen als von dem Wirken Christi und dieses Wirken ist nicht abhängig von irgend etwas in dem Menschen. Wenn einem Menschen befohlen wird, seine verdorrte Hand auszustrecken oder zu ihm gesagt wird, nach dem Teiche Siloah zu gehen und sich zu waschen, so tut er etwas. Aber hier wird der Mensch ignoriert. Wenn er etwas tut, so leistet er eher Widerstand als Beistand. Denn der Teufel läßt ihn schreien: „Laß uns in Ruhe; was haben wir mit dir zu schaffen?" Der Herr Jesus Christus zeigt hier Seine unumschränkte Herrschaft, Seine Macht und Seine Autorität, Er ignoriert völlig den Menschen, fragt weder nach seinem Willen, noch nach seinem Glauben, sondern befiehlt mit unumschränkter Macht dem Dämon: „Verstumme und fahre aus!" Die Sache ist getan und der Mensch ist von seiner Knechtschaft befreit, ehe er noch Zeit hatte, zu suchen oder zu beten.

Das Wunder scheint mir genau das zu lehren, daß die Macht Christi, von der Sünde zu erretten, nicht im Erretteten liegt, sondern ganz und gar in Jesus selber. Weiter lerne ich, daß, obwohl der zu Errettende so tief gesunken ist, daß ihr kaum Glauben von ihm erwarten könnt, das Evangelium doch den Glauben mit sich bringen und sein eigenes Werk tun kann. Das Evangelium ist ein Same, der seinen eigenen Boden zubereitet! Es ist ein Funke, der seine eigene Nahrung mit sich bringt, ein Leben, das sich zwischen die Rippen des Todes einpflanzen kann. Der ewige Geist kommt mit Seinem eigenen Licht und Leben und erschafft Menschen in Christus Jesus zum Lobe der Herrlichkeit Seiner Gnade. O, die Größe dieses Wunders! Ich fühlte mich nie stärker herausgefordert, die Herrlichkeit der rettenden Macht Christi zu bewundern, als in dieser Stunde.

Zum Schluß bemerke ich, daß unser Herr nur einen Befehl gab. In anderen Fällen legte Er Seine Hand auf die Kranken oder führte sie aus der Stadt oder berührte sie oder gebrauchte Speichel. Aber in diesem Fall gebrauchte Er keine Mittel, Sein Wort ist alles. Er spricht: „Verstumme und fahre aus von ihm", und der böse Geist ist ausgetrieben. Das Wort des Herrn hat das

Reich der Finsternis erschüttert und die Bande der Unterdrückten gelöst. Wie einst, als der Herr die Finsternis verscheuchte durch das Wort „Es werde Licht", so sprach Jesus das Wort und dessen eigene Kraft verbannte den Boten der Finsternis.

O ihr, die ihr Christus predigt, predigt Ihn kühn! Keine feigen Lippen dürfen Sein unbesiegbares Evangelium verkündigen! O ihr, die ihr Christus predigt, wählt nie euer Arbeitsgebiet, wendet euch niemals von den schlechtesten der Menschen ab! Wenn der Herr euch an die Grenzen der Verdammnis senden sollte, geht dahin und predigt Ihn in der vollen Zuversicht, daß es nicht vergeblich sein wird. O ihr, die ihr Seelen gewinnen wollt, gebt keinen den Vorzug vor anderen, oder wenn ihr eine Wahl habt, so sucht die allerschlechtesten aus! Denkt daran, das Evangelium ist nicht bloß für den sittlich Guten in seiner angesehenen Wohnung, sondern für den Verlassenen und Gefallenen in den schmutzigen Höhlen der Ausgestoßenen.

Das Licht der Sonne der Gerechtigkeit ist nicht nur für die trübe Dämmerung, welche es zum vollen Tagesglanz erhellt, sondern es ist auch für die schwärzeste Mitternacht, in der je eine Seele wie im Schatten des Todes gezittert hat. Der Name Jesus ist hoch über alles im Himmel und auf Erden, deshalb laßt uns Ihn mit Autorität und mit Zuversicht predigen und nicht, als wenn Er eine Erfindung der Menschen wäre. Er hat gesagt, daß Er bei uns sein will und deshalb ist nichts unmöglich. Das Wort des Herrn kann nicht auf die Erde fallen und die Pforten der Hölle werden es nicht überwältigen. Des Herrn Wille wird durch Seine Hand geschehen. Der Herr wird den Satan in kurzem unter unsere Füße treten.

Ich bin sehr weit in dieser Predigt gegangen, weil ich Sünder erreichen wollte, die sehr weit gegangen sind. O, daß sie diese Botschaft der wunderbaren Barmherzigkeit Gottes annehmen wollten! Er, der gekommen ist, die Sünder zu erretten, ist Gott und dies ist der sicherste Grund der Hoffnung für die Allerschlechtesten. Hört dies, ich bitte euch. Es ist der Herr, euer Gott, der zu euch spricht: „Wendet euch zu mir und werdet gerettet, alle ihr Enden der Erde! Denn ich bin Gott und keiner sonst."

Weitere Bücher von C.H. Spurgeon

„Wachet und betet"

CLV, gebunden, 240 Seiten, 12,−DM

Spurgeon, der „Fürst unter den Predigern", hat in späteren Jahren viele Predigten unter dem Eindruck der Müdigkeit, Selbstzufriedenheit und Verweltlichung der Gemeinde gehalten. Dieser Predigtband enthält eine Anzahl Predigten aus dieser Zeit, in welchen Spurgeon sehr ernst und vollmächtig die Themen „Wachsamkeit" und „Gebet" behandelt, um uns Augen und Ohren für die Gefahren des Wohlstandes und der Oberflächlichkeit zu schärfen.

„Der gute Kampf des Glaubens"

CLV, gebunden, 240 Seiten, 12,− DM

Spurgeon dokumentiert mit seinen Auslegungen alttestamentlicher Texte, daß Kämpfen allein nicht genügt, sondern daß es dabei recht zugehen muß, wie die Bibel sagt. Der feurige Prediger entlarvt mit klarer Sprache Sünde als Sünde und nennt Gnade Gnade. Ob er gegen Irrtum und Lauheit oder für die Wahrheit streitet, seine Waffenrüstung ist jeden Herzschlag lang das Wort Gottes. Themen dieses großen Glaubensbuches sind unter anderem „Noahs Arche und die Flut", „Moses Entscheidung", „Familienreform oder Jakobs zweiter Besuch zu Bethel", „Keine Schonung", „Der Mann, dessen Hand erstarrte" und „Gereifter Glaube − dargestellt durch die Opferung Isaaks".

„Auf dein Wort"

CLV, gebunden, 382 Seiten, 15,− DM

Die aus Predigten zusammengestellten Andachten sind eine wahre Fundgrube geistlicher Erkenntnisse. Der wohl bekannteste englische Prediger des 19. Jahrhunderts lotet das Wort Gottes in seinen Tiefen aus und überträgt es hautnah auf die alltägliche Praxis. Eine Fülle von Beispielen aus der Erfahrung würzt immer wieder die Auslegung. Dabei werden auch scheinbar schwer verständliche oder oft liegengelassene Texte blutvoll lebendig. Hier erfüllt ein Prediger die leidenschaftliche Forderung unserer Tage, das Evangelium „unverkürzt", das heißt in seiner gewaltigen Totalität und seiner überströmenden Liebe in Gerichtsernst und Gnade zu verkündigen. Man vergißt beim Lesen, daß das alles vor hundert Jahren geschrieben wurde.

„Hast du mich lieb?"

CLV, gebunden, 288 Seiten, 12,− DM

Dieser Predigtband enthält 15 Erweckungspredigten Spurgeons über Texte aus dem Neuen Testament. Diese packenden Botschaften sind zunächst nicht an Außenstehende gerichtet, sondern zielen seelsorgerlich auf die Herzen und Gewissen derer, die zum Volk Gottes gehören. Der begnadete Erweckungsprediger ringt darum, daß die Gläubigen zur „ersten Liebe" zurückkehren und bereit werden, im Glaubensgehorsam ein Leben der Hingabe an den Herrn zu leben.

„Gehe in den Weinberg"

CLV, gebunden, 272 Seiten, 12,− DM

Zeitlebens hat Spurgeon besonders gerne über die Gleichnisse unseres Herrn gepredigt, um anhand dieser Texte die unbegreifliche Liebe Gottes und unsere Verantwortung Gott und unseren Mitmenschen gegenüber deutlich zu machen. Eine Anzahl besonders eindrücklicher Predigten Spurgeons über die Gleichnisse Jesu sind in diesem Predigtband enthalten. Sie möchten uns die Person unseres Herrn Jesus groß machen und appellieren an unser Gewissen, damit wir uns in die Erntearbeit unseres Gottes senden lassen.